U0906843

中国古代大型铸铁文物鉴赏

王福淳　著

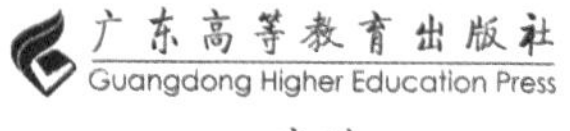
广东高等教育出版社
Guangdong Higher Education Press
·广州·

图书在版编目（CIP）数据

中国古代大型铸铁文物鉴赏 / 王福谆著. —广州：广东高等教育出版社，2021. 9
ISBN 978-7-5361-7050-6

Ⅰ. ①中…　Ⅱ. ①王…　Ⅲ. ①铁器（考古）– 鉴赏 – 中国 – 古代　Ⅳ. ① K876.44

中国版本图书馆 CIP 数据核字（2021）第 119863 号

ZHONGGUO GUDAI DAXING ZHUTIE WENWU JIANSHANG

出版发行	广东高等教育出版社 地址：广州市天河区林和西横路 邮编：510500　　营销电话：（020）87553335 网址：www.gdgjs.com.cn
印　　刷	广州市番禺区友联彩印厂
开　　本	787 mm × 1 092 mm　1/16
印　　张	12.5
字　　数	278 千
版　　次	2021 年 9 月第 1 版
印　　次	2021 年 9 月第 1 次印刷
定　　价	79.00 元

序

在悠悠的人类历史长河中，制造技术是推动社会发展和文明的不竭动力，金属铸造则是历史最为悠久的制造技术之一。

铸造技术的发明和广泛应用源于铸铜术。我们祖先在六七千年前使用的主要工具、用品和兵器均用铜制成，铸铜技术决定了当时的生产力水平，故被称为“铜器时代”。

铸铁的冶炼温度远高于铜，铸铁生产的技术复杂程度亦较铜为高。我国是发明铸铁生产的文明古国，并长期处于世界领先地位。我国古代最早发明了高温液态生铁，发展了铸铁生产，在春秋战国时期，即由“铜器时代”转为“铁器时代”。

古老的铸铁技术，对我国农耕文明的发展起到了重要的推动作用。甚至有不少学者认为，铸铁生产是我国古代第五大发明。

铸造技术至今仍然在制造业中发挥着重要的作用，飞机发动机叶片，船舶螺旋桨，汽车、拖拉机发动机上的诸多零件等，均离不开铸造技术。

广东工业大学王福谆教授早年毕业于清华大学铸造专业，毕生从事铸造教育工作，成果累累。他切身体会到，我国古代的铸铁技术，是中华文化的瑰宝。退休以后，王教授不顾年迈体弱，自费到全国各地考察调研，搜集了大量民间古代大型铸铁件的实物资料，进行分门别类，并从材料、工艺等诸多方面进行了分析研究，在耄耋之年，撰写了这一专著。字里行间，充满着他对铸造技术重要作用的理解，对所从事工作的热爱，以及对祖国古代传统文化的崇敬。

该书既有真实性、科学性，又兼具知识性和趣味性，在向广大民众普及金属材料加工知识方面具有非常好的价值。同时，它也是一本弘扬中国优秀传统文化，增强民族自信心、激发爱国热情的好书，值得推荐给大家阅读和鉴赏。

中国工程院院士
华中科技大学材料学院教授
2020年10月

前　言

我国历史悠久，是世界四大文明古国之一，不仅有灿烂辉煌的青铜文化，而且在公元前5世纪的春秋战国之交，就进入铁器时代。虽比西亚晚，但我国在得到块炼铁技术不太久的时间里，就发明了高温液态生铁，发展了铸铁生产。而西亚和欧洲各国，则长期停留在块炼铁阶段，只发展锻铁技术，其铸铁技术的发展比我国晚了1 000多年。为此有学者认为，铸铁生产是我国古代第五大发明。之后更铸造出无数的铁铸器物，其中就有很多古代大型铁铸文物，甚至有一些几十吨重的特大型铁器，使我国成为古代世界上制造大型铁器最多的国家。

由于我国地域广大，留存的大型铸铁文物极为分散。除少数博物馆收藏有少量大型铸铁文物外，大多数大型铸铁文物则散布于各地的佛教寺庙、道教宫观、祭祀坛庙、公园和其他名胜古迹之中。所以，一般人很难了解到我国古代大型铸铁文物的全貌。

为了探知我国现存古代大型铸铁文物的总体情况，笔者在退休之后，花了数年时间，到全国各地进行了大量调查研究工作，并查阅了很多文献资料，搜集汇总了相关信息。根据笔者的统计，发现重千斤或尺寸在1米以上的现存古代大型铸铁文物，竟然有714件，不仅数量多，种类也多，包括大型铁佛像、大铁人（神）像、大铁狮、大铁牛、其他动物大铁像、大铁钟、大铁炉、大铁塔、古塔上的大型铁塔刹、大铁锅、大铁缸、大铁柱、铁旗杆、大铁炮和其他古代大型铁器等。其中有22件重量达10吨以上，应为特大型铸铁文物，是世界上罕见的，技术难度很大，因而得到英国和德国金属学家的高度赞扬。

在笔者考察到的714件古代大型铸铁文物中，既有存世的文物，也有考古发掘的文物；既有唐代黄河蒲津桥的大铁牛、铁人和五代时后周的沧州铁“狮子王”等国宝级文物，也有众多的省市级重点保护文物；既有被誉为“东方维纳斯”的湖州宋代铁观音、被称为“镇水金神”的太原晋祠宋代铁人等古代艺术铸铁珍品，也有很多有实用价值的铸铁文物。在将这么多各类大型铸铁文物汇编在一起时，发现它们不仅是丰富多彩，而且也是形成中华民族伟大民族精神和优秀传统文化的组成部分之一，使笔者深受感动。想起习近平总书记近来对历史学界、考古学界以及科技界等做的指

示精神，笔者更是被激发了责任感，一定要写好本书，扩大读者范围，使广大群众，特别是青少年，提高对中华文明发展历史的认知，以增强民族凝聚力和自豪感。

本书收集的古代大型铸铁文物中，有一些文物却反映出我国国力衰减后的败象，如我国古代后期生产的大型铸铁件大铁炮。英国经过工业革命后，国力大增，很多方面都已超过清朝。其中英国的大铁炮比我国的大铁炮质量好，射程也比我国的远，是鸦片战争中打败清兵的重要因素之一。英军占领清朝炮台后，将清军一些大铁炮的点火眼堵死，炮耳打坏，然后扔掉。这些大铁炮成了带耻辱的我国古代大型铸铁件。但这种文物却给我们一个教训，即国家衰弱就要挨打。所以，我国古代大型铸铁文物反映的我国由强转弱的历史，倒是给我们上了一堂爱国主义历史课，我们一定要发奋图强，为祖国的强盛和中华民族的伟大复兴而努力奋斗！

本书由14章组成。在第一章中，简要叙述我国古代铸铁生产的发展，以及现存的古代大型铸铁文物的概况。在第二章到第十四章中，分别对古代大铁佛、大铁人（神）、大铁狮、大铁牛等各类文物进行详细叙述。在叙述该类文物的作用和发展以及现存情况后，分别对各文物进行详细介绍，除名称、数量、尺寸、重量、铸造年代和存放地点外，并配以图片进行说明，还对有关历史、传说、典故和铸造方法做了简介，使其既有真实性和科学性，又有知识性和趣味性。故本书不仅可供冶金铸造专业人士阅读和鉴赏，同时也可作为考古学者和历史学者的参考资料，更可作为一般读者的科普著作来阅读和鉴赏。

本书在编写和出版过程中得到了有关各方的大力支持和帮助。广东工业大学原副校长孙友松教授提供了全面支持和帮助。黎沃光教授在帮助校阅书稿时，提出很多宝贵意见，还补充了一些内容，给了全力支持。此外，还得到陈冰、朱学文等学友的帮助。特别要提的是，中国工程院李德群院士在百忙中还为本书作序，广东鸿图科技股份有限公司和台山市国峰耐磨金属科技有限公司为本书出版提供了慷慨帮助。在此一并表示衷心感谢。
由于条件和能力所限，书中难免存在不少缺点和错误，希望广大读者和有关专家批评指正。

王福谆

2020年10月

目录

第一章

中国古代大型铸铁器的发展概况及现状

第一节　我国古代生铁冶铸业的发展

人类使用铁器是从陨铁开始的。早在公元前3000年以前，人类已开始使用陨铁。古埃及人把铁称为“来自天上的铜”，而在两河流域的苏美尔人则称之为“天上的金属”。我国在商代（公元前14世纪）开始使用陨铁。河北藁城台西商代遗址发掘的铁刃铜械，就是用陨铁锻成薄片嵌铸在青铜中制成的。陨铁通常含镍（Ni）10%，锻造性能好、强度高，制作的铁刃具锋利。

世界上最早出现人工冶铁的地方在小亚细亚，小亚东部山区的赫梯王国（公元前19世纪到前13世纪）是最早发明冶铁技术及使用铁器的国家[1]。他们用的是块炼铁技术，即用铁矿石在较低温度（约1 000 ℃）的固体状态下，用木炭还原而得到的海绵状铁。块炼铁含碳量很低，结构疏松，杂质较多，需反复加热锻打才能成器。西亚的亚述帝国在公元前9世纪也已普遍使用铁器。其军队以铁器装备先后征服了西亚各国，并在公元前7世纪打败了手执铜斧的埃及军队。亚述是第一个进入铁器时代的奴隶制帝国。在此之后，古老的埃及王国才普遍使用铁器，并进入铁器时代[2]。

块炼铁单块的体积不大，要进一步加工成工具或兵器，需采用锻焊的方法，将块炼铁烧红，进行锻打焊合成大块。在锻打过程中去除部分杂质，使其致密，并制成所需要的器物。锻打后的基体组织呈一定方向的层状排列，金相学家就是根据这种组织特征进行鉴定。

块炼铁由于含碳量很低，强度和硬度都很低，必须经过渗碳硬化成为块炼渗碳钢，性能才能赶上甚至超过青铜。

虽然古代的块炼铁技术在社会技术进步中被淘汰，但块炼铁固态还原成金属的技术思想对以后金属材料制造技术有深远影响。从铂、钨的制取开始，现代粉末冶金技术正是继承和发扬了这一技术思想。古代块炼铁技术制取海绵铁的方法在现代也得到了复兴和发展。现代直接还原铁（DRI）作为优质废钢的代用品，是电炉冶炼优质钢和特殊钢的理想原料，对冶金技术进步具有重大意义。2019年世界直接还原铁产量首次超过1亿吨。直接还原法还可以生产粉末冶金用铁粉。

按照现代科学的分类，铁（熟铁）、生铁（铸铁）、钢都是铁元素和碳元素结合在一起的“合金”，其区别在于各自的碳含量。碳含量小于0.02%的称为铁，大于2.1%的称为铸铁（生铁），在这两者之间的称为钢。碳在生铁中以渗碳体或石墨的形式存在。当生铁中硅含量比较高时，由于硅促进石墨的形成，碳就以石墨的形式出现。这种铸铁称为灰铸铁。当生铁硅含量低时，例如小于1%，碳不能以石墨形式出现，而是以渗碳体形式出现。这种铸铁就称为白口铁。介乎两者之间的称为麻口铁。古代炼铁用木炭作为燃料，能达到的温度不高。外加鼓风动力不足，因此炼铁炉内温度较低，不足以还原足够多的硅。炉温低也使溶入铁水里的碳量减少。因此古代的生铁大多是白口铁。

白口铁含有大量硬而脆的渗碳体，对铸造农具、工具和兵器非常不利。为此中国古代的工匠以生铁为基础，开发了多种扩展铸铁应用的技术。

（1）采用退火工艺使渗碳体分解成团絮状石墨甚至球状石墨，从而生产出可锻铸铁和球墨铸铁。这种生铁虽然名为可锻铸铁，其实并不能锻造，但韧性确实大大提高。

（2）采用固态脱碳工艺降低生铁的含碳量，使其成为钢。如河南南阳出土西汉铁刀为固态脱碳钢经锻造成形。检测其含碳0.1%、硅0.06%。

（3）炒钢。用生铁为原料，入炉熔化，并鼓风、搅拌，促使生铁中的碳氧化，从而炼成熟铁或钢的新工艺，是炼钢史上的一项重大的技术革新。我国的炒钢技术较欧洲早约1 800年，这是我国发明生铁较早和当时生产发展需要的结果，是中国古代钢铁技术发展史中的又一项重大贡献。马克思曾指出，炒钢技术的发明导致了利用同样的生产工具和同量劳动，使钢产量有巨大的增长，价格便宜，能够在许多用途上取代木石。这项革新的重大意义怎样估计也不为过。

生铁经液态熔炼，渣滓等杂质能漂浮于铁水表面而容易清除。所以用生铁为原料制得的钢组织纯净、致密，质量远高于块炼铁。

白口铁虽然不适宜制造农具、工具，但却非常适合制造雕像和钟之类的器物。众所周知，石墨的强度非常低而柔软。生铁中若含有石墨，就相当于含有孔洞。普通灰铸铁内的石墨呈片状，相当于生铁中存在一条裂纹。此外，石墨有很强的吸收振动的能力。因此用灰铸铁制造的钟，其声音会沙哑。石墨与铁产生电化学反应，加速铁的腐蚀。如果用灰铸铁铸造雕像，就经不住风雨而锈蚀。白口铁内没有石墨，组织致密，不产生电化学反应。铸铁在冶炼过程中还原了部分硅。硅可以在铸件表面形成致密的、稳定的二氧化硅薄膜，有效地阻止铸件继续氧化。在后面的例子中可以看到用白口铁铸造的历经千百年而不锈蚀的雕像和声音洪亮的钟。

中国在青铜时代，由于开发了竖炉熔炼技术，从而能够铸造大型青铜铸件，如832.84千克的商后母戊鼎。正是在竖炉熔炼的基础上，使铸铁技术的发明成为可能。河南西平县赵庄出土1座战国至汉代时的炼铁竖炉，是距今年代最久远、炉体保持最好的炼铁竖炉。此炉残存最高处为2.1米，椭圆形炉缸，内径为0.65米×1.06米，炉壁厚约0.37米。此筒形高炉已具有现代土高炉的雏形，是古代炼铁炉扩大炉容的尝试。欧美直至19世纪中叶，才出现椭圆形高炉。河南省郑州市博物馆在古荥镇的一处汉代冶铁遗址中，出土了两座冶铁炉炉基，残存的炉缸面积约8.48平方米，有效容积大约50立方米。这是到目前为止发掘出的古代容积最大的炼铁炉，据估算，这种炉子可日产生铁约1吨。这一先进装备为大型铸铁器件的铸造提供强大的技术支持。

我国什么时候开始人工冶铁，历来说法不一。近年来一些学者认为在西周时期（前1046—前771年）开始人工冶铁，到春秋后期（约公元前6世纪）进入铁器时代。或认为在春秋、战国之交（约公元前5世纪）进入铁器时代[3]。到战国时期（前475—前221年），各诸侯国几乎都建立了冶铁手工业，铁器得到了广泛使用[4]。因此，从时间上看，我国的人工冶铁要晚于西亚诸国。但我国的人工冶铁和西亚、欧洲的人工冶铁

技术有一个不同的特点：我国在得到块炼铁技术不太久的时间里，就发明了高温液态生铁。用铁矿石在较高温度（约1 200 ℃）下还原成含碳量高的液态生铁，从炉中放出时，可直接浇注成器；或先浇注成铁锭，重熔后再铸成铁器。故我国古代不仅有锻铁技术，更充分发展了铸铁技术。而西方各国则长期停留在块炼铁阶段，只发展了锻铁技术。欧洲直到公元14世纪才应用高温液态生铁。生铁比块炼铁的生产效率和经济效益要高得多，但熔炼温度也要高得多。因此，冶炼生铁比块炼铁的技术含量要高。这是我国人工冶铁起步虽晚，但能后来居上的重要原因之一。

我国考古发掘出的早期铁器中，既有块炼铁，又有铸造生铁。由此看来，如果我国的人工冶铁始于西周的话，则生铁冶铸技术最晚在春秋战国之交就已发明，这要比西方早了1 000多年。再从发掘的1 000多件战国铁器来看，除铁兵器以锻制为主外，铁制的农具、工具和容器都是以铸铁为主[5]。这说明在战国时期，我国的人工冶铁虽有块炼铁，但冶铸生铁已占主要地位了。正因为我国在世界上最早冶铸生铁，并广泛应用铁铸器物，这就为我国在世界上最早生产大型铁器打下了坚实的基础。

秦始皇在公元前221年统一中国，有利于冶铁业的进一步发展。单从山西左云、山东文登、辽宁赤城、河北围场先后出土的带诏版的秦铁权来看，其重量就达31.43～32.85千克。而秦始皇陵附近发现的秦铁犁，长度达到2.5米[6]，则属大型铁器。秦不久即为西汉所取代。西汉三大手工业中，冶铁业是最重要的。汉武帝在全国设置49处铁官，百余铁场[7]，促进了冶铁业的全面大发展。从考古发掘出的大量汉代铁器和冶铁遗址来看，汉代的冶铁业已具有相当大的规模。有学者认为，“汉武帝实行盐铁官营，全国铁的年产量有可能达到四五千吨”，并认为“该时期是具备年产5 000吨的生产能力的，而这无疑是当时世界上最高的铁年产量”[6]。这种对西汉铁年产量的估算是否符合当时实际，当然还可进一步探讨，但汉代生铁冶铸技术和铁产量已达到世界前列，则是完全可以肯定的。

1975年发掘的河北满城西汉刘胜、窦绾墓，出土了铁制兵器、农具、工具和生活用品等大量铁器，而且墓道中的墓门是用生铁就地浇成的大铁门[8]。不过这铁门还不能算作真正意义上的铁铸件，因为它实际上是在两道间宽14厘米的砖墙内，浇灌铁水后形成的，且底下还填有一些废旧铁器。但由于铁水和砖墙结合在一起相当坚固，就形成一道比一般的门还要牢固得多的铁门。这种铸铁工艺被称作锢铸工艺，而这大尺寸的铁门也可勉强算作大型铁器。

河南省的考古发掘曾出土大量汉代铁器和冶铁遗址。仅汉代冶铁遗址，就有巩义铁生沟、鹤壁鹿楼村、临汝夏店、南阳瓦房庄、郑州古荥镇、登封告成等18处[9]。山东省也发现临淄、莱抚等汉代冶铁遗址十余处，发掘出土汉代铁器1 500件左右[10]。即使远离中原地区的辽宁、云南、广东等处，也有不少汉代铁器出现。辽宁省辽阳三壕西汉晚期村落遗址中，出土了铁农具、工具、兵器和日用品等铁器近百件[11]。云南省晋宁石寨山西汉滇族墓葬出土铁器115件[12]。江川李家山也出土48件[13]。广东省1983年发掘的广州西汉南越王墓出土了工具、武器和日用品等铁器近900件[14]。而1974年发掘的河南省渑池县汉魏时期的铁器窖藏竟出土了4 195件铁器，总重3.5吨。

铁器中除少数是锻件外，80%以上都是铸件[15]。这说明，汉代时我国生铁冶铸业确实获得了大发展，走在世界的前列。

汉代以后，一直到明代前期，我国生铁冶铸业的发展虽然时有反复和起伏，但冶铸技术水平和生铁产量一直处于世界前列，并且生产了世界上最多的大型铁器，是世界上第一个铸造出特大型铁器的国家。到唐、宋时期就更加突出。但到明代中期以后，就逐渐被新兴的西方资本主义国家赶上并超过，而我国则愈趋落后。

第二节　古代中国是世界上制造大型铁器最早和最多的国家

汉代时期，中国冶铁和铸铁业的大发展，为铸造大型铁器打下了坚实的基础。到隋、唐时期，中国重新成为统一的大帝国，经济、文化再度获得空前大发展。这时候，铸造大型、特大型铁铸件的条件已全部具备，铸造大型铁器的事例也见之于史籍。《集异记》记载隋代澄空和尚用毕生精力，终于在晋阳（今山西汾西县）铸成高70尺（1尺≈0.3333米）的大铁佛[16]。而唐代女皇武则天于天册万岁元年（695年）在洛阳建造“大周万国颂德天枢”。天枢是高90尺、直径12尺的巨大铜柱。下为铁山，周围170尺，以铜为蟠龙、麒麟萦绕之。天枢上还设承露盘等。为了铸造这巨大的“天枢”，共耗用铁、铜200万斤[17]。这无疑是当时世界上最大型的金属器件了。可惜，隋代大铁佛和唐代“天枢”等大型铸件早已不存于世了。但从现存唐代大铁佛头像也可看出隋代大铁佛的水平。山西汾西县南面70千米的临汾市大云寺的方塔底层内，保存着一尊唐代大型铁铸佛头，高达6.8米，面宽3.8米。这么大的铁佛头像，本身就是一件特大型铁器。更令人振奋的是，1989年在山西省永济市古蒲津桥东岸遗址，出土了4头唐代大铁牛。铁牛铸于唐开元十二年（724年），用作古蒲津桥揽铁索的地锚。每尊铁牛都和底下的长方形铁板铸在一起，而铁板座下还连铸有6根大铁柱，以确保铁牛具有牢固的地锚作用。经科学计算，4尊铁牛（包括底板，但不包括底板下的铁柱）共重146.1吨[18]。如果连大铁柱也计入的话，则总重量在200吨以上。和铁牛同时出土的，还有4尊铁人、7根铁柱、2座铁山，总重量在240吨以上。这只是蒲津桥东岸铁牛等的重量。在当时黄河的西岸，同样有4尊铁牛、4尊铁人等，也应重240吨以上。再加上浮桥的8根130丈长的铁索，铁索共计重约50吨，则总重量在530吨以上。可见，黄河上的唐代蒲津桥是古代多么伟大的工程。而铁牛、铁人本身就是古代少见的大型铁器，其中4号铁牛（包括铸在一起的铁板、铁柱）的重量超过65吨，是现存于世的古代中国和世界上最重的铁器，也是古代桥梁工程中实用的特大型铁铸件。可以说，这是古代铁铸文物中的无价之宝。当西方世界还不知道生铁铸造的时候，唐代就铸造了铁佛、铁山、铁牛、铁人等大型铁铸件，并用于“天枢”和蒲津桥这两项伟大工程之中。特别是起到重要交通咽喉作用的黄河蒲津桥，是我国古代最伟大的桥梁工程，一次就使用了530吨以上的生铁铸件。这和开元年间是唐代鼎盛期密切相关，而铁牛、铁人就成了盛唐经济繁荣的又一实物证据。

五代时期，后周广顺三年（953年）铸造的河北沧州铁狮子，一直是我国最著名的古代大型铁铸文物。铁狮通高5.48米，宽2.85米，长6.1米，重达30吨，是古代世界上最大的铁狮。大铁狮昂首怒目，四肢叉开，仰天长吼，雄伟壮观，称作“狮子王”，是国家重点保护文物，早已闻名国内外，并一直是我国古代大型铁铸文物的象征。五代时期其他著名的大型铁铸文物还有：浙江义乌市后周铸造的双林铁塔，广东广州光孝寺南汉铸造的东、西铁塔，广东梅州市南汉铸造的修慧寺铁塔。这批铁塔是我国现存的最古老的铁塔。

在北宋时期，矿冶业的开采超过了唐代，生铁年产量大于唐代。据史籍记载，唐代元和初年（约806年）的铁课量为207万斤，而北宋至道末年（约997年）的铁课量已达到574万斤，到北宋治平年间（1064—1067年）则为824万斤[19]。所以，北宋时期大型铁铸文物较多，著名的河北东光宋代大铁佛，高8米，可惜在“文化大革命”中被毁。但现存的北宋大型铁器还有不少，比较著名的有：河南登封中岳庙护库铁人、山西晋祠金人台铁人、福州开元寺大铁佛、湖南石门县夹山寺万斤大铁钟、河南汝州风穴寺万斤大铁钟、山东济宁声远楼万斤大铁钟、山西晋祠铁狮、湖北当阳玉泉寺铁塔、江苏镇江甘露寺铁塔、山东济宁崇觉寺铁塔、聊城隆兴寺铁塔。这些铁塔的高度、重量都要比五代时期的铁塔高出一倍以上。与北宋同时存在的辽国，只留存有一件大型铁器，即河北涞源阁院寺铁钟。到南宋时期，铁产量急剧下降，故留下的大型铁铸文物较少，仅有武汉宝通寺铁钟、湖南茶陵铁犀牛等。而与南宋对峙的金朝，因占据了北方产铁区，所以曾铸造了不少大型铁器，尤其是大型铁钟。现存的就有山西吉县皇天后土庙铁钟、山西新绛县钟楼大铁钟、河北保定鸣霜楼大铁钟、河北邢台开元寺大铁钟、陕西澄城县乐楼大铁钟、西安荐福寺大铁钟、甘肃兰州玉泉山崇庆寺大铁钟、甘肃庆阳慈云寺大铁钟、山东济南钟楼寺大铁钟等38口大铁钟。还铸造了陕西富平铁佛寺的大铁佛、河南登封中岳庙金代铁狮、河北石家庄华北军区烈士陵园金代铁狮等大型铁器。说明了两宋时期我国生铁冶铸业获得了进一步发展，铸造大型铁器的范围更广了。

元代留存至今的大型铁器较少，仅有湖北当阳玉泉寺两口大铁钟和大铁锅、上海豫园一对铁狮子、广东韶关南华寺大铁锅等。

明代是我国历史上又一个生铁冶铸业繁荣发展的朝代。史载明初生铁年产量达1 847.5万斤[20]，超过唐、宋、元各朝史籍所载的年产铁量。而从明代留存至今的众多大型铁器中，也充分证实明代生铁冶铸业的繁荣发展。这些铁器中比较著名的有：浙江天台县高明寺3尊4米高的大铁佛，四川梓潼县文昌宫高4.7米的文昌帝铁铸坐像以及8尊2米高的侍从铁像，山西运城解州关帝庙的3对铁人和4对铁狮子，山西太原崇善寺1对铁狮，晋祠5对铁狮，山西省博物馆7对铁狮，河南洛阳关林铁狮，河南开封铁犀牛，山西大同镇水铁牛，北京永乐大铁钟，西安慈恩寺大铁钟，陕西佳县白云山庙大铁钟，四川平武县报恩寺大铁钟，河南洛阳白马寺铁钟，四川成都武侯祠3座铁鼎炉，北京法源寺铁鼎炉，山东泰安岱庙天贶殿方形铁鼎炉，浙江余杭万寿寺铁鼎炉，陕西咸阳北杜镇铁塔，山东泰安岱庙铁塔，山西解州关帝庙铁铸焚裱炉，陕西三原城隍庙铁铸焚裱炉，甘肃兰州明代黄河浮桥的"将军柱"，广西梧州桂江浮桥铁柱，江苏太仓原苏州府船厂的大铁锅，北京故宫50口大铁缸，明代后期的"大将军炮"和"红夷炮"等大铁炮。以上所述的铁器，都是大型铁铸件。而郑和下西洋时所乘航船的大铁锚，则是我国古代少见的大型锻件，现存南京博物院。福建泉州湾古船陈列馆和广东广州博物馆内都存有明代大铁锚。可见，明代留存的大型铁器是非常多的，是我国古代冶铸大型铁器数量最多的朝代。

清代前期，从康熙到乾隆时期，经济得到恢复并有较大发展，故亦铸造了一定数量的大型铁佛像、铁钟、铁鼎炉、铁狮、铁牛、铁塔、铁锅、铁缸等，但著名的较少。清代大型铁器中有突出地位的是铁旗杆。据统计，全国现存的16对铁旗杆全是清代所铸。最重的达5万多斤，20多米高，而且旗杆上还铸有飞龙、舞凤，大小云斗，是非常精美的大型铁器。在清代的前期和中期还铸造了数以千计的千斤以上的大铁炮。不过留存至今的就不太多了，初步统计为72门。其中有一些是在鸦片战争中抗击英军立下战功，被称作抗英功劳炮，成为珍贵的历史文物。不过，此时的清代大铁炮无论是其功能，还是铸造质量，都已不及英军了，反映了我国生铁冶铸业已被欧洲列强超过。所以，中英鸦片战争的结果，是清朝签订了丧权辱国的卖国条约。英军占领清军炮台后，将清军大炮的点火眼堵塞，有些炮耳也被敲掉，留下了一些带有耻辱印迹的清军大铁炮。这就给我们提出了一个值得深思的问题：为什么从汉代到明代中叶，我国的生铁冶铸业和大型铁器的铸造一直处于世界前列，而在英国发生工业革命，国力增强后，形势会发生逆转？所以，我们一定要从我国古代大型铸铁文物的发展历史中，吸取经验教训，奋发图强，为中华民族的伟大复兴而努力奋斗。

第三节　我国古代大型铸铁文物的现况

我国作为古代世界上铸造大型铸铁器物最多的国家，虽然因为长期遭受火灾、水灾、地震以及战争等天灾人祸，使大量文物惨遭损毁，但留存至今的古代大型铸铁文物仍然是世界各国中最多的。不过，这些文物分散在全国各地各个部门。为此，笔者不仅要阅读大量书面资料，还曾亲自到全国各地进行了大量调查研究工作，搜集我国大型铸铁文物的有关情况。到目前为止，共发现了714件现存的大型铸铁文物，并将收集到的有关情况实行汇总、分类，并进行分析、研究。这些文物种类较多，可以分为：大型铁佛像17尊，大型铁人（神）像30尊，大铁狮74件，大铁牛16件，其他大型动物铁像8件，大铁钟179口，大铁炉61件，大铁锅20口，大铁缸82口，大铁塔13座，大型铁塔刹22件，大铁柱37根，铁旗杆34根，大铁炮96门，其他大型铁铸文物25件，总共714件。

这些现存的古代大型铁铸文物按照其铸造的年代可分为：南北朝时期2件，隋代1件，唐代32件，五代十国时期6件，宋代（包括北宋和南宋）54件，辽代4件，金代56件，元代11件，明代315件，清代233件，总共714件。其中，山西省保存的古代大型铁铸文物最多，达到130件以上。而北京、陕西、河南、河北、四川、广东等省市，也保存有较多的古代大型铁铸文物，一般都有40件以上。至于其他省市保存的古代大型铁铸文物，只有几件到20多件，就不一一列举了。

在714件现存的古代大型铁铸文物中，有22件重量在10吨以上，称为特大型铸铁文物：

（1）唐开元十二年（724年）铸造的山西古蒲津桥铁牡牛，长3.3米，高1.51米，重26.1吨。

（2）唐开元十二年（724年）铸造的山西古蒲津桥铁犉牛，长3.15米，高1.66米，重31.4吨。

（3）唐开元十二年（724年）铸造的山西古蒲津桥铁犍牛，长3.0米，高1.5米，重43.5吨。

（4）唐开元十二年（724年）铸造的山西古蒲津桥铁抠牛，长3.05米，高1.52米，重45.1吨。

（5）唐代铸造的山西临汾大云寺的巨型铁佛头像，高6.8米，重20吨。

（6）五代时期后周广顺三年（953年）铸造的河北沧州铁狮子王，重30吨。

（7）北宋嘉祐六年（1061年）铸造的湖北当阳玉泉寺铁塔，高17米，重26.5吨。

（8）北宋元丰六年（1083年）铸造的福州开元寺大铁佛坐像，高5.35米，重50吨。

（9）北宋崇宁四年（1105年）铸造的山东济宁铁塔，高15.4米。

（10）北宋末年（约1126年）铸造的山东聊城铁塔，高12.8米。

（11）金大定二十一年（1181年）铸造的陕西富平县铁佛寺大铁佛，高5.32米。

（12）金大定二十四年（1184年）铸造的河北邢台开元寺大铁钟，高3.3米，重15吨。

（13）金大定明昌三年（1192年）铸造的陕西西安荐福寺大铁钟，高3.35米，重10吨。

（14）明初铸造的四川梓潼七曲山大庙桂香殿文昌王铁像，高4.5米，重30吨。

（15）明永乐十六年到十八年（1418—1420年）铸造的北京永乐大铁钟，高4. 5米，重25吨。

（16）明嘉靖二十七年（1548年）铸造的陕西西安慈恩寺大铁钟，高3.4米，重15吨。

（17）明万历三十八年（1610年）铸造的陕西咸阳福昌寺铁塔，高21.5米。

（18）明崇祯元年（1628年）铸造的四川梓潼七曲山大庙文昌殿文昌帝君铁像，高4.7米，重30吨。

（19）（20）清嘉庆二十二年（1817年）铸造的河南社旗县山陕会馆一对铁旗杆，每一根铁旗杆高28米，重12.5吨。

（21）（22）清道光十二年（1832年）铸造的河北安国市药王庙一对铁旗杆，每一根铁旗杆高26米，重15吨。

714件现存的古代大型铁铸文物中，除上述特大型铸铁文物外，还有不少精美的艺术铸铁文物值得一提。古今中外，凡精美的人像、动物塑像等艺术铸件，一般都是由青铜铸造的。但我国古代却铸造了一些非常精美的艺术铸铁件，例如：山西永济唐代古蒲津桥的4尊铁人，高1.9米左右，分别塑造成维吾尔（畏兀儿）族、蒙古族、藏族和汉族人的形象。虽因长期埋在水下造成较重锈迹，但用现实主义手法塑造的各民族特色仍然非常生动，非常突出，非常逼真，真是惟妙惟肖，雕塑艺术水平之高，在古代极其少见。又如浙江湖州市铁佛寺中的铁观音像，铸于宋仁宗天圣三年（1025年），像高2.15米，重约1.5吨。铁观音造型优美，法相仁慈，风姿端丽，体态丰盈，神采奕奕，衣褶线条流畅舒展，雕塑艺术水平非常之高。其冶铸技术水平亦精，是古代艺术铸造之典范，被外国友人誉为“东方维纳斯”。再如山西太原晋祠金人台西南隅的铁人，雕塑得英武雄伟，高度为2.26米。于北宋绍圣四年（1097年）铸成后，一直矗立在金人台上，历经九百多年的风霜雨雪，始终明亮不锈。其艺术水平之高和冶铸技术水平之精，亦可谓古代艺术铸造之典范。

第四节　我国古代大型铸铁器物的特点

我国古代大型铸铁器物具有如下特点。

一、种类多、数量大，位居世界第一

我国古代大型铸铁器物种类多，有大型的佛像、神像、人像、动物像、钟、鼎炉、塔、塔刹、碑、幢、柱、杆、锅、缸、炮、枷等多种类型，而且数量大。即使因天灾人祸，不少已经损毁，但留存至今的数量仍相当可观。据笔者个人的初步统计表明，我国现存的古代大型铁铸文物共714件，在世界各国中位居第一。

二、特大型铸铁器物数量最多

在我国众多古代大型铸铁器物中，还有一定数量的特大型铸铁文物。据统计，重量达10吨以上的现存特大型铸铁文物，还有22件之多，这在古代是少见的。世界上其他国家在古代也制造过一些特大型青铜文物，但没有特大型铁器。英国直到发生工业革命之后，于1779年在色文河上建造了世界上第一座铸铁大桥时[21]，才出现特大型铸铁器物。所以，我国古代制造的特大型铸铁器物数量之多，在古代世界各国中也是最多的。

三、精美的大型铸铁文物数量较多

在我国现存的古代大型铸铁文物中，属于精美的珍贵文物数量也不少。首先，被国家确定为全国重点文物保护单位的大型铁铸文物有：云南省的唐代“南诏铁柱”，山西省的唐代铸造古蒲津桥 4 尊铁牛和4尊铁人；河北省沧州的五代时后周“铁狮子王”；湖南省常德的宋代铁经幢，湖北省当阳玉泉寺的宋代铁塔，山东省济宁崇觉寺的宋代铁塔；等等。这些国家重点文物当然都是非常精美的古代大型铁铸文物。此外，湖北省当阳玉泉寺的隋代大铁锅；广东省广州的五代时南汉光孝寺东、西铁塔；浙江省湖州市铁佛寺中的宋代铁观音像，河南省登封市中岳庙的宋代镇库铁人，山西省太原晋祠金人台的宋代铁人，河南省汝州风穴寺的宋代大铁钟，湖南省茶陵的南宋铁犀牛，陕西省富平县铁佛寺的金代大铁佛，甘肃省庆阳慈云寺的金代铁钟，四川省梓潼县七曲山大庙的明代文昌帝铁像，甘肃省兰州市中山铁桥旁的明代将军铁柱，河南省社旗山陕会馆的清代铁旗杆等，都是较有名的大型铸铁文物，也都比较精美。

四、特大型铸铁件的制造是我国首创

我国人工冶铁虽比赫梯、巴比伦、亚述、埃及等古国要晚些，但我国在冶炼出块炼铁不久，就发明了先进的生铁冶炼技术，时间在春秋战国之交，即公元前5世纪。到战国中期，铁器应用就比较普遍，而且以铸铁件为主。在秦、汉时期，生铁冶铸业的大发展，为大型铁器的铸造打下基础，因而到唐、宋时期，铸造了很多大型乃至特大型铁器。而这时，西亚和欧洲仍然停留在冶炼块炼铁，再经锻打成器的阶段，因而很难制造大型铁器。而我国就成为特大型铸铁器的首创者。欧洲直到14世纪才冶炼出高温生铁，比我国晚了1 000多年。所以，我国生铁冶铸技术的发明，具有重大的历史意义，是冶金史上一个划时代的进步。这不仅有史籍记载为证，而且有现存大量实物见证，因此得到世界各国科学家的认同。英国冶金史家考格兰说：“中国人是世界上第一个能生产堪称规模宏大的重型铸铁件的民族”[22]。德国金属学家贝克特也说：“远在欧洲人知道铸铁之前，中国的铸铁匠就能制造大型铸铁件了”[23]。其他国家在古代制造的大型铁器则较少。其中最著名的是印度德里东南15公里伊斯拉姆清真寺内的库吐伯大铁柱，建造于400年左右，高7.5米，重 6 吨，是由几块块炼铁煅烧后焊接而成[24]。虽然锻打而成的库吐伯铁柱很大，且至今不锈，但与我国古代特大型铁器相比，其质量和规模还差得甚远。

五、我国古代后期生产的大型铸铁文物清代大铁炮，给我们留下了刻骨铭心的教训

清朝是我国最后一个封建王朝，曾铸造过成千上万门铁炮，其中有很多千斤以上大铁炮。留存至今的清代千斤大铁炮，初步统计为72门，是我国古代最后大量生产

的大型铸铁器。在这些大铁炮中，有不少经历过中英鸦片战争。虽然有些大铁炮给我们留下了可歌可泣的故事，但更多的是看到被英军打败的耻辱。一些大铁炮的点火眼被英军堵死，一些大铁炮的炮耳被英军打坏，一些大铁炮是被英军推到水中，近期才被打捞上来的，等等。这些大型铸铁文物告诉我们一个刻骨铭心的教训：落后就要挨打！那么为什么一个在铸造大型、特大型铁器方面长期保持世界领先地位的大国，反而落后了呢？让我们重温一下有关历史。

在古代，世界上各文明古国在金属器物制造方面，都曾做出过许多贡献。我国古代制造的大型金属器的种类和数量在世界上是处于领先地位的，而且还制造出很多特大型铁铸器物，这更是独领风骚。这和我国具有光辉灿烂的青铜文化和首创的生铁冶铸技术是分不开的。我国在商、周时期，就已经有了高度发展的青铜冶铸技术，铸造出成千上万、各种类型的青铜器。这就从矿石、燃料、筑炉、熔炼、鼓风和范铸技术等各个方面，为生铁冶铸准备了坚实的技术基础。这使我国在世界上最早出现先进的高温液态生铁冶炼技术，并且在1 000多年的时间内，是世界上既能铸造大型、特大型铜器，又能铸造大型、特大型铁器的唯一国家，并长期保持了世界领先地位。

14—16世纪，欧洲掀起“文艺复兴运动”，资本主义在欧洲萌芽，重新出现许多优秀的青铜雕塑，意大利的青铜雕塑水平再次位于世界前列。例如：1442年铸造的大卫铜像，高1.59米，现藏佛罗伦萨国家博物馆。1450年的格太梅拉达骑马纪念铜像，现藏意大利帕多瓦城桑托广场。而1482—1488年铸造的巴托罗米奥-科莱奥尼骑马青铜像，高达 4 米，置于威尼斯圣约翰与圣保罗广场。1553年的珀耳修斯铜像，高3.2米，等等[25]。这些大型青铜雕像，都属世界一流水平。这期间相当于我国明代早、中期。此时，我国仍有着世界领先的科学技术，包括金属冶铸业。因而，仍在制造大量大型金属器物，包括大型金属佛像、神像、大铜钟、大铁钟、铜殿、铜塔、铁塔、铜碑、铜狮、铁狮、铁牛、铁锚、铜缸、铁缸以及大型天文仪器等。而且其数量在我国古代各朝代中是最多的。但是欧洲赶上来了。不只是青铜雕塑重新名列世界第一，而且从14世纪起，也发展了生铁冶铸业，并且发展迅速。到1500年左右，欧洲铁产量已达 6 万吨，其中德国地区约 3 万吨，法国 1 万吨，英国、瑞典各5 000吨。此时，正值我国明朝中叶，朝廷政治腐败，并影响到经济发展。史载明初生铁产量为1 847.5万斤[20]，亦即在14世纪70年代，我国年产生铁已近 1 万吨，在当时世界上仍然领先。此后，官营铁冶减少，民营铁冶增加。到一百多年后的1500年，即明代中期，生铁产量仍未超出1万吨，而欧洲的铁产量已经赶上并超过我国。到明代后期，我国的生铁冶铸业就更落后于欧洲了。

首先，从生铁冶铸技术的发展来看，由于我国长期处于封建统治之下，冶铸技术发展缓慢，汉代时就用的竖炉炼铁技术，到明代末期，发展变化不大，产量增加不多。而欧洲在16世纪以后的情况正好相反。经过了“文艺复兴时代”的欧洲到17世纪中叶，英国首先爆发了资产阶级革命。之后，英国的工农业生产发展迅速。到18世纪中叶，英国又首先发生工业革命。其生铁产量1500年是0.5万吨，到1540年约 1 万吨，1640年则达到3.5万吨，工业革命后的1788年达到7.6万吨，1796年更达到14万吨[26]。这段时间，相当于我国从明代中期到后期再到清代前期。我国生铁产量在明末清初下

降后，已经得到恢复并发展，到清代乾隆时期（1736—1795年）达到鼎盛。此时，我国生铁产量估计为2万～2.5万吨[27]，是我国古代最高铁产量，但已经远远落后于资本主义国家的英国了。

其次，作为大型铁器的大铁炮来看，中国历史博物馆收藏的2门明代后期的“红夷”铁炮，其铭文表明是明代天启二年（1622年）两广总督胡题解到北京的。实际上并非我国造的，而是从澳门葡萄牙人处买进的英国造的西洋古炮。从外形看，“红夷炮”的长度就比我国明代造的“大将军”铁炮长一倍，其性能则比我国铁炮的性能强很多。由于在关外和清军作战中，借助“红夷炮”的威力，取得“宁远大捷”等战果，于是明廷就大量仿制“红夷炮”。这一事例充分说明，曾发明火药和大炮的中国人，在领先几百年后，到明代后期已经落后于西方了。这“红夷炮”实际上是英国16世纪末制造的早期加农炮，当时处于世界先进水平。清代初期，也曾大量制造“红衣炮”（即“红夷炮”），并在清康熙二十四年（1685年）初的雅克萨战役中，借助“红衣炮”的威力，打败了俄军。但从此以后，我国的制炮技术和冶铸铁炮技术再无任何长进。因此，过了150年之后，即到1840年，中、英之间爆发鸦片战争，尽管清军有几十万之众，在沿海8处海防要塞布置了1 000多门大铁炮，但面对一万多人的英国侵略军，却打了败仗，签订了丧权辱国的《南京条约》。其主要原因，当然是清朝政府的腐败，但我国大炮的质量远不如英国的大炮，也是不争的事实。现在回过头来看，将鸦片战争时期的大炮和明末遗留下来的大铁炮做一比较，就可看出两百年来我国的制炮技术并无进展，而且，鸦片战争时期的铁炮中，有些大炮的铸造质量还远不如明末铁炮的质量。这说明我国制炮技术和生铁冶铸技术发展缓慢，停滞不前，终于造成落后、挨打的被动局面。

再从用于工程的大型铸铁件来看，我国早在唐代开元十二年（724年），就在黄河上建造了以大铁牛做地锚的铁索连舟蒲津桥，这是一项用铁达到530吨以上的伟大工程。到明代洪武九年（1376年），总兵官卫国公在兰州黄河两岸竖立大铁柱，架起镇远桥，至今仍留存一根长6.1米、重14吨的大铁柱。这座黄河浮桥在古代也是个大工程，所铸铁柱也是大型铁器，但比起600多年前的唐代黄河蒲津桥，在技术上并无大的进展，而且规模也要小很多。此后，再无更大的桥梁工程。而英国在工业革命后的1779年，在色文河上建造了世界上第一座铸铁桥，全长60米，总重量达到4 000吨。1851年伦敦世界博览会上，所展示出的其建造的水晶宫，所用铸铁和钢材就更多了。除用550吨钢材和熟铁做支架外，其上的铸铁梁共2 300根，重达3 500吨[22]。对比之下，就可明显地看出两国发展速度之快慢。

所以，我国古代虽然曾长期在金属冶铸技术和大型金属器铸造方面占有领先地位，但是发展比较缓慢，在后期终于被西方资本主义国家所超越。而落后就会挨打。从1840年鸦片战争我国被打败之后，一百多年来，我国一直处于被动挨打的局面。所以，我们在对我国古代很多大型金属文物赞赏和自豪的时候，也要为后期的落后引以为戒。从经历过中英鸦片战争的清代大铁炮身上，吸取血的教训，为我国的现代化，为我国的冶铸业和大型艺术铸件的重新崛起，为中华民族的伟大复兴，为赶超世界先进水平而努力奋斗。

第二章

古代大铁佛像

在佛教传入我国以后，从东汉时起，我国就已经开始铸造铜佛像，并将铜佛像供奉于佛寺。两晋时期，铸造金铜佛像几乎成风。到了南北朝时，铸造铜佛像之风更是风起云涌，甚至达到成千上万地铸造。当然，绝大多数是小型铜佛像，但也铸造了一些大型铜佛像，这在一些史籍中都有记载。但是却缺少铸造铁佛像的记载。那么，我国在南北朝时期是否还只有金铜佛像，而没有铸造过铁佛像呢？答案当然是否定的。山西交城玄中寺的千佛阁内，供奉着古代铜、铁、石佛像千尊，其中就有一些北魏时期铸造的小铁佛像。至于大型铁佛，目前在全国各地，的确找不到一尊南北朝时期的大铁佛。但根据安徽合肥明教寺有关庙史的记述，就可了解到在我国南北朝时期，确实已经有大铁佛的事实。明教寺是建于“教弩台”之上，而“教弩台”之得名，源于三国时曹操大将张辽在台上教练弓弩手之事迹。到南北朝时的梁武帝期间（502—548年），曾在“教弩台”废墟上，建过一座铁佛寺。隋末动乱时，铁佛寺被毁。唐代大历年间（766—779年），在寺庙废墟中挖得一尊大铁佛，高6米，并因此而重建寺庙，定名为“明教院”，后改称为“明教寺”。现今，虽然大铁佛已不存，但在南北朝时期，已经铸造过大铁佛之事，则可确认。到隋唐时期，铸造大铁佛像就多起来了。在唐代的《集异记》一书中，就较详细地记载了隋代铸大铁佛的事例：在公元6世纪末的隋代，佛教界著名的澄空和尚，就用其毕生精力，在晋阳（今山西省汾西县）铸造成功高达约23米的大铁佛[17]。虽然大铁佛早已不在人间，但离山西汾西县不远的临汾市内，有一个大云寺，俗称铁佛寺，则还保存着一尊唐代铸造的大铁佛头像，头高达6.8米，面宽为3.8米。在湖北武昌市的宝通寺内，原有一座铁佛殿。新中国成立以前，也曾供奉过一尊高5.1米的唐代大铁佛坐像。1962年，在山东潍坊市城区，出土了一尊唐代大铁佛残像，残高2.8米，现存潍坊市博物馆内。1994年，在陕西西安市原唐代长安城静法寺的遗址中，也挖掘出一尊唐代大铁佛像，高2米。经过文物工作者的修复，恢复了原貌，现存藏于西安市文物考古研究所。以上这些事例，都足以证明我国在隋唐时期，确实已经铸造过一定数量的大型和特大型铁佛像了。宋金时期，曾继续铸造过一些大型和特大型铁佛像，例如：河北东光县普照寺（铁佛寺）曾一直供奉着一尊高达8米的北宋释迦牟尼铁佛像。它原是我国留存到现代的最大古代铁佛像，可惜在“文化大革命”中被毁。现存福建省福州市开元寺（铁佛寺）的北宋阿弥陀佛铁坐像，高5.35米，是我国现存最大的古代铁佛像。而浙江湖州市铁佛寺内，还保存着一尊北宋铁观音立像，这是一尊我国古代最优美的铁铸观音塑像，被外国友人誉为“东方维纳斯”。金代继承了北宋冶铸铁佛像的传统，在陕西富平县，铸造了一尊大铁佛立像，高达5.32米，是我国北方现存的最大古铁佛像。明代在铸造大量大型铜佛像的同时，也铸造过不少大型铁佛像。可惜，现存的明代大铁佛像仅存7尊，而大多数大铁佛像已经损毁了。据笔者调查，光是近几十年来，就有浙江湖州市铁佛寺的3尊明代大铁佛、浙江天台县高明寺的3尊明代大铁佛、山西交城天宁寺的3尊明代大铁佛、湖南衡山上封寺的4尊明代大型天王铁像等，共23尊大铁佛像被破坏了。而且我国一些俗名叫“铁佛寺”的寺庙，也都已经和供奉的铁佛像一起被毁灭了。到清朝时，大型铁佛像的铸造则非常少了。从上述有关情况可以看出，我国从南北朝起，经隋、唐、宋、金各朝代，一直到明清时期，共1 000多年时间内，曾铸造过很多大铁佛像。由于铸铁是我国古代的一大发明，因而，在古代世界能制造大型铁器的国家中，我国是制造和现存大型和特大型铁器最多的国家，这已得到世界学术界的公认。

由于世界各国的佛、神和人物的金属塑像，都以铜质材料为主，所以，铁铸大型佛像，在其他国家中极为少见。韩国、日本虽有，但数量很少。韩国现存一尊10世纪高丽时代的大型铁佛坐像，高2.88米，收藏于韩国国立中央博物馆。而统一新罗时代的铁铸毗卢舍那佛坐像，高0.91米，铸于865年，供奉于到彼岸寺。高丽时代一尊铁铸毗卢舍那佛坐像，高1.12米，收藏于韩国国立中央博物馆[26]。其实后面两尊铁佛像还够不上真正的大型佛像，但因非常稀罕和珍贵，都被韩国称为国宝级文物。而我国现在留存的古代铁佛像，多达成百上千件，不算中、小型佛像，光是等人高以上的古代大型铁铸佛像，就有17尊之多，在世界各国中，实属罕见。可见，我国是大型铁铸佛像的发源地、开发地和最大保留地，为世界金属像的雕塑工作做出过很大贡献。

关于我国在唐朝、宋朝和明朝时期铸造的大铁佛的详细情况，分别介绍如下。

第一节　唐代大铁佛像

唐朝是我国古代最繁荣、最强大的封建王朝，佛教的传布，在这时期获得极大发展。以泥塑造像和石窟造像为代表的佛教造像空前繁荣。金属造像也获得很大发展，其中不乏大型铜、铁佛像。但是，在唐会昌五年（845年），唐武宗宣布“废佛”，以及后周显德二年（955年）周世宗的“灭佛”活动中，曾销毁了大量铜佛像和铁佛像。再加上之后1 000多年的各种损坏，现存的唐代铁铸大型佛像已非常少了。即使曾保存到20世纪的湖北武汉市宝通禅寺的唐代大铁佛坐像，高5.1米，现在也已不知去向。只有现存于山西临汾大云寺的唐代巨型铁佛头，高达6.8米，被称为“原头佛祖”的大铁佛像，是唯一传世的唐代大型铁佛像。此外，在山西省平遥县博物馆内还可看到两尊唐代铁佛头，高度分别为1.02米和0.6米。好在新中国的城市建设中，曾先后在山东潍坊市和陕西西安市的唐代佛寺遗址中，各挖掘出一尊唐代受过损害的大铁佛像，现今都已得到妥善保存。现将3尊唐代大铁佛像介绍如下。

一、大云寺巨型铁佛头

山西临汾市城内西南隅有一座佛寺，名叫大云寺，俗名铁佛寺，始建于唐贞观六年（632年）。寺庙的古建筑中，现仅存一座方形的金顶宝塔，系清康熙五十四年（1715年）重建。方塔的首层中空，其内供奉着一尊巨型铁佛头。图1是在塔门外拍到的铁佛头局部图像。铁佛头高6.8米，面宽3.8米，为唐代铸造的原物。

铁佛头像的造型属唐代典型风格，佛面丰满，脸圆，五官端正，凤目厚唇，天庭饱满，两耳垂肩。头顶左旋螺发，额高鬓宽，鼻梁挺直，嘴唇微闭，面相庄重、慈祥。铁佛头置于铁铸须弥座上，是释迦牟尼佛的头像，被称为“原头佛祖”，一直受到当地民众的顶礼膜拜。即使在寺庙被毁以后，仍有不少信众前往藏于方塔中的铁佛头像之前焚香朝拜。铁佛头外部曾用泥塑，面部被贴金，但现在已陈旧，不少地方已剥落，露出铁铸真面目。铁佛头背面有一方孔，可窥视内部。据传佛头内原先曾藏有佛经。

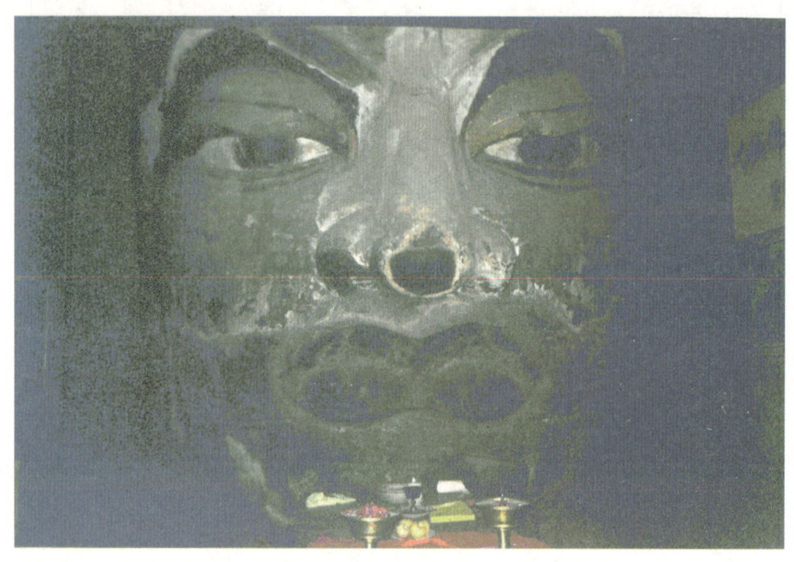

图 1　山西临汾市大云寺唐代巨型铁佛头像

铁佛只有头，没有身，因此对其来历，流传很多传奇故事。流传最广的当属“飞来”说。唐代长安附近有一尊雄伟高大的泥身铁头露天大佛。有一天，大佛正闭目参禅，不觉睡意袭来。打盹间，猛一点头，竟把铁头闪落到黄河东岸平阳城内西南角的高地上。从此，铁佛头被尊称为“原头佛祖”，一直供奉于平阳城（今临汾市）内。其实，大铁头是当地铸造的。平阳冶铁业自古就比较发达，唐、宋时，更是全国闻名的冶铁中心[27]。高达6.8米的巨型铁头，虽然中空，其壁厚6～10厘米，浇注时最少也要用20多吨生铁。该铁佛头是用传统的泥型铸造工艺分层整铸而成，铸造工艺精良。可见，当时山西平阳地区的生铁冶铸技术水平已经非常先进。所以，大云寺铁佛头像可以作为唐代大型铁铸佛像的代表。

二、潍坊市唐代铁佛像

山东潍坊市内，有一处著名的风景名胜十笏园，而潍坊市博物馆就在园内。在博物馆的造像院中，收藏着一尊唐代大铁佛像，如图2所示。铁佛像的下部已残缺，为此用水泥将其固定。但铁佛像的残高仍达到2.8米，宽度近2米，重量约为5吨。可见完好时的原佛像，一定是尊很大的铁佛像。大铁佛头部保存完好。头的高度约1米，

图 2 山东潍坊市博物馆唐代大铁佛像

美发高髻，宽额丰腮，面部丰腴、端庄，双目微闭，略呈微笑，既庄严又慈祥。铁佛身穿袈裟，附璎珞，造型粗犷有力，气韵自然，富有唐代造型艺术风格。大铁佛铸造时留下的范缝，仍清晰可见。由此可以看出，大铁佛是采用我国传统的泥型铸造工艺铸成的，是一尊现在已很少见到的唐代珍贵的大型铁佛像。

大铁佛像是1962年在潍坊市潍城区的建筑工地的地下被发现后挖掘出土的。据考，该处原为唐代铁佛寺的遗址。铁佛寺毁后，曾在该处改建为石佛寺，大铁佛就被长期埋于地下。当1962年大铁佛出土时，文物工作者对其极为重视。经过仔细清理，发现大铁佛的头部和上身基本完好，但锈蚀较严重。其下部已经残缺。上部的两手仍在，右手端于胸前，不过手指已断。左手伸向前下方，但手掌已断缺。清理后，佛像的面部原貌仍很清晰，可看出唐代佛像造型的艺术风格。由于现存的唐代大铁佛在国内已极为罕见，故大铁佛作为唐代铁铸佛像的实物，是非常有历史价值和宗教文化价值的，被潍坊市博物馆作为重点文物收藏。

三、西安静法寺唐代铁佛像

1994年在陕西省西安市的一处建筑工地，发现并挖掘出一尊古代大铁佛像。原来这里是唐朝时候长安城静法寺的遗址。唐武宗宣布“废佛”后，静法寺被焚毁。寺中的大铁佛像也受到一定的损伤。当僧人回到被焚毁的寺中看到了这一悲惨情况，为了避免大铁佛像被进一步毁灭，就将这尊大铁佛像深埋于寺中的枯井之中。从此，这尊唐代大铁佛像就不再为人们所知。现在，这尊唐代大铁佛像终于重见天日。经过西安市文物工作者的仔细清理，经过长达七年的修复，终于恢复了原貌。这尊大铁佛像原来是一尊铁制夹纻弥勒大佛，高2米，结跏趺坐，身后有背光。其双手双脚却用青铜铸成后，再和铁佛焊接成一体。这样的大铁佛像，实为罕见。大铁佛不仅雕塑艺术水平非常高超，而且冶铸工艺技术精良，有很高的历史文物价值，非常珍贵。在2005年北京举行的中国第二届国宝展览会上，这尊铁制夹纻弥勒大佛的展出，受到了各界人士的重视和好评。该大铁佛像现为西安文物考古研究所收藏。

第二节　宋金时期大铁佛像

宋代在铁佛像和铁人像的铸造方面很有成就。不仅铁人像在国内非常著名，如河南登封中岳庙的4尊宋代护库铁人和山西太原晋祠金人台的4尊宋代铁人，一些宋代的铁佛像也很有名。山东长清区灵岩寺千佛殿内，有40尊宋代彩色泥塑罗汉，被誉为“海内第一名塑”。其中第11尊罗汉坐像是铁胎泥塑。如将泥去除之后，就是一尊铁铸罗汉塑像。该塑像高1.64米，端坐在0.63米高的铁座上，铸于宋熙宁三年（1070年）。铁罗汉的雕塑水平本来就很高超，所以铸成后，就一直供奉在大殿内。直到明代，才在铁佛身上包上泥塑。山西省博物馆也存藏着4尊宋代铁罗汉，虽然其高度只有0.9米左右，但其雕塑艺术水平和冶铸工艺水平同样很高。山西交城的玄中寺内，也存有2尊珍贵的宋代铁佛像，一尊铸于北宋建中靖国元年（1101年），另一尊铸于宋大观二年（1108年），不过尺寸要更小一些。至于河北东光县普照寺（俗称铁佛寺）的大铁佛像就更有名了。河北民间谚语中，将“沧州的狮子，景州的塔，东光县的铁菩萨”列为驰名华北的三大古文物。铸于北宋时期，高约8米的释迦牟尼铸铁坐像，曾是一尊保存到现代的最大铁佛像。可惜，在“文化大革命”中被毁。虽然在1987年东光县已按照大铁佛的原貌，成功铸造一尊新的释迦牟尼大铁佛像，安置在普照寺的大雄宝殿之内，重现了“东光县铁菩萨”昔日的威风，但宋代大铁佛的原像，人们却永远也看不到了。在现存的宋代大铁佛像中，则以浙江湖州市的宋代铁观音立像和福建福州市的宋代阿弥陀佛大铁佛像最为著名，下文将进行详细叙述。而金代在陕西富平县铸造的一尊大铁佛立像，高达5.32米，则是我国北方现存的最大古铁佛像，故也将在下面进行详细叙述。

一、湖州宋代铁观音立像

浙江省湖州市铁佛寺中，有一尊远近闻名的铁观音菩萨立像，如图3所示。据传，唐代著名高僧鉴真大师曾来湖州，愿造铁观音像，未果。直到宋仁宗天圣三年（1025年），该寺主持继承鉴真法师的夙愿，终于铸成了铁观音立像一尊。该尊佛像就成了我国现存最早的大型铁观音像。观音立像高2.15米，重约1.5吨。观音立在鳌背上，是救苦救难观世音菩萨的象征，受到民众的顶礼膜拜。

铁观音像的造型非常优美。观音菩萨的法相仁慈，风姿端丽，体态丰盈，神采奕奕，衣褶线条流畅舒展。可谓上承盛唐的丰腴遗风，下开启宋代的俊丽先声。雕塑艺术水平之高，使其成为我国古代最优秀的观音菩萨塑像之一。这一尊宋代铁观音像从铸成到现在已经有近千年历史，但佛身毫无锈色，衣服纹饰仍然非常清晰，反映了其冶铸技术水平的高超。可以这样认为，这是一件难得的古代大型艺术铸造的珍贵文物。我国改革开放以来，不少外国友人前来参观访问，当看到这尊宋代铁观音像后，都被其优美的造型所折服，将其誉为“东方维纳斯”。

图3 浙江湖州市铁佛寺宋代铁观音立像

据说，在“文化大革命”期间，该寺的大铁佛像都受到过人为的破坏。其中明代宣德八年（1433年）铸造的3尊大型铁佛像：高4米的释迦牟尼大铁佛、高2.5米的文殊菩萨和普贤菩萨铁佛像，均被砸毁。唯独这尊宋代铁铸观音菩萨像，铁锤砸不动，钢锯不入身，仅仅损坏了铁观音的双手，终算逃过一劫。现在铁观音的双手早已修复，其优美的体态，端丽的形象重放光彩。经化学分析，查明了铸造佛像的铁中，含有钛、铬、铜、银等多种元素，故不是一般生铁，而是合金生铁，性能好，强度高。所以，铁观音既能防锈，又能扛砸，反映了宋代冶铸工艺技术的先进水平。这尊经历过磨难和历史长河考验的铁观音像，无论是雕塑艺术水平，还是冶铸工艺水平，都是非常高的，而且非常珍贵，故被外国友人誉为“东方维纳斯”，这就更加值得我们珍惜和爱护了。

二、福州宋代阿弥陀佛铁像

福建福州市开元寺内，供奉着一尊宋代阿弥陀佛铁铸坐像，如图4所示，是我国东南各省闻名的大铁佛。大铁佛高5.35米，宽约4米，重达50吨，外表已饰成金身。由于河北东光县普照寺（铁佛寺）的宋代大铁佛已在“文化大革命”中被毁，所以福州开元寺大铁佛就成了我国现存最大的铁佛像了。开元寺也因此被人们称为“铁佛寺”。佛像虽由生铁铸成，但外部披泥贴金，故外表看不出是铁像。过去也曾被误认为铜佛。佛像前有一副对联：“古佛由来皆铁汉，凡夫但说是金身”。就是指明代中叶以前，曾长期被错认为是后唐王审知所铸的三万斤铜佛，到明代中期发现是铁佛，人们才改变了看法。到清初重建铁佛殿时，在铁佛座下，发现银塔一座，上有铭文：“宋元丰癸亥正月初一日立，刺史刘瑾。”以此为据，重新考证，确认大铁佛像是北宋元丰六年（1083年）所铸。

阿弥陀佛又被称作无量寿佛，是佛教宣扬的西方极乐世界的教主，常作为“横三世佛”之一，在大雄宝殿内供奉。阿弥陀佛作为西方极乐世界的教主，供奉在中间。左右胁侍为观音、大势至菩萨，合称“西方三圣”。由于阿弥陀佛在我国民间有广泛影响，故在一些寺庙也有单独供奉的。开元寺内的阿弥陀佛铁铸坐像就单独供奉在铁佛殿内。坐于莲花台座上的大铁佛像，头戴螺髻，两耳垂肩，两手结弥陀定印，盘足结跏趺坐，全身贴金，法相端庄、严肃。由于佛像高大雄伟，人立其肩，手摸不及顶，故在佛教信徒中有崇高威望。据查，开元寺大铁佛是我国现存最大、最重的古代铁佛像，也是世界上现存的最大古代铁佛像。这尊宋代大铁佛在我国南方更是少见，因而庙里香火很盛，充分反映了宋代时福建省的冶铸技术水平也已达到了很高的水平。

图 4　福建福州市开元寺宋代阿弥陀佛铁像（福州市开元寺提供）

三、富平金代大铁佛像

陕西富平县觅子乡南张家村铁佛寺，存有一尊金代大铁佛像，如图5所示。大铁佛立于莲花座上，高5.32米，铸于金大定二十一年（1181年）。从大铁佛的造型来看，应该是接引佛。铁佛额上挽花结，镶宝珠，双目微俯，双耳垂肩，沉思恬静，神态端庄自然。铁佛的造型比例匀称，外披通肩袈裟，右手上举，掌心向前，施无畏印。左手举至胸前，稍高于肘，掌心亦向外，施与愿印。表示大佛能救济众生，使人心安定，并使信徒所祈求之愿都能实现。身披袈裟的大铁佛，袒胸跣足，巍然立于铁铸的莲座之上。这个和大佛铸成一体的铁座，其外径约有2米，分成上、下两层。上层圆形莲台，高为0.37米，莲台四周铸满莲瓣两层，共32枚。下层高0.08米，呈八角形。而整个铁佛座，则安置在八角形的青石基座之上，青石基座高出地面0.2米。经笔者仔细观察，发现在铁座的面上和八角形铁座的一个侧面以及大铁佛袈裟底部等三处，都铸有铭文。除铸有寺庙的主持法师、录事，富平县的县令、县尉、主簿等的名讳和姓名外，还铸有功德主李官人等名和“塑处雷冲”“金火匠人郝忠”等工匠名。特别是还铸有“大定二十一年二月二十日”的纪年铭文，表明了确切的铸造年月。据此能确知大铁佛的铸造日期是金朝大定二十一年（1181年）。

金代铁佛像是阿弥陀佛的立像，称作接引佛。佛像施无畏与愿印，是迎合世俗民众死后投生极乐世界的愿望，深受信佛民众的喜爱。加上铁佛像宏伟高大，是不可多得的大型铸造文物。所以800多年来，尽管寺庙多次损毁，大铁佛却一直保存完好。金代的金属佛像较少，尤其是大型铸像更是稀少。该铁佛像是现存唯一的金代大铁佛，而且是我国北方地区现存最大的铁佛像，故为对金代佛教文化、雕塑艺术和冶铸技术的研究，提供了很好的实物资料。大铁佛像的身上，可看到遗留的诸多铸造范缝，表明了佛像是采用传统的泥型铸造工艺，铸造时曾采用120多块范模。范模虽多，但组合后的整体造型却非常好，浇铸成的大铁佛的质量很好，非常成功。说明了金代的生铁冶铸工艺，也已达到很高的水平。此外，铁佛上所铸的铭文，其字迹比较粗糙，很不工整，可见并非出自书法家之手，可能就是工匠的手笔。在铭文中还可看到“补”“坚”“处”等简化汉字。据说陕西澄城县乐楼钟亭内的金明昌三年（1192年）铁钟，是使用简化汉字最早的历史文物。而富平金代大铁佛身上的简化汉字虽然较少，但其铸造时间比澄城县乐楼金代铁钟还要早11年，当然也是使用简化汉字最早的历史文物之一。这对简化汉字的研究工作，肯定也有一定的价值。

图5　陕西富平县觅子乡南张家村铁佛寺金代大铁佛像

第三节　明代大铁佛像

明代在我国铸造金属佛像的历史发展过程中，出现了又一个高峰期。不仅铸造了我国历代最多的大型铜佛像，而且也铸造了最多的大型铁佛像。不过可惜的是，明代的大铁佛像惨遭毁坏的远比留存的多得多。远的先不说，光抗日战争期间，我国曾有大量文物遭受战火的破坏和日军的掠夺。其中，江苏南京普德寺的明代高6米的无量

寿大铁佛像、湖南衡山铁佛寺的明代重5吨的无量寿大铁佛像等，均被损毁。而铸于明代嘉靖年间的湖南衡山上封寺四大天王铁像，各高2.5米，却在1950年毁于火灾。山西交城县卦山天宁寺的千佛阁内原供奉的释迦牟尼等3尊大铁佛，高3米，重约2吨，铸于明正德十三年（1518年）。在大铁佛像的两侧，还有6尊明代胁侍铁佛像，高2米。这些佛像在1965年都被人为砸烂，当作废铁卖了。浙江湖州铁佛寺的释迦牟尼铁佛像，高4米；文殊菩萨和普贤菩萨铁像，各高2.5米。这3尊大铁佛像都是铸于明宣德八年（1433年），后在“文化大革命”中被砸毁。浙江省天台县高明寺的大殿内，原供奉有明代铁铸的释迦牟尼像、文殊菩萨像和弥勒佛像。这3尊明代大铁佛像的高度大约都有4米高，重达8.5吨，可惜也在“文化大革命”中被毁。北京房山昊天塔前的明代大铁佛，高3米，江西赣州寿量寺的明代大型铁观音像，高达6米，也都在“文化大革命”期间被毁。笔者初步调查所做的不完全统计表明，在20世纪30—70年代，短短40来年，就损失了23尊明代大铁佛像。而留存下来的明代大铁佛像反而不多了，据初步统计仅存7尊。虽然明代留存的中小型铁佛像还有不少，如：山西五台山广宗寺的明代18尊铁罗汉像，江苏苏州寒山寺的明代18尊铁罗汉像，浙江余杭径山万寿寺的明代3尊铁佛像，山西五台山显通寺无梁殿的明代223尊铁罗汉像（原有500尊），福建宁德市支提寺大殿中的明代947尊铁菩萨像（原有1 000尊）等，但都只是明代的中、小型铁佛像。至于现存的明代大铁佛像只有7尊，它们是：河南登封市少林寺的地藏王菩萨铁坐像，高1.75米，铸于明弘治元年（1488年）。重庆市大足县观音寺的大铁佛像，高3米，铸于明弘治年间（1488—1505年）。山西太原市纯阳宫，现为山西省艺术博物馆，馆内收藏有一尊明代大型铸铁释迦牟尼佛像，造型端庄，高1.6米，宽1.2米，铸于明代正德年间（1506—1521年），如图6所示。山西平遥双林寺的大雄宝殿内，在主像“三身佛”前，有一尊明代铁胎泥塑的接引佛立像，高3.2米。山西太原市永祚寺的大雄宝殿内，除了一尊和建寺同时存在的明代阿弥陀佛铜立像外，还有两尊后来移入大殿的明代铁坐像，即释迦牟尼佛和药师佛的铁坐像，每尊高约2米。铁佛像的造型端庄，铸造质量上乘，保存完好，在现存的明代铁佛像中很有代表性。广东佛山市博物馆存藏的一尊明代韦驮铁像，高1.8米，立于石座之上，如图7所示。铁像的造型端正，比例合适，其穿着和明代将军服饰类似，面容也更像人不像

图6　山西太原市纯阳宫明代释迦牟尼铁像

佛。韦驮作为佛教寺庙的护法天将，本来应使人们对他敬畏。而这尊韦驮铁像，使人感到较为亲切，能更合乎佛信徒的心意，故是一尊雕塑得很成功的铁佛像。

图 7　广东佛山市博物馆明代韦驮铁像

第四节　大铁佛像的铸造

我国古代关于金属佛像的铸造，一般都只记载铜佛像的铸造[28-30]，就连明代宋应星写的《天工开物》中，也只提到“铸仙佛铜像”之法，而没有提及铁佛像的铸造。其实，大铁佛像和大铜佛像的铸造方法，基本上是相同的，都是采用我国传统的泥型（陶范）铸造工艺，将大佛像整体铸造出来的，即浑铸法铸成。加上大型佛像铸造时间长，大铁佛像的造价比大铜佛像低很多，而且是由地方上自行铸造，所以一般都不采用失腊法铸造。但一般来说，铸造大铁佛像时，事主也都非常重视，其质量还是很好的。另外，由于铸铁不易焊接，所以大铁佛像也不采用有些大铜佛像分铸后焊成一体的方法。在古代铸造特大型铁佛像时，由于古代的熔炉小，一次熔化的铁水少，即使若干熔炉一起熔化，也不足以一次将特大型铁佛像整体浇成，故往往采用分层浇铸的浑铸法。而且，考虑到大铁佛像很重，不易搬运的特点，往往是在大铁佛像所在地的现场，将大铁佛整体浇铸出来。其具体步骤大致如下：

第一步：挖地坑，打基础。在施工现场，用卵石、碎砖屑和干土等，筑成坚实的基础，并待其干燥。

第二步：塑泥佛像。在基础上竖立起铁架，作为泥芯骨，中间充填瓦砾，外敷造型混合料，精雕细琢，塑造出所需的泥佛像。

第三步：制作外范。先给泥佛像周身遍涂薄层黄蜡，并覆一层纸隔开，以制作外范。按大佛身高分成数层，每层又分成若干小范块。所以大佛像的外范块很多。例如，富平金代大铁佛像的外范模块就多达120多块。之后，将外范拆下，分块阴干后，再用炭火烘透。

第四步：刮制泥芯。搬掉外范后，就可在大泥佛实样上，均匀地刮掉一层。刮掉的厚度，恰好等于铸像的壁厚，从而获得所需的泥芯。泥芯同样必须烘干。此法称剥皮造型法。

第五步：铸型组装。将已烘透的外范块，按顺序安放到原位置上，组装好铸型。检查范块之间有无间隙，切实填充修补，务使不漏，确保安全。再在组装好的外范周围垫起土台。

第六步：熔炼与浇铸。将若干可移动的熔炉，沿铸型周围安放在土台上。就地装料，鼓风熔炼。将熔好的铁水浇入铸型中。但因一次熔化的铁水量较少，要按顺序分层浇铸，边合范边浇注，直到大铁佛像全部浇成。

大铁佛像的铸造，也可采用木料雕刻的木佛像作为模型，以制造外范，但必须另做泥芯，故比上述剥皮造型法较为麻烦。

第三章

古代大型铁人（神）像

1989年，在山西永济县（今永济市）古蒲津渡遗址中出土了4尊唐代大型铁人像，身高1.9米左右。出土文物中的主角是唐铁牛，铁人是作为铁牛的牧者出现的。4尊铁人像雕塑成汉族、藏族、蒙古族和维吾尔族模样[31]，造型生动、逼真，栩栩如生，丰富多彩，和“千佛一面”的佛像雕塑艺术完全不同。这是我国古代少有的现实主义雕塑艺术，反映了唐代的生铁冶铸技术和人物雕塑艺术都已经达到了很高的水平。

在宋代，大型铁人像和铁神像的铸造更是丰富多彩。在河南登封市中岳庙古神库的四角，站立着4尊宋代护库铁人像，个个武士装束，威风凛凛地守护在古神库的四周。在山西太原晋祠金人台四角，也设置有宋代4尊铁人像，以保护晋水之源。可惜的是，只有西南隅1尊铁人完全保存了宋代原貌。有2尊铁人受到了局部损坏，分别在明代和民国时修补过。有1尊铁人已全毁。现存的铁人，则是民国二年（1913年）重新铸造的。故在上述铁人像中，保存完好的宋代铁人只有5尊。这些宋代铁人至今仍然明亮不锈，反映了宋代高超的冶铸技术水平。到明代时，铸造的铁神像和铁人像比唐、宋时期更多，在湖北武当山南岩宫的石殿内，就供奉着明代铁铸五百灵官像。这500个铁灵官像，造型各异，但都属小型铁神像。而武当山磨针井的姥姆亭内，则供奉着一尊明代铁铸姥姆磨针塑像。塑像造型非常逼真，是古代铁铸人物塑像的优秀作品之一，但像高仅1米，属明代中型铁神像。在浙江杭州岳飞庙和河南汤阴岳飞庙中，都有跪着的秦桧夫妇、万俟卨、张俊4个罪人的铁像。不过，这只是现代重铸的铁像，明代铸造的这4个铁人像早已不存了。关于现存的明代大型铁人（神）像，据初步统计，还有19尊之多，其中，四川梓潼县文昌宫保存的最多，共有12尊铁神塑像，除3尊为明初的铁神像外，其余9尊都是明末铸造的铁神像。还有山西运城市解州关帝庙保存的6尊明代的大铁人像。陕西西乡县午子观保存的1尊明代铁铸护法神像。这19尊中，有2尊铁神像，各重30吨，属特大型铸铁塑像。据初步统计，我国现存的古代大型铁人（神）像，共有30尊。其中明代大铁人（神）像有19尊，占总数的63%，可见明代的地位很重要。下面将详细介绍几尊唐、宋和明代的大铁人（神）像情况，并探讨古代艺术铸造大铁人（神）像的几个铸造技术问题。

第一节　唐代大铁人

唐朝是我国古代最繁荣的封建王朝。而经济的高度发展和繁荣，不仅使泥塑佛像、石雕佛像和铜、铁佛像获得很大发展，而且人和神的造像也有大的发展。特别是唐玄宗开元十二年（724年），在黄河上建造伟大的蒲津桥工程时，竟塑造了8尊大铁牛像和8尊大铁人像。这虽是工程的一个重要组成部分，但又可作为供人观赏的大型雕塑造像，其构思极为巧妙。不过，到清代时，不仅蒲津桥早已弃之不用，连两岸的唐代铁牛、铁人等，也均被黄河水和淤泥所淹没。

一直到1989年，古蒲津桥在黄河东岸的遗址，才被考古工作者重新发现，并从古蒲津桥遗址中出土了4尊唐代铁牛和4尊唐代铁人。这4尊唐代铁人的造型各不相同，被塑造成唐代4个主要民族的形象，非常生动、逼真。其艺术水平和冶炼、铸造技术水平也相当之高。这些铁人不仅是唐代大型铁人塑像的典型，也是中国古代艺术铸铁件的典型，被称为我国古代最伟大的桥梁工程——古蒲津桥的唐代铁人。

在山西省永济市西南15千米的黄河边上，在唐朝时曾有一座著名的蒲州古城。而在蒲州古城的西门外，有一座黄河上最早的浮桥，是河东、河北连接关中的重要通道。随着唐朝经济的发展，原有的已破败的浮桥早已不敷使用，影响了交通和经济发展。因此，唐朝皇帝玄宗下旨批准大规模改建蒲津桥，并在开元十二年（724年）建成。这是黄河上第一座用铁索连舟的固定式浮桥。在黄河两岸各用4尊大铁牛和七星铁柱等作为浮桥铁索的地锚。而4尊铁人则作为4尊大铁牛的牧者，站立在4尊大铁牛的旁边。可惜，铁索连舟的古蒲津桥于金、元战争中被火烧毁。到清代后期，连唐代铁牛、铁人也都被黄河淤泥所淹没。直到1989年，考古工作者对山西一边的古蒲津桥遗址进行了发掘，终于出土了铁牛、铁人等著名的唐代蒲津桥东岸桥头的实物。

据史载："唐开元十二年铸八牛，东西岸各四牛，以铁人策之，其牛并铁柱入地丈余"。故知4尊铁人和4尊铁牛都是唐代开元十二年（724年）铸造的。有学者根据铁人的服饰和面部的神态，并从各铁人的位置以及唐朝的历史情况等，综合地进行考察、研究，得出结论认为：4尊铁人塑造成不同形象，是各代表一种民族。1号铁牛外侧的铁人是维吾尔族人，古称"回纥""畏兀儿"（见图8）。这尊铁人身体健壮，鼻头硕大，鼻梁隆起，头戴圆形缀顶小帽，身着轻盈长袍，身高1.93米，身宽0.79米，做叱牛之状。2号铁牛外侧的铁人是蒙古族人（见图9），身体粗壮，脸方眉粗，神态彪悍，头戴束帽，身着骑士服，身高1.96米，昂首挺胸，做牵牛状。3号铁牛外侧的铁人是藏

图8　山西永济市唐代蒲津桥铁人（维吾尔族）像

图9　山西永济市唐代蒲津桥铁人（蒙古族）像

族人（见图10），该铁人面部虽有些残损，但仍可看出铁人眼目深邃，皮质浑厚，头戴一顶“缀耳”帽，身着一件藏袍，左臂套于袖内，右臂套衣袒露于袖外，身高1.9米。4号铁牛外侧的铁人是汉族人（见图11），面部慈祥端庄，头戴前低后高的“相公”帽，曲肘双手握拳状，习惯地放于右胸部旁，身着短袖大翻领上衣，身高1.92米。可见，4尊铁人的确反映了唐代4个主要民族的特色。

图10　山西永济市唐代蒲津桥铁人（藏族）像

图11　山西永济市唐代蒲津桥铁人（汉族）像

唐代4尊铁人已历经1 290多年，特别是曾长期深埋淤泥之中，故锈蚀比较严重。即使这样，其造型和雕塑的基本轮廓仍较清楚，能把不同民族的特点惟妙惟肖地表现出来，反映了唐代高超的雕塑艺术水平和冶铸技术水平。而且，这4尊铁人同时出现于一地，也充分表现出唐代汉族和回纥族、蒙古族、藏族之间的亲密关系，跟兄弟一样，和谐地相处，强调中华民族的团结。因而，1989年考古发掘出来的唐铁人像，不仅在雕塑艺术方面和冶铸技术方面有很高的水平，而且在突出中华民族的团结方面，也都具有很高的价值，这在我国历史上是独一无二的。

第二节　宋代大铁人

一、中岳庙宋代铁人

河南省登封市的嵩山，是我国著名的五岳之一，名为中岳。著名的中岳庙就坐落在嵩山的东麓。在庙中的大殿内，则供奉嵩山的山神——中岳大帝座像。广大信徒和

图 12　河南登封市嵩山中岳庙宋代铁人像（北）

图 13　河南登封市嵩山中岳庙宋代铁人像（南）

民众登山朝拜，要经过很多殿宇。而位于中岳庙崇圣门的东北，还建有一座古代神库。在古神库四周的边角上，分别站立四个古代铁人，如图12和图13所示。东南角和东北角的铁人身高2.65米，西南角和西北角的铁人身高2.52米，重约1.5吨。这4个铁人通称“宋代镇库铁人”，是北宋治平元年（1064年）铸造的，距今已有950多年。

这4尊宋代铁人立像都塑造成武士装束，个个威武雄伟，而姿态各不相同。他们挺立在古神库的四周，振臂握拳，怒目挺胸，忠实地执行镇守神库的庄严任务。其中，西北角铁人像的背部铸有“忠武军匠人董赡记，治平元年三月二十八日。秦世安、秦顺、王晟”，还有“登封县押司钊琰，押司张简，治平元年三月二十八日”等铭文。东南角铁人像的左前胸靠近肩部处，亦铸有“忠武军匠人董赡、时因、李诚、秦士安”等4人的姓名，确切表明了铁人的铸造年月及铸匠姓名。据查，北宋时期，忠武军即今河南许昌市。据说，该地匠人董赡、李诚、秦士安等人花费近两年时间才将4尊铁人立像铸造完成。铁人的面部表情和衣饰装束反映出宋朝武士的雄姿，个个铁人都雕铸得真实而生动，艺术水平很高。铁人立像采用传统的泥范法铸造，其范缝在铁人身上可明显看到。每尊铁人像的全身由60～70块泥范组合而成，从上到下，层层排列。工艺虽复杂，但不影响组合后的整体形象，说明其技艺的精致和高水平。铁人身上虽留有少许铸造缺陷，但历经900多年风吹雨打，至今锈迹很少，人们抚摸之处，更是光滑明亮，确实是我国古代珍贵的艺术铸铁文物，被誉为中岳嵩山的“镇山之宝”。

关于“宋库铁人”的情况，还有一个美好的传说。据说，中岳庙原有8个铁人，一边4个，分别站在东、西神库的四角。北宋末到南宋初，金兵连续南侵，人民处于水深火热之中。民族英雄岳飞率军抗金。打到黄河北岸时，8个铁人也要投奔岳家军，抗击金兵。他们私自离开中岳庙，其中4个铁人渡河北去，加入了抗金队伍。剩下4个铁人，被中岳庙道主追回，仍然守护着神库。所以现在人们能看到的，只是东神库

的4尊铁人。这个民间传说，不仅将宋库铁人进一步神化，而且也将当地人民拥护岳家军抗击金兵的爱国热情，融合到宋库铁人的故事中来，的确是一个很神奇、很精彩的民间故事。

二、晋祠宋代铁人

晋祠是山西省太原市著名的名胜古迹，是全国重点文物保护单位。在晋祠金人台的四隅，各立有古代铁人一尊，高度在2.2米左右。这4尊铁人本来都是宋代铸造的，但历经九百多年的天灾人祸，已发生很大变化。东北隅的铁人原铸于宋元祐五年（1090年），可惜已被毁坏。现存的铁人是民国二年（1913年）重新铸造的，高2.1米。在1987年10月，太原化工厂工人又在其头颈部进行了焊补加固。西北隅的铁人是北宋绍圣五年（1098年）铸造的，但其头部被毁，故于明永乐二十一年（1423年）补铸了头部。到明正德十二年（1517年）十一月时，又在其颈部进行了加固，现存铁人高为2.18米。东南隅的铁人是北宋元祐四年（1089年）铸造的。在民国初期，其头部亦被损坏，于民国十五年（1926年）补铸。铁人高为2.1米，其身上的缺损也较多。唯独西南隅的铁人，于北宋绍圣四年（1097年）铸成后，一直矗立在金人台上，如图14所示。铁人身穿铠甲，英武雄伟，高度为2.26米，历经900多年的风霜雨雪，始终明亮不锈，至今保存完好。反观东南隅的铁人，以及斜对面民国铸造的东北隅的铁人，身上已到处显露锈迹斑斑。加上原有的铸造缺陷，与西南隅宋铸铁人构成强烈的对比，更显出北宋铁人雕塑艺术水平和冶铸技术水平的高超。该铁人确是北宋生铁冶铸技术和雕塑艺术的最好实证。

图14　山西太原市晋祠宋代铁人像

宋代为何在晋祠铸造4个铁人像，站立在金人台上呢？据《晋祠志·金石》记载，铁人被称作“镇水金神”，并说：“铁本墨金，熔铁铸人，名曰金神。祠为晋水发源之区，镇以金神，亦谓金能生水，有金则水愈旺矣。”这就是说，当时铸造4尊铁人像，并将其安置于晋祠内，其目的就是为了保护晋水之源，使其长流不息。

现在晋祠金人台的4尊铁人像中，只有西南隅的铁人是唯一保持了宋代的原貌。该铁人是按照宋朝军人来进行造型，其各部分的比例关系恰当、合理，面容和服饰雕铸得都很成功，塑造出一个威武、雄伟的宋朝武将的形象。细看全身，表面光洁，纹饰和铭文清晰，没有铸造缺陷，质量上乘，是古代大型铁人像中质量最高的。铁人的肚上铸有铭文110字："维大宋太原府故绵州魏城令刘植、县君张氏、男元吉、新妇谢氏、房弟延昌、侄万孙、男应乡贡进士世安、世臣、世顺、进士重孙莹谨卜，绍圣四年三月朔日，立此金神，用彰荫报。一人积德于百年，后裔承恩于四世，常修祖业，望昌盛於无穷，献尔丹诚，庶永期於不朽。外甥乡贡进士张鑑记。"文字端正、华丽，至今仍很清晰。在铁人的脚上和背部，还铸有助缘人冯远术、李迁等三四十人的姓名。该铁像和中岳庙古神库的4尊宋代铁人像一样，都是露天放置。自宋代绍圣四年（1097年）铸成到现在，已历经900多年的风吹雨打，却始终明亮不锈。这和宋代采用木炭生铁，同时在冶炼时，碳当量掌握恰当等因素有关，因而得到白口铸铁，使其耐腐蚀性能好。当然，也和匠人的铸造工艺技术水平有关。据说铸造西南隅铁人时，是专门从河南请来了高级匠人。由于其铸造工艺技术好，故铸出的铸件质量高，没有缺陷，增强了铸件表面抗腐蚀能力，说明了北宋冶铸水平的高超。

第三节 明代大铁人（神）像

明代铸造的大型铁人和铁神像，留存至今的还有19尊之多，是我国古代留存大型铁人（神）像最多的朝代。这些铁像分别保存在四川梓潼县文昌宫的桂香殿和文昌殿，以及山西运城市解州关帝庙和陕西西乡县午子观内。其中四川梓潼县文昌宫保存的明初铸造的文昌王铁像和明末铸造的文昌帝君铁像，像高分别为4.5米和4.7米，每尊铁神像重达30吨左右，属特大型铸铁塑像。其他铁人（神）像的高度，都在1.6～2米之间，属一般大型铁人像。陕西西乡县午子观保存的1尊明代铁铸护法神像，其头部已受损坏，不做详细介绍，只详细介绍四川梓潼县文昌宫和山西运城市解州关帝庙内的大型铁人（神）像的有关情况。

一、关帝庙铁人像

山西运城市解州关帝庙是我国现存最大的关帝庙，解州常平村又是关羽的原籍，故解州关帝庙被称为武庙之祖，是全国重点文物保护单位。庙内古代文物非常丰富，其中明代铸造的铁人就达6尊之多，是继中岳庙和晋祠宋代铁人之后，成为具有一批古代大型铁人的又一个文物保管地。下面分别介绍其中2尊铁人像的有关情况。

崇宁殿是解州关帝庙的主殿，殿前院内，神道两旁分别立有铁人一对和铁狮一对，皆为明代嘉靖年间所铸，如图15所示。铁人身着明朝武将的装束，显然是作为关帝

的护卫侍从，站立于崇宁殿前的两侧。铁人通高1.66米，铸于明嘉靖三十八年（1559年）三月。其中一尊铁人的后背下部已有损坏，已采用水泥修补，并依靠水泥将其固定于砖砌台座上。不过从正面看，铁人保存较好，显示了武将威风凛凛的风采。在崇宁殿的后部，亦有铁人一对，高1.56米，立于六角形铁座之上，通高2.44米，分别站立在崇宁殿的后门两侧。铁人是明万历四十一年（1613年）所铸，保存完好。在铁人旁边，亦有一对明代铁狮。

在春秋楼（又名麟经阁）前的大院内，竖立有“气肃千秋”木质牌坊一座。牌坊之前的两侧，分别立有明代铁人和铁狮各一对。铁人像身高1.8米，立于圆形铁座之上，通高2.36米，如图16所示。铁人和铁座铸接在一起，安置在方形砖座之上。东、西两铁人分别铸于明代万历二十年（1592年）和万历二十二年（1594年）。铁人雕塑成胡人模样，身穿胡服，头戴胡人帽，被称作牵狮胡人。据说这表明关公的忠义感天，其神威远镇边疆，连胡人也敬畏关公的神明，而甘愿和铁狮一起护卫关公。铁人像由平阳府蒲州众信士捐款铸造。其雕塑和冶铸水平都较好，历经400多年，风吹雨打，仍保存完好。而且其面貌、装束和衣饰的塑造，都很清晰，锈迹较少，实属不易。

解州关帝庙的6尊明代铁人，虽然比不上中岳庙和晋祠的宋代铁人珍贵，但它们是宋朝之后，我国少见的6尊古代大型铁人像，而且大多数铁人都保存得很好。铁人中既有雕成汉人塑像的，又有雕成胡人塑像的，造型正确、真实，代表了明代山西蒲州地区的冶铸技术水平和雕塑艺术水平，反映了明代河东地区仍然具有很高的生铁冶炼和铸造技术水平。所以，这6尊明代铁人，同样是我国古代不可多得的艺术铸造的大型铁人像。

图15　山西运城市解州关帝庙明代武将铁人像

图16　山西运城市解州关帝庙明代胡人铁人像

二、文昌宫大型铁铸神像

四川梓潼县文昌宫（俗称七曲山大庙）是全国规模最大的文昌宫，号称天下第一座文昌庙，是全国重点文物保护单位。大庙的桂香殿内，供奉着明代初期铸造的3尊铁神像。其中文昌王铁铸坐像，高4.5米，重达30吨，供奉在大殿正中。在文昌王铁像前面的两侧，分别站立天聋、地哑二位侍臣的铁像，各高2米。桂香殿内这3尊铁神像，已有600多年历史，至今完好无损。而在文昌宫的主殿文昌殿内，则供奉着多达9尊明代末期铸造的大型铁神像。其中最大的铁像是供奉于文昌殿正中的文昌帝君坐像，如图17所示。铁像高4.7米，重约30吨。是明代崇祯元年（1628年）用生铁铸成。其左右两侧，各有4尊侍从铁铸立像，每尊铁神立像的高度约为2米，重约5吨。在百尺楼内，原来也有一尊明崇祯元年（1628年）所铸的魁星铁神像。这些大型铁神像，特别是高大的文昌帝君铁像，属于特大型铸铁文物，更使梓潼县七曲山大庙闻名于全国。文昌帝是天上管功名、禄位的神。而东晋人士张亚子生前在四川省梓潼县扶贫济危、救死扶伤，深受梓潼百姓爱戴。死后，被人们尊为梓潼神。唐、宋时被封为英显王，元时加封为梓潼帝君。道教认为，张亚子就是天上文昌星下凡。所以，文昌帝和梓潼帝君合而为一，称作文昌梓潼帝君，四川省梓潼县也就成为文昌帝君的家乡了。于是就在梓潼县七曲山上建成了全国规模最大的文昌宫。而在大殿内的正中，供奉着高大的文昌帝君铁像，像高4.7米，是全国最大的古代文昌帝像。铁像虽雕塑成文官打扮，但又故意造作，雕铸成威严、庄重之帝王气派。文昌帝君头戴冕旒，手捧象笏，身穿九龙袍，全身贴金，两耳垂肩，两眼平视，天仓饱满，面部慈祥而又显得庄重、肃穆。而两侧8尊侍神铁像，分别塑铸成老年、中年和青年的形象，面部表情也各不相同。有的和蔼可亲，有的庄严肃穆，有的慈祥庄重，也有的憨厚纯朴，真是各有各的特点。而所有的铁神像，其衣纹服饰都雕铸得流畅自然，清晰可辨。所以这一组明代铁像，是明代艺术铸造的珍贵文物。

图17 四川梓潼县文昌宫明代文昌帝铁像

在文昌殿文昌帝君铁像的前面，左右两侧各站着4尊侍神铁像。其全身现在已被彩绘一新，已看不清铁铸的原貌，但基本轮廓是没有变化的。神采各异的8尊侍神铁像，雕塑得生动、真实。而有几尊侍神铁像的背部，铸有铭文，在该处尚未完全被彩绘涂抹。从所铸的铭文中可知道，这批铸铁神像是明代四川龙安府平武县“信吏”任宽一家献供的，由陕西金火匠人薛尚梅、薛靳等铸造，铸造日期是明“崇祯元年三月十五日”。但是明代这9尊铁像，除了文昌帝君铁像外，其余8尊侍神铁像都是何许人物，则一般人并不了解。据四川省文化厅谢焕智等人的考证，认为左侧侍神分别为顺星、董仲舒、地哑、寇準（如图18所示）。右侧侍神为太白金星、韩愈、天聋、文天祥[32]。这就是说，文昌帝除了原有的2个侍臣天聋、地哑外，又多了2位天神：太白金星和顺星，以及四位汉、唐、宋代的名人：董仲舒、韩愈、寇準和文天祥。这样一来，大大增强了文昌帝的君王地位和威望，更加突出了梓潼文昌宫中的文昌帝君在全国的显赫地位，使得梓潼县文昌宫更加出名。

图18　四川梓潼县文昌宫明代侍臣铁像，自左至右为顺星、董仲舒、地哑

第四节　铁人像铸造技术的若干问题

大铁人像的铸造工艺和大铁佛像的铸造工艺基本上是相同的，但也有其特点。在此做进一步阐述。

一、铁人像的材质

从现存的宋代和明代大铁人像的表面来观察，多数铁人虽然长期暴露在户外，任由风吹雨打、霜雪侵袭和空气污染，但铁人的表面仍然光滑明亮，锈蚀很少。这是为什么呢？这当然和铁人铸造时所用材质密切相关。原来古代铁人是采用木炭生铁铸成的。木炭生铁的含碳量较高，一般都高于3%。但硅、锰、硫的含量很低。因为硅量低，只有0.05%~0.14%，故铁水的碳当量低。因而，当铸件壁厚不是太厚的话，易得到亚共晶白口铁，或者是表面白口铁而内层灰口铁，从而使铁人的表层硬而致密，不易生锈。由于白口铁的耐腐蚀性比灰口铁好得多，所以，宋代中岳庙镇库铁人和晋祠金人台西南隅的铁人等，历经900多年而不锈。

二、铁人铸造的一些工艺问题

我国古代的大铁人像，均采用泥型铸造的方法铸成。泥型铸造，制作周期长，技巧要求高，故一定要请有经验的铸造匠师来铸造，才能铸出质量高超的大铁人像来。所以，中岳庙的4尊镇库铁人，是由许昌请来的匠师经过2年时间才铸成的。晋祠金人台西南隅的铁人则是从河南请来的高级匠师，才铸出质量这样高的铁人像。而晋祠金人台其他3尊铁人是由本地工匠铸造，铸造质量就要差很多。为了铸出高质量的大铁人像，除了熔炼出高质量的木炭生铁外，还必须有一套严格的泥型铸造工艺规范。古代称铸型为范，外型称外范，泥芯称内范。泥范的组成成分，主要采用高质量的黏土。中原地区则长期使用黄土。但黏土的耐火度不是很高，而且黏土矿物在遇到热的铁水后，会发生收缩。因此还要加适量的砂料，以提高泥范造型混合料的SiO_2含量，从而提高其耐火度，减少其收缩性。此外还要加进植物质等其他配料，以提高混合料的强度，并改变泥范的蓄热系数，提高铁水的充型能力。总之，要使混合泥料具有足够的强度，良好的可塑性、可雕性、复印性和高温综合性能，这是铸出优质大铁人像的又一重要条件。在制作内范时，用铁条作骨，还要加碎砖瓦砾或炭屑等类材料，以提高内范（泥芯）的透气性。内范的表层则用较细的混合料，还要将整个内范烘干透。而外范制作时的分段、分块，一定要仔细考虑好。大铁人像的外范，一般都要分成几十个范块。其中面部范块非常重要，一定要保证雕塑的正确、面额的完整，还要使全部外范块在装配时定位准确，合范时没有缝隙。现存的宋代、明代的大铁人像都是中空的，故都有内范、外范。只有严格执行内、外范制作和装配的工艺规范，才能保证铸造出高质量的大铁人像。

三、铁人身上的铭文

我国古代青铜器上的铭文，从战国到秦、汉时期的青铜器，直到唐朝、五代的青铜钟，基本上都是采用铸成后再在青铜器上镌刻铭文的方法。这些铭文都是凹进去的，故称为“阴文”。而宋代大型铁器上的铭文都是铸出来的。大铁钟从宋代开始才出现，其上的铭文当然是铸造出来的。所以宋代的大铜钟也不再采用镌刻铭文的方法，而是直接在钟上铸出铭文。在泥型铸造铸件上铸出的铭文，都是凸出的，称为“阳文”。“阴文”是刻工雕刻出来的，“阳文”则是铸造工匠翻铸出来的。这样，铸造工匠就要多做一道工序。古代的铸造工匠被称为“金火匠人”，宋、元、明、清的金火匠人都要学会在铸件上铸出铭文。这就必须在外范的内层表面上，将铭文反刻出来，这样才能铸出正写的文字。由于写反字较难，而且金火匠人的文化水平一般都较低，所以铸出的铭文不太端正，书法水平低。宋、元、明、清各代大多数铁人像和铁钟上的铭文都是这样的。但是，晋祠金人台西南隅宋代铁人身上的铭文（见图19）文字端正、华丽，书法水平较高。原来这是按照“乡贡进士张鑑”书写的稿，由匠人将原文翻铸出来的。这样一来，对金火匠人的要求就高多了，而铸造晋祠金人台西南隅宋代铁人的金火匠人做到了。正因为高水平的铭文，配到了高质量的宋铸铁人身上，才使得晋祠金人台西南隅的宋代铁人更加名扬四海。

四、铁人的浇铸

重达几十吨的特大型铁神像和特大型铁佛像一样，往往采用分层浇铸的方法。但2米左右高的铁人像和铁神像，属一般大铁人像的范围，通常是在泥范装配好后，从泥范顶部的浇口杯中注入铁水，而且是采用“浑铸法”整体浇铸而成。从现存的唐代、宋代铁人和解州关帝庙的明代铁人来看，除了少数铁人的前伸手臂采用分铸法外，铁人的头、身、手、脚等，都是整体浇铸而成，没有采用分铸法，更没有用分层浇铸的方法，而是用古代的浑铸法整体浇铸而成的。

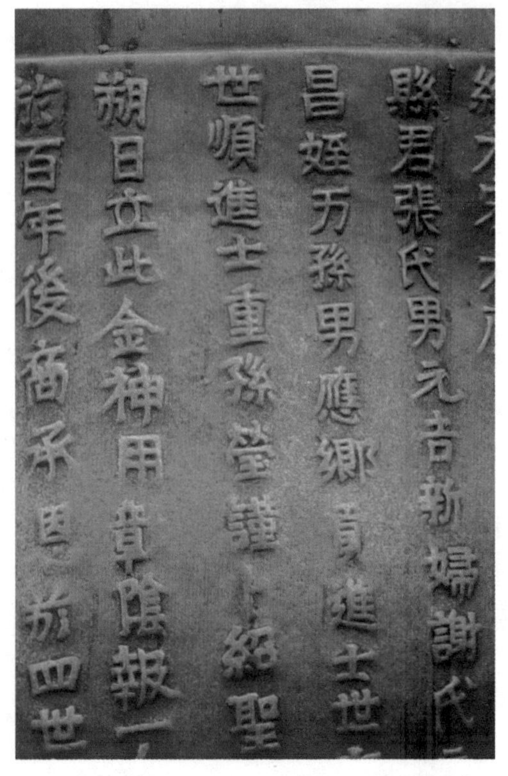

图19　山西太原市晋祠宋代铁人（见图14）腹部铭文

第四章

古代大铁狮

第一节　古代铁狮的铸造和现况

在我国，石雕的狮子几乎到处都能见到。铜、铁铸造的狮子也有一定数量。而“舞狮”更是传统节日必不可少的精彩节目。但是，狮子并不产于中国，为什么狮子的形象能如此广泛地影响到我们的日常生活呢？据史籍记载，自汉武帝派遣张骞出使西域，打开了著名的“丝绸之路”之后，狮子就由中亚经西域传入我国。狮子体魄雄健，生性灵活，威猛非凡，被誉为“百兽之王”。特别在东汉初佛教传入我国以后，因为佛教将释迦牟尼佛视为“人中狮子”，“佛所坐处若床、若地，皆名狮子座”，这样，佛座前的狮子就有了护法神兽的含义。随着佛教在我国广泛传播，狮子在人们心目中的地位就显得更加尊贵和崇高。据《水经注》记载，我国在门阙前两旁设置相对的石狮，在东汉时就出现了。到南北朝时，在陵墓设置石狮已很常见。唐代时佛教盛行，在皇帝陵和王族陵园的门前都要设置石狮一对，作为护门神兽。此后，佛寺、道观、皇宫、官衙、坛庙以及达官贵人的私宅门前，设置一对护门狮子，几乎成为一种风尚。这不仅可驱邪、护门，还显示出尊贵、威严和神圣。当然，作为护门神兽，大多数都是石雕狮子，但采用金属铸造的狮子，则显得更加尊贵和神圣。

我国古代金属铸造的狮子中，以铁狮较为普遍。而铜狮较贵，铸造工艺要求也较高。故除了故宫和皇家花园内的殿门等处有铜狮子留存之外，其他地方就很难见到铜狮了。作为护门神兽的铁狮，一般也都是成对地铸造的，即左边为雄狮，右边为雌狮，合称“对狮”。采用蹲踞式造型，并带有佛教色彩：头饰鬈鬃，颈系璎珞。同时，雄狮昂首张口，脚踩绣球，象征威严和权力；雌狮低头闭口，足抚幼狮，一般抚一只幼狮，但也有抚两只或三只幼狮，象征子嗣昌盛。这几乎成为中国式护门铁狮的传统造型。但也有单独铸造的，那就是作为文殊菩萨的坐骑时。我国什么时候开始铸造铁狮，史籍没有记载。我国现存最早、最大的古代铁狮子，是河北沧州铁“狮子王”，重达30吨，铸于五代周广顺三年（953年），距今已1 000多年。其被称为世界上最早的特大型铁器的典型代表件，早已闻名于世。在古代世界上大多数国家还不会生产液态生铁的时候，我们的祖先就能铸造出这样巨大的铁狮子，实属不易。由此也可以认定，我国在五代后周之前就已经开始铸造铁狮了。山西太原市晋祠飞梁桥的月台上有一对古代铁狮，铸造于宋政和八年（1118年），则是我国现存最早的铁铸“对狮”了。金代留存至今的铁狮尚有5尊。其中河北石家庄市华北烈士陵园内保存的一对金代铁狮，造型特别可爱，其雕塑艺术水平和铸造工艺水平都很高。元代亦曾铸造过很多铁狮子，但损失不少。北京过去有一条有名的街道，叫“铁狮子胡同”，就是因为明朝崇祯皇帝宠幸田贵妃，使田府得到了一对铁狮子，摆在府第大门口而得名的。这对铁狮子造型生动、晶莹不锈，是元成宗年间（1295—1307年）铸造的。可惜在民国以后的战争和动乱年代中消失了。河南桐柏淮渎庙也有一对元代铁狮子[33]，铸造质量很好，可惜在“文化大革命”中被砸毁。上海城隍庙豫园中的一对元代铁狮子，曾被日侵略军掠夺到日本。好在抗战胜利后归还了，成为我国现存唯一的一对元代铁狮子。明代铸造的铁狮数量，在我国各个朝代中是最多的。根据初步统计，我国现存的古代大型铁狮，共有74尊。而明代的铁狮，尽管在近三四百年时间内已损失了不少，但仍留存至今的还有56尊之多，占到我国现存古代大铁狮总数的75.7%。现存的明代铁狮，以下单位保存最多：山西太原晋祠和晋祠公园内，保存有5对明代铁狮子。山西太原孔庙内存有3对明代铁狮子。山西太原纯阳宫（山西省艺术博物馆）保存有4对明代铁狮子。山西运城市解州关帝庙保存有4对明代铁狮子。此外，山西太原崇善寺、河北定州孔庙、陕西周至县楼观台、河南登封市中岳庙三仙殿前、山西应县佛宫寺山门前、河南洛阳关林仪门前、山西汾阳太符观、山西运城常平关帝祖庙、内蒙古呼和浩特市大召、山东泰安岱庙遥参殿前和陕西西安市长安区温国寺等处，也都有一对明代铁狮。到清代时，铁狮的铸造业已趋于衰落，但留存至今的仍有8尊。其中山西蒲县东岳庙山门前的一对清代铁狮保存得最为完好。从现存的大型铁狮的所在地来看，除了一对元代铁狮存藏在上海外，其余的大铁狮全部在长江以北。而上海这一对元代铁狮的原产地和原存放地都在河南。可以说，现存的古代大铁狮全部都是在长江以北铸造的，其中又以山西省铸造的大铁狮为最多。山西省现存的古代大铁狮共有44尊，占到我国现存古代大铁狮的59.5%。其余的古代大铁狮，分别保存在河南、河北、北京、上海、山东、内蒙古、陕西和甘肃等省、市、区内。至于现存古代大铁狮的类别，除了1尊是背负莲花座的走狮外，其余73尊都是雌雄成对铸造的“护门铁狮”，其中大多数是完整的“对狮”，但也有很少数只剩下一只单身铁狮了。以下将重点介绍各朝代的几个大铁狮。

第二节　沧州铁“狮子王”

河北沧州市东南20千米处，原沧州古城内，有一尊古代大铁狮，如图20所示。铁狮子通高5.4米，身高3.8米，宽2.85米，长5.1米，铸于五代时期的后周广顺三年（953年）。铁狮雄伟壮观，躯体矫健，四肢叉开，背负巨型莲花座，毛发呈波浪状，间有卷曲，颈部束带，身披障泥，昂首怒目，巨口大张，像在仰天长吼，被称作“狮子王”，享誉国内外。

图 20 河北沧州市后周铁“狮子王”

一、铁狮的重量

过去关于沧州铁狮的重量说法不一，有的说重40吨[34]，也有的说重约50吨[35]，甚至于说“近百吨”[28]。由于都是估算，所以一直没有定论，以至目前仍流传铁狮重40吨或50吨之说。但据报道，1984年11月22日，经国家文物局批准，将铁狮安全转移到北面高出地面2米的水泥基座上，使铁狮免受积水之害，同时，也使铁狮更显雄伟壮观。在这次移位过程中，也准确地称出铁狮重量为29.3吨，解开了铁狮重量众说不一的千年之谜。不过，由于铁狮已经部分残缺，加上1 000多年来遭受的锈蚀，所以，将铁狮的原重量估算为40吨，也算基本合理。

二、铁狮的历史

关于铁狮的历史情况，清光绪年间修的《沧县县志》卷十六（事实志）的大事年表“后周太祖广顺三年癸丑铸沧州铁狮”有较详细的记载：“铁狮，在旧州城内开元寺前，高一丈七尺，长一丈六尺，背负巨盆，头顶及项下各有‘狮子王’字样。右项及牙边皆有‘大周广顺三年铸’七字。左肋有‘山东李云造’五字。腹内牙内外字迹甚多，然漫灭不全，后有识者，谓是金刚经文。头内有‘窦田郭宝玉’，曾见榻本，意系冶者姓名。字体为古隶。相传周世宗北征契丹，罚罪人铸此，以镇州城。后有考据家辨云：罚罪人之说不足信，周世宗素不信佛。狮既在开元寺前，且背负巨盆，当即寺中物，或李云捐造，以壮寺观者，是说较近理。又云背负之盆作莲花形，或原有古像未可知，然不可考，或以东光县的铁菩萨实之，非也。清嘉兴八年三月大风倒地，口吻腹尾俱残缺。据郡人张嵒樸《沧州杂记》，又有康熙初年有怪风自东北而来，风过狮扑一说，然其所记较前为详。光绪十九年，署州事宫昱遣圬者扶起，以砖石补其残，然已失原状矣。”[36]上述史载，关于铁狮的铸造年代以及历来的遭遇和破损情况，记述明确。1984年11月，为避免铁狮脚部长期受积水之害，将大铁狮从地面吊装到石台上，但是，从1994年开始，铁狮的左后腿上出现裂纹。之后，裂纹逐渐增多。1999年冬季，开裂速度明显加快。到2000年底，铁狮全身已有大小14条裂纹。为了防止铁狮裂纹进一步扩展，不得不用钢支架、螺栓等机械紧固方法，将铁狮下部开裂处全部固紧，暂时保持了铁狮的完整，但铁狮外表的美感受到了一定的影响，参见图20。

三、铸造铁狮的目的

铸造铁“狮子王”的目的，历来有各种传说。

（1）“周世宗北征契丹，罚罪人铸铁狮，以镇州城。”之说。

（2）因铁狮子另有一名，叫“镇海吼”，故有“铸铁狮是为了镇水患”之说。

（3）铁狮子铸在开元寺前，是“为了壮寺观”之说。

（4）铁狮子是开元寺内之物，并铸有金刚经文，故必和佛教有关。而且，铁狮身披障泥，颈系带，璎珞佩饰，背负莲花座，故推测“铁狮为文殊菩萨的佛座”之说。

以上几种说法，都有一定道理，但经过调查研究和考察，大多认为前三种说法不太可信，只有“沧州铁狮为文殊菩萨的坐骑”之说，比较可信，也比其他传说更有道理。

四、铁狮的铸造

沧州铁狮铸造于1 000多年前。当时，西亚、欧洲等地区还没有一个国家能生产液态生铁，而我国竟能铸造出三四十吨重的庞然铸铁大物，实属世界奇迹。对于该铁狮的铸造方法，资料[34，35，28]等的作者都已提出自己看法。资料[29]在此基础上，对大铁狮的铸造工艺过程叙述得比较详细，可作为参考。大铁狮的铸造，是采用泥范法造型，明浇法分层铸接而成。其工艺过程大致可分为：先采用泥范法造型，即先制作骨架，然后做成铁狮的泥模，再翻制外模。从铁狮外表留下的范线痕迹可知，外范是由多达500多块的范块组成。顺序取下范块后，待其干燥，然后将泥模削去一层厚度后即得内范，即泥芯。内、外范制成后，即可合范。但沧州铁狮是特大型铸物，而当时的熔炼设备容量较小，不能一次合范浇成，所以是采用明浇分层铸接法，即由下向上分层合型浇注，依靠分层铸接，最后才得到巨型铁狮。图21为铁狮明浇式分层铸接示意图。这种方法解决了小容量炼炉浇铸特大型铸件的技术难题，是古代一项杰出成就。但是也容易造成冷隔、夹渣等铸造缺陷。虽然铁狮铸造时也采用木炭生铁，但因体大壁厚，形成灰口铁。而且原料中还有不少募化收集来的破锅、烂铁，加上长期受积水侵蚀，因而铁狮的表面氧化锈蚀严重。铁狮上所铸铭文现在大多已看不清了，只有颈下“狮子王”三字，尚可辨认。

图 21　铁狮浇铸示意图[35]

五、铁狮的历史地位

沧州铁狮铸造于953年，迄今已1 000多年。其体积之大和重量之巨，在我国和世界冶铸史上一直占有重要地位，是我国的国宝。由于铸铁技术为我国首创，到沧州巨型铁狮问世时，欧洲、西亚各国还不知铸铁为何物，所以沧州铁狮也是我国古代科技水平在世界上处于领先地位的重要标志之一。其铸造过程的历史场面非常雄伟，可参看图22沧州铁狮铸造现场的一幅壁画。这是卢冠琴作的《铸狮图》，从中可看到铸造沧州铁“狮子王”的现场，确实是轰轰烈烈。在1989年山西永济唐铁牛被发掘之前，沧州铁狮一直被认为是古代中国和世界上最大、最重的铸铁件，是稀世之宝，早在1961年就被国务院定为全国第一批重点文物保护单位。

图 22　铸狮图

第三节　宋、金、元时期的铁狮

一、晋祠宋代铁狮

山西太原市晋祠是我国著名的名胜古迹，早在1961年3月，就成为国务院公布的第一批全国重点文物保护单位。晋祠不仅有晋水源头和古木参天的园林美景，还保存有大量精美的古代建筑和雕塑。金属雕塑中，除了著名的金人台宋代铁人外，现在还保存有6对古代铁狮子。其中有一对是北宋铸造的铁狮，是我国现存最早的“对狮”，其余5对都是明代铸造的，分别安置在晋祠大门后、水镜台前、献殿牌坊前、关帝庙前和晋祠公园内。光晋祠这一处名胜，就保存有12尊古代铁狮子，这在全国各个名胜古迹中，是非常少见的。

北宋铸造的一对铁狮安置在晋祠鱼沼飞梁桥东月台上，分立左、右两侧。左侧的为雄狮，如图23所示，蹲坐在铸铁座上。铁狮高1.16米，铁座高0.38米，通高1.54米。铁狮保存完好，但铁座的一角已坏。铁狮脊骨隆起，体形健壮，头顶螺发，撅鼻张口，造型生动，神态勇猛。其右脚踏地，左脚抬起踩物。两脚之间的狮子表面上，铸有“政和八年□月廿六日”的铭文，表明铁狮是北宋政和八年（1118年）时铸造的。还有“文水县金火匠人”等铭文，说明铁狮是请山西文水县的匠人铸造的。右侧的铁狮，头顶不是卷曲的螺发，而是长长的披鬃，眼睛略向下看，口闭合，神态较为安静，亦采蹲坐式姿态。其下部已损坏，现采用青石修补。这对铁狮的铸造工艺技术水平很高，迄今900多年，任凭风吹雨打，依旧乌亮不锈。原有样貌仍清新如初。据查，作为护门神兽的晋祠这一对北宋铁狮，是我国现存最古老的铁铸对狮。作为宋代铁狮的实物样本，对研究宋代的冶铸技术和狮子的雕塑艺术都很有价值。

图23　山西太原市晋祠宋代铁狮

二、陵园金代铁狮

河北石家庄市华北军区烈士陵园内，保存有一对金代铸造的铁狮，图24为雄狮，图25为雌狮。铁狮蹲踞在圆形铁座上，通高1.32米。底座上铸有铭文，表明是金代大定二十四年（1184年）铸造的，铸造工匠是“郭村匠人刁大哥、张三、张四”。该对铁狮造型生动，与我国古代常见的“对狮”有较大差异。一般铁狮的头部较大，而该对铁狮的头部相对于狮身来说，则比较小，身体浑圆、壮实，特别是雄狮的体形更显硕大，就连雄狮玩的绣球和雌狮抚弄的幼狮，体形也都比较大。一般为了表示雄狮的威武，必塑造成怒目张口的样子，而该雄性铁狮则被塑造成闭口随和的样子。铁狮颈系带，所饰璎珞、响铃甚多，但前胸尽露，其造型富于创意，一改雄狮子凶猛、威武的形象，倒显得有些滑稽可笑的样子。人们看到这样一对金代的铁狮子，反而感到特别亲切、可爱，简直就像看到现代的宠物工艺品一样。

图24　河北石家庄市华北军区烈士陵园金代雄铁狮

图25　河北石家庄市华北军区烈士陵园金代雌铁狮

这对铁狮铸成至今，亦已800多年，雄狮保存完好，雌狮仅底座有部分缺损，两狮的纹饰雕铸精美，至今仍很清晰。铁座上的铭文显然出自铸造匠人本人之手，虽不甚工整，但也很清晰。铁狮表面几乎看不到什么铸造缺陷，全身光洁，无锈蚀。特别是这一对铁狮的造型生动，富于创意，说明了铁狮的雕塑艺术水平也非常之高。而从金代匠人留铸在底座上的名字“刁大哥、张三、张四”来看，显然不是什么尊贵的姓名，而是最普通老百姓的小名。但就是这样普通的工匠，却继承和发扬了我国优秀的传统雕塑艺术和冶铸技术，保持了当时的世界先进水平，而且，这一对金代铁狮，是我国古代富于创意的艺术铸造文物，深受广大游客和民众的喜爱。

除了华北军区烈士陵园内保存的金代铁狮外，在河南登封市嵩山南麓的中岳庙内，也存有一对金代铁狮，置于中岳大殿（峻极殿）之前，是金代正大二年（1225年）铸造的。雌狮、雄狮分别居于殿前月台下石梯的两侧。铁狮高为1米，蹲踞于铸铁基座上，连铁座通高1.6米，安放在石质底座之上，显得很高大。这也是一对冶铸技术水平较高的金代铁狮。此外，北京市首都博物馆还保存有一尊金代泰和八年（1208年）铸造的铁狮。

三、豫园元代铁狮

图26　上海豫园元代铁狮

豫园是上海市著名的古典园林，是我国重点文物保护单位。在豫园内的“渐入佳境”游廊前，有一对元代铁狮，如图26所示。铁狮高1.35米，铸于元代至元二十七年（1290年）。一般来说，古代“对狮”中，雌、雄两狮的造型差别并不是很大，主要在于足踩绣球还是足抚幼狮之不同。但是这两只铁狮的造型则有很大不同。左侧雄狮昂头张口，双目圆睁，颈系铃铛，足踩绣球，威严雄壮。而右侧的雌狮则低头用足抚摸幼狮，反映雌狮的母爱之情。铁狮的铸工精细，全身光洁，花纹清晰，毫无锈蚀，是古代铁狮中的上乘之品。

元代铁狮在全国各处原有一定数量，但现在只剩这一对了。即使直到近代还很出名的北京铁狮子胡同田府门前的元代铁狮和河南桐柏县淮渎庙的元代铁狮，现在也都已不存在了。而且这一对元代铁狮也差一点流落海外。这里还有一段故事。铁狮底座上有款识：“彰德府安阳县铜山镇匠人赵璋”“大元国至元廿七年岁次庚寅十月廿八日”，这表明铁狮是元代河南安阳县匠人铸造的，而且曾经是河南某县衙门前的一对护门神兽。但在抗日战争期间，却被侵华日军从河南掠走，盗往日本。后被日本京都大学的稻田次郎教授发现，将铁狮移入某神社保护。直到抗日战争胜利之后，日本才被迫作为归还物资，送回到我国上海。当时的国民党政府将铁狮放置在复兴岛，任其风吹雨淋。直到1956年对复兴岛仓库进行清场时，铁狮才被发现并被安置在上海市豫园之内，成为园内供民众观赏的珍贵文物。这一对精美的铁狮，既是我国现存唯一的元代铁狮，又是我国长江以南现存唯一的古代铁狮。其被侵华日军掠夺的历史，充分反映了我国衰弱遭欺负，以及日本侵略者弱肉强食的本性，更能激发我们的爱国主义热情，一定要奋发图强，为中华民族的伟大复兴努力奋斗。

第四节　明代铁狮

明代是我国古代铸造大铁狮最多的朝代。留存至今的铁狮还有56尊之多，占我国现存古代大铁狮总数74尊的75.7%，下面只选其中几尊介绍。

一、崇善寺铁狮

山西太原崇善寺北门前的两侧，有一对明代初年铸成的大型铁狮，如图27所示。铁狮高1.38米，蹲踞在铁铸莲花座上。铁座呈圆形，束腰，上部为莲花座，下部为六脚支撑的双层圆盘，整个铁座高1.16米，因此铁狮通高达到2.54米。在铁座的台面上，铸有“洪武辛未造”5字纪年铭文，确切表明铁狮是铸于明代洪武二十四年（1391年）。铁狮与莲花座铸成一体，说明这一对铁狮的确是佛寺前的护门神兽。全国现存佛教寺庙前面的铁狮已寥寥无几，而崇善寺的铁狮，却保存得非常完好，雕塑和铸造的质量也很好，是难得的佛寺门前的一对古代铁狮。

图27　山西太原市崇善寺明代铁狮

铁狮子由雌雄一对组成，具有我国传统的成对护门神狮的造型。左侧的雄狮，头饰鬈鬃，张口欲吼，脚踩绣球，威武雄伟，气势不凡。右侧的雌狮，则闭口不语，专心抚摸脚下成堆的幼狮，这和通常只有一只幼狮的造型不同，更加突出了子孙后代的繁荣昌盛。铁狮虽采用我国古代传统的泥范法铸造，但范缝较细，各种纹饰、浮雕都铸造得很精细、美观。尤其是1米多高的铁狮和1米多高的铁座，竟然被整体铸出，反映了明代山西省铸造工艺技术水平的高超。在太原孔庙门前，亦有一对明初“洪武丙子造”的铁狮，其造型和崇善寺的铁狮类似，可惜铸铁座束腰下面部分的铁座已损坏，只能安置在石座上了。如此，我们就更要爱惜崇善寺门前这一对明初铁狮了。

二、解州关帝庙铁狮

山西运城市解州镇关帝庙是我国武庙之祖，在1982年，被国务院审定为全国第二批重点文物保护单位。关帝庙内的文物极为丰富，保存较好。据说，即使在“文化大革命”期间，当外地红卫兵前来破“四旧”时，当地红卫兵却主动站出来保护，因而庙内文物至今保存完好。解州关帝庙不仅有雄伟、美丽的古代建筑，而且庙内还存有大量古代金属文物。包括铁人、铁狮、铁钟、铁旗杆、铁焚裱炉、铁鹤以及铜供桌、铜鼎炉等20余件大型金属文物。其中就有4对明代大铁狮，在全国是罕见的。

解州关帝庙的4对铁狮中，铸造年代最早的，是安置在崇宁殿前的一对铁狮。狮身高0.92米，铁座高0.58米，通高1.5米，铸于明嘉靖四十三年（1564年）。崇宁殿后的一对铁狮，狮身高1.25米，铁座高0.5米，通高1.75米，铸于明万历四十年（1612年）。布置在春秋楼前“气肃千秋”牌坊前面的一对铁狮，狮身高1.7米，铁座高1米，通高2.7米，铸于明代万历十年（1582年）。而关帝庙内最大的一对铁狮，于明代万历四十八年（1620年）铸造，则安置在端门前的左右两侧，用来护卫关帝庙的大门。左侧的雄狮，如图28所示，铁狮身高为1.84米，铁座高达2米，通高达到3.84米，是我国现存古代铁铸“对狮”中最高的。雄铁狮蹲踞在高高的铁座上，右足踏球，颈悬响铃和璎珞，张口怒吼，气势雄伟。铁狮还有一对与众不同的长大耳朵。胸前铸有“蒲州”两字，故称为“蒲州铁狮”。其铁座特别高大，实际上是由三个铁座叠合而成。其各个层次大小不同的

图28　山西解州镇关帝庙明代铁狮

四个面上，有些铸满纹饰和各种图案，有些则铸满铭文，图饰和铭文都比较清晰。在有大量人名的铭文中，可以得知铁狮是由八个府的茶店首人孙有才等人共同捐助，由蒲州东关金火匠人胡宾父子和赵伊村匠人梁应家共同铸造的。右侧的雌狮，其造型和雄狮基本相似，但左足抚摸幼狮，反映了母狮的爱子之情，也蹲坐在高大的铁座之上，和端门前左侧的雄狮相对应。这一对气势雄伟的明代铁狮，使关帝庙的端门威风多了。

各地护门铁狮的高度（不包括铸铁底座在内）大多数都在1～1.4米之间，其铸造方法也大致相同，都采用传统的泥型法铸造，但是因为是雌、雄铁狮成对地铸造，故先要将雌狮和雄狮的铸造工艺方案分别设计好。至于铁狮的泥型法铸造过程，和铁佛像泥型铸造类似，就不再重复了。至于古代铁狮的材质，大多是木炭生铁铸成的白口铁或麻口铁，故耐腐蚀性能较好。有些资料介绍了一些古代铁狮的化学成分和组织，例如：河南桐柏宋代铁狮子是麻口铁，化学成分为：3.80%C（碳），0.14%Si（硅），0.033%Mn（锰），0.012%S（硫），0.105%P（磷）[37，38]；河南桐柏淮渎庙的元代铁狮是白口铁，化学成分为：4.19%C，0.14%Si，0.08%Mn，0.05%S，0.11%P[6]。可供参考。

第五章

古代大铁牛

第一节　古代大铁牛的用途和现况

牛和人类生活、生产活动的关系是极为密切的。牛一直被人们用来进行农耕、驾车等活动，又是人们肉食、祭祀的重要原料。所以我国古代有关牛的塑像，最早就是以发展农业生产的耕牛形象出现的。继之又出现“艺术牛”的形象、“镇水牛”的形象等等。而作为古代大型金属雕塑的牛来说，则以“镇水铁牛”的塑像为主。我国历史上的水灾，几乎年年都有，仅以我国的母亲河黄河为例，从春秋战国算起，到新中国成立时为止，大约2 500年的时间里，黄河下游决口就达1 500多次，较大的改道26次。所以黄河有“三年两决口，百年一改道”之说，可见其灾害之频繁，给我国古代人民的生命、财产造成了极大的损失。即使是发生水灾较少的长江，在其中游的荆江地段，自东晋永和年间（345—356年）荆州刺史垣温修建了荆江大堤之后，从东晋太元十七年（392年）到民国二十六年（1937年），荆江大堤就因长江洪水而溃口达97次之多，平均约15年溃口一次。而每一次溃口，都使当地民众的生命财产损失巨大[39]。因此，被人们称颂的古代夏禹治水的故事，在广大人民群众中，能一直流传到现在，而且版本很多。其中有一个传说，就是大禹治水时，每治好一处，便铸制一条铁牛沉入水底，以镇水患。这“铁牛能镇压水患”的传说，就成了古代中国防治水患的一个办法。实际上，唐、宋以来，人们并不把铁牛投入河中，而是将铁牛置放在河岸上，作为“镇水铁牛”。关于“铁牛能镇洪水”的说法，还有另一种传说：水患是源于水中蛟龙的兴风作浪，而蛟龙惧铁。且按五行之说，牛属土，土又能治水。铁牛集二者于一身，故能镇守河堤。至于金属雕塑的牛的种类，既有水牛、黄牛，又有犀牛、牦牛，是丰富多彩的。

现存的古代大铁牛已不多，因为古代人们虽然费了很多的人力和物力，铸造了不少大铁牛，安置在经常发生水患的河边，但并没有“镇住水患”，反而在发生水灾时，连铁牛也被大水冲走了。例如：著名的河南开封市黄河边上明代“镇水铁犀牛”，在明末时就被黄河大水淹没过。被人们捞起后，在清道光二十一年（1841年）再次被黄河大水淹埋。江苏徐州古黄河道岸上的“镇水铁牛”也被黄河大水冲走。江西九江市锁江楼前，明万历十三年（1585年）铸造的4头铁牛，以及湖北省荆江堤防上，在清乾隆五十三年（1788年）铸造的9尊铁牛中之8尊，在长江的多次大水中，先后被冲走。广东潮州湘子桥端，清雍正二年（1724年）铸造的两头铁牛中的一头铁牛被大水冲走。在江苏洪泽湖的各个大堤上，曾安置清康熙四十年（1701年）铸造的9头铁牛，其中的4头铁牛也都被大水冲走，等等。除此以外，战争、动乱和人为的破坏，也使得一些古代铁牛被毁。但是，全国还是留存了一些古代大铁牛，据初步统计共有16尊。其中有一些铁牛雕塑得很精美，是值得我们好好爱护和珍惜的。现存最早的古代大铁牛是著名的“唐铁牛”。1989年8月在山西永济市西南的黄河岸边，对唐代蒲州古城西门外的黄河蒲津桥遗址的发掘，共出土了唐代4尊大铁牛。大铁牛身高1.5米，身长3米多。每尊大铁牛，连同铸在一起的铸铁底座和底座下的6根大铁柱，重达好几十吨，是我国现存最大的古代特大型铁器，也是世界上现存最大的古代铁器。大铁牛作为古蒲津桥坚固的地锚，曾长期起到很好的固桥作用。所以唐代大铁牛不仅是为了“镇水”，更是古代实用的大型建筑构件，也是古代大型铁铸雕塑艺术品，是我国珍贵的国宝级文物。湖南省茶陵县城关镇洣江河畔的南宋铁犀牛和河南省开封市东北郊铁牛村的明代铁犀牛，则是我国古代典型的“镇水铁牛”，或者叫“镇水铁犀”。而山西省大同市善化寺内原文殊阁旧址的空地上，现存的一尊明代铁牛，是按照当地的耕牛形象雕铸的，原安置在大同城外的御河畔，也是一条“镇水铁牛”。明代时，为免受御河水的泛滥和袭击，曾铸造过9条铁牛安置在御河两岸“镇水”，但却先后被河水冲走了8条。到现在，仅剩下这一条铁牛。其他地方的一些明代铸造的“镇水铁牛”，也都没有保存下来。清代时期，不少地方为防治洪水泛滥成灾，仍采用铸造“镇水铁牛”的办法。虽然不少清代的“镇水铁牛”也已被大水冲走或人为破坏，但仍然留存9尊清代铁牛至今。它们分别保存在江苏省洪泽湖大堤、湖北省荆州长江堤防、河南省堰城沙河堤防、陕西省西乡县南关河堤等处。

20世纪80年代以来，随着我国艺术铸造的复兴和旅游业的开发，金属牛的雕铸也重新兴起。有些地方重铸过去的“镇水铁牛”，例如：1985年12月江苏徐州市在黄河故道旁原清铁牛处，重新安置了一尊高1米、长2米、重2吨的新铁牛。广东潮州市于1980年7月也重新铸造了一尊2吨重的新铁牛，安置在湘子桥头原清代镇水铁牛处。这些铁牛使名胜古迹又重新焕发了“青春”。不仅如此，现代艺术家们还雕铸了一些大铜牛、大铁牛，赋予“金属牛”新的艺术生命。其中，以1984年7月立于深圳特区市委大楼广场上的“孺子牛”铜雕最为出色，将一头健壮的铜牛雕塑成开荒牛的形象，象征我国改革开放时代的开拓精神，形态逼真、造型生动，给人们留下深刻的印象，也为我国金属牛的雕塑开拓了更加广阔的前景。

第二节　蒲津桥唐代大铁牛

1989年7月31日至8月7日，在山西永济市西南原蒲州古城西门外，考古工作者对古代黄河蒲津桥遗址的发掘，是一次有重大历史、科学价值的考古发掘，共出土了唐代4尊大铁牛、4尊铁人、2座铁山和一组七星铁柱[31]。图29为出土的唐代铁牛、铁人和铁柱等全貌。据史载，古代蒲津桥是横跨在黄河上最早、最大的一座浮桥。到唐代，

蒲津桥不仅是河东、河北连接关中的重要通道，更成为唐王朝和中原地带联系的重要经济、军事、交通咽喉。唐代开元年间，蒲州城已成为全国六大雄城之一，而原有的浮桥已较破败。因此，唐玄宗下旨批准大规模改建蒲津桥，终于在唐开元十二年（724年）建成了黄河上第一座用铁索连舟的固定式浮桥，而铁牛和铁柱则是浮桥铁索的地锚。从唐代经五代十国、北宋直到金代末期，铁索连舟的蒲津桥一共存在了500年，于金、元战争中被火烧毁。在此期间，作为地锚的大铁牛一直肩负铁索，保证蒲津桥的正常运作。桥毁后，大铁牛仍继续存在。直到清末时，才被黄河泥沙完全淹没。现在终于重见天日。不过，这次出土的只是黄河东岸的4尊铁牛。对岸的4尊铁牛、铁人等文物，仍有待今后的考古发掘。

图29　山西永济市蒲津桥唐代铁牛、铁人和铁柱

从出土的4尊大铁牛来看，每尊铁牛的重量都达几十吨，就可看出工程的伟大。我国著名桥梁专家唐寰澄在谈到这一重大发现时指出：唐蒲津桥“是一个具体的工程建设，是中国劳动人民对世界桥梁、冶金、雕塑事业的贡献，是世界桥梁历史上唯我独尊的永世无价之宝”[18]。其对唐代蒲津桥工程给予了极高的评价。而作为蒲津桥的地锚，这4尊大铁牛都是头向西，尾向东，即面向黄河，并且皆为伏卧状，其底部和一块长方形铁板铸在一起，而铸铁板底部还和6根大铁柱连铸在一起，所以，4尊大铁牛就成了浮桥非常坚固的地锚。关于铁牛的大小和重量，4尊大铁牛各不相同。而且由于每一尊铁牛下面的铸铁板虽然长、宽都相同，即长度都是3.5米，宽度都是2.3米，但厚薄相差很多，所以铁牛的重量就相差很大，如表1所示。

表1　唐铁牛的大小和重量

铁牛编号	1号	2号	3号	4号
名称	牡牛	犉牛	犍牛	抠牛
身长/米	3.3	3.15	3.0	3.05
身高/米	1.51	1.66	1.5	1.52
重量/吨	26.1	31.4	43.5	45.1

表1中铁牛的重量是用科学方法测算的。当时是按铁板以上部分计算，包括铁牛本身和牛尾铁轴以及底座铁板，并不包括底座下铸在一起的6根大铁柱[18]。铁牛的重量差异较大，主要是因为铁牛底座铁板的厚薄不一所致。1号铁牛底板厚仅10厘米，而4号铁牛底板厚度达40厘米。4尊铁牛合计总重量达到146.1吨。每尊铁牛的尾上都有一根横向铁轴，用于拴住浮桥的铁索，4尊铁牛共拴8根铁索。当两岸的铁牛拴上铁索组成黄河浮桥后，铁牛就受到非常大的拉力。故每尊铁牛底座下面还铸有6根大铁柱，“入地丈余，坚固不拔”。由于铁牛、铸铁底板和6根大铁柱都是连铸在一起的，因而铁牛的实际重量要比表1所示的重量还要重得多。如以每根铁柱直径40厘米、长3.6米计，则每尊铁牛的总重量大约还要增加20吨，即铁牛重量应达到46～65吨以上。而且深深埋于地下的大铁柱还铸成向前倾斜，这更加符合铁牛的受力要求。这样大铁牛就成了非常坚固的地锚，起到了很好的固桥作用。唐人为何选择铁牛作为固桥的地锚，当然也考虑到“铁牛能镇水”的传统观点。当地流传的一首民谣：“站在城楼用目观，八个铁牛镇河湾。河神水怪吓破胆，秦晋百姓保平安。”就说明了这一观点。

唐代这4尊铁牛，如图30所示，不仅是我国古代铁牛中最早、最大、最重的，也是现存我国古代最重的铸铁文物，还是世界上现存最重的古代大型铸铁文物。比著名的沧州铁“狮子王”和福州开元寺大铁佛还要重。这4尊铁牛的雕塑也具有很高的艺术水平，分别按照秦牛的公牛、母牛、阉牛和牛犊为模本进行雕塑并铸造而成，故命名为牡牛、犉牛、犍牛和犋牛。大铁牛各部分的造型比例适中，形象生动，膘肥体壮，肌肉隆起，圆目怒视，竖耳聆听，非常雄壮、威风。大铁牛的冶铸工艺水平也极高，在1 000多年前能整铸出几十吨重的精致的巨型铸铁件，实在是件了不起的大事，所以国务院在2001年公布“黄河大铁牛——蒲津渡遗址”为全国重点文物保护单位，4尊唐铁牛成为我国名副其实的国宝级文物。

图30　山西永济市蒲津桥唐代铁牛

第三节　茶陵南宋铁犀牛

湖南茶陵县城关镇洣江河畔，有一座“铁犀亭”。亭子内存有一尊古代铁铸犀牛塑像，如图31所示，是南宋绍定年间（1228—1233年）铸造的。据《茶陵州志》载：“南浦犀亭在州城南，宋县令刘子迈因江水荡决南城，铸铁犀，重数千斤，置岸侧压之，建亭其地，今犀存亭废”。茶陵铁犀牛作为我国现存最早的“镇水铁犀”，现仍坐卧在茶陵县洣江河畔，并已重建亭子予以保护。经实测，铁犀牛的长度为2.7米，宽度约0.8米，卧高为1.1米，估算重量有7吨。铁犀造型生动、威武，独角昂首，呈坐卧状。从外表可看出是分成三层铸接而成，其材质是亚共晶白口铸铁，而牛眼则用风磨铜铸成，可惜已被盗挖。铁犀牛除在铸接处有冷隔等缺陷造成质量欠佳外，其余都完好。虽然曾长期日晒雨淋，至今全身仍乌黑晶亮，尤其是牛背，因常被游人骑坐，显得极其光亮，毫无锈蚀。

图31　湖南茶陵县洣江河畔南宋铁犀牛

“镇水铁犀牛”是我国古代“镇水铁牛”的一种。而以犀牛雕像作为镇水之物，早在秦代已有。据晋代常璩的《华阳国志》记述，秦代蜀守李冰“作犀五头，以厌水精”。这些大型石雕犀牛到唐代时仍在，杜甫的诗中就提到过[40]，可惜现已不存。但茶陵的铁犀牛却是我国现存最早的大型“镇水铁犀牛”，距今已有700多年。它的存在不仅对古代水利、冶金和铸造的情况有一定参考价值，而且它的造型是按照写实法来塑造的，即按照曾经在我国南方生存过的独角犀牛形象来塑造的，这对了解我国古代独角犀牛的历史也有一定的参考价值。这就显示出了茶陵铁犀牛的重要性和珍贵性。

第四节　明代大铁牛

一、开封明代镇河铁犀

河南省开封市东北郊的铁牛村内，保存有一尊明代镇河铁犀牛塑像，如图32所示。铁犀牛采取蹲坐式的造型形象，通高2.05米，于明代正统十一年（1446年）铸造。据史载，明洪武二十年（1387年）和永乐八年（1410年），黄河曾两次决口，水淹开封城。明代正统年间，河南巡抚于谦为降水害，在开封城北黄河边修筑护城大堤时，铸造了这尊独角铁犀牛，安置于堤上。铁牛坐南朝北，背城面河，独角朝天，双目炯炯，怒视黄河，两肢前撑，威武雄壮，具有和水怪拼搏、永镇水患之势。

图32　河南开封市铁牛村明代镇河铁犀牛

铁犀牛系分层铸接而成，铸缝明显，显然是用传统泥型法铸造。铁牛背上铸有于谦亲撰的《镇河铁犀铭》：“百炼玄金，镕为真液，变幻灵犀，雄威赫奕。填御堤坊，波涛永息，安若泰山，固若磐石。水怪潜形，冯夷敛迹，城府坚完，民无垫溺。雨顺风调，男耕女织，四时循序，百神効职。亿万闾阎，施之衽席。惟天之庥，惟帝之力，尔亦有庸，传之无极。”末署“正统十一年岁次丙寅五月吉旦，浙人于谦识”。反映了当时铸造铁犀牛的目的和愿望。

我国古代亦产独角犀牛，但到明代时，早已绝迹。故开封的独角铁犀牛塑像，已完全不按照写实法来塑造，而将其神化和艺术化了。蹲坐的铁犀，独角朝天，怒视咆哮的黄河，以增加镇河的气势。原以为借铁牛之神威就能镇住水怪，避免水害，但到明代末期崇祯十五年（1624年），黄河再次决口，洪水灌进开封城，铁牛也被淹没，直到清代顺治三年（1646年）铁牛才被挖出。康熙三十年（1691年）人们重建庙宇，并将铁牛安置于庙内供奉。但是，到了清道光二十一年（1841年），黄河又一次决口，铁牛和庙宇全被淹埋。后来人们再次挖出铁牛。但在抗日战争期间，铁犀牛又一次面临灾害。1940年侵华日军妄图将铁犀砸烂，熔铸军火。由于铁牛村人民的奋力抗争和保护，才使铁犀免遭冶熔之灾。现在，明代铁犀已在开封市郊的铁牛村建亭保护，成为

河南省重点文物保护单位。1991年10月，开封市黄河河务局按照明代铁犀，又仿铸了一尊“镇河铁犀”，安置在开封市柳园口黄河游览区内，以提醒人民不忘河患，居安思危，团结治黄。

二、大同明代铁牛

山西省大同市善化寺内原文殊阁旧址的空地上，现存有一尊明代铁牛（见图33）。铁牛四足着地，两角朝天，目视前方，造型生动。铁牛的身高为1.3米，如从牛角高度算起，则通高为1.86米，长2.1米。该铁牛原本安置在大同城外东关北园东北端的御河畔，是一头“镇水铁牛”。因长期无人照管，已有一些损坏。为了更好地保护古代文物，1980年后，大同市文物管理委员会研究决定，将“镇水铁牛”移置到善化寺内保存。

图33　山西大同市善化寺明代铁牛

据传，古代大同城外的御河水常泛滥成灾。明代时，大同人民为免受御河水的泛滥和袭击，在御河两岸铸造了9头“镇河铁牛”。但铁牛镇不住大水。年久天长，先后被河水冲走了8头。到现在，仅剩下这一头铁牛。该铁牛中空，右腹部、牛尾和左牛角都已有破损，但其余部分则保存完好，乌黑油亮，毫无锈蚀，说明当时的冶铸质量还是不错的。在铁牛的左身侧，铸有“大同金火匠宋国阳、陈玉、□□□”等铭文，右侧铸有“山西文水县徐北部金火匠人宋恩、□□□”等铭文，表明该铁牛是由大同和文水两地的匠人共同铸造的。由于没有纪年铭文，因而只知铁牛是明代所铸，而不能确定确切的铸造日期。

第五节　清代大铁牛

一、洪泽湖畔清代铁牛

清康熙十九年（1680年），洪泽湖地区发生大水灾，造成江苏省泗州城被淹没，当地人民的生命财产遭受重大损失。民间盛传湖底有水怪，并编造出一个“水母娘娘”

在作怪的故事。清廷为了防止洪泽湖水妖再次作怪，在湖边构筑的大堤上，放置铁牛作为镇堤防浪之物。清康熙四十年（1701年），由河道总督张鸿翮主持，共铸造“镇水铁牛”16头，分置于黄、淮、运河的各个险要工段上。其中，在高良涧铸造铁牛9头，于五月初五午时，将“镇水铁牛”分置于洪泽湖大堤的各个险要地段。不过，“镇水铁牛”并不能镇住水害，反而有不少铁牛都被大水冲走了。现在只剩下5头铁牛，分别存于洪泽湖边的三河闸、高良涧和高家堰西堤等处。

在洪泽湖边的高良涧，现在还留存2头清代“镇水铁牛”，一头在洪泽湖高涧闸管理处院内（见图34），另一头安置在江苏洪泽县湖滨公园内。2头铁牛的形状和大小完全相同，只是前者较完好，而湖滨公园的铁牛，其双耳和双角均已折断。高涧闸铁牛的长度为1.73米，宽度为0.83米，高度为0.8米。铁牛昂首屈膝，卧于铁座之上。铁牛和铁座连成一体，重约2.5吨。铁牛身上铸有铭文。右面铸的铭文：“维金剋木蛟龙藏，维土制水龟蛇降。铸犀作镇奠淮杨，永除昏垫报吾皇。”表明了铸造铁牛以镇水的目的。牛身的另一面，则铸有纪年铭文：“康熙辛巳午日铸。监造官王国用”。表明“镇水铁牛”是由官方在康熙四十年（1701年）铸造的。现在，铁牛作为江苏省的重点保护文物，均已妥善安置在石座之上，被命名为“高涧铁牛”，并勒石纪念。

图34　江苏洪泽县洪泽湖高涧闸清代铁牛

在江苏淮安市淮阴区高家堰渡口的西堤上，也留有一头“镇水铁牛”（见图35），被命名为“高堰铁牛”。“高堰铁牛”和“高涧铁牛”一样，是同时铸造的形状完全相同的铁牛。不过“高堰铁牛”的双角已折断，并且身上的铸造缺陷也较多些。现在，铁牛被安置在水泥台座上，四周围以铁栅栏保护。但铁牛安置的位置，似乎与原始位置相反，使铁牛背对湖水，其眼睛不再俯视水面，当然更加镇不了水患，只作为陈列的历史文物罢了。至于洪泽湖三河闸管理处的两头“镇水铁牛”，因为也和“高堰铁牛”“高涧铁牛”完全一样，此处就不再详述，它们都已在1982年由江苏省人民政府公布为“江苏省文物保护单位”，成为我国古代大型艺术铸铁文物，供广大群众参观品赏。

图35　江苏淮安市高家堰渡口清代高堰铁牛

二、西乡县清代铁牛

陕西省西乡县城南的牧马河，历史上曾屡发水患。清朝道光十四年（1834年），知县胡廷瑞亲自察看地形，于城南沿河修筑一道长堤，以防水患。第二年又铸造了铁牛一尊，被安置在县城南关的南河堤上（见图36），用以镇压水妖，防止水害。西乡铁牛卧伏在铁板上，放置在砖砌的底座之上。面向河水，双眼正视前方，象征铁牛正在日夜监视河水，防止水妖作怪。该铁牛身高1.15米，长1.7米。铸于清道光十五年（1835年），是采用传统的泥范法铸造的，铁牛身上的范缝明显，共用30块外范。牛身光洁，乌黑锃亮，毫无锈色，反映出西乡铁牛冶炼技术和铸造工艺水平都很高。据考，铁牛的造型和西乡县当地所产的真牛极其相似，造得非常逼真，可见其雕塑艺术水平也非常之高。铁牛虽处于卧伏状态，但看起来仍然浑厚雄壮，且昂首前顾，怒视河水，表示镇治水患的决心，其艺术形象可嘉。铁牛座上有“金牛镇水”4字铭文，故名“镇水铁牛”。并铸有“道光乙未夏六月中伏日铸”纪年款。故其铸造年代确切，清代道光乙未年，即公元1835年，是一件距今已180多年的大型铁铸文物。1985年4月已由西乡县人民政府公布，将铁牛列为县重点文物保护单位。

图36　陕西西乡县清代铁牛

三、荆江大堤清代铁牛

湖北省荆州市的长江边堤防，被称作“荆江大堤”，是长江堤防最为险要地段，历来是长江水患常发之处。在东晋时就已开始筑堤防汛。清乾隆五十三年（1788年）六月，长江中游的特大洪水，冲垮了荆江大堤，使荆州地区所有县城全被水淹。江陵城垣倒塌无数，仅城厢内外，就淹死万人。广大村落，更是一片汪洋。水灾震惊了清廷。乾隆皇帝派毕源为新任湖广总督，重修大堤，并下旨铸造9尊“镇江铁牛”，分置于长江边观音矶等重要荆堤险段，企图用铁牛锁住蛟龙。咸丰九年（1859年），又在江边的郝穴安置“镇水铁牛”一尊，因而使荆江大堤上共有10尊清代铁牛。

此后200多年来，由于长江年汛每隔数年就有较大汛期，故常有水患。“镇江铁牛”当然不会去镇压什么水中“蛟龙”，更制服不了肆虐的洪魔。所以往往在水患时，铁牛本身也折戟沉沙，其中8头铁牛已先后消亡于滔滔江水之中。至今只有两尊铁牛幸存。一尊铁牛在荆州市李埠镇的江边，是清乾隆五十三年（1788年）所铸。另一尊铁牛在郝穴的江边堤上（见图37），是清咸丰九年（1859年）所铸。两尊铁牛均呈昂首蹲伏状，直视江面，神情专注，威严肃然。郝穴铁牛身上铸有铭文和花纹，其中有“嶙嶙峋峋，其德贞纯。吐秀孕宝，守捍江滨。骇浪不作，怪族胥训。翳千秋万代兮，福我下民”等句。愿望虽好，却事与愿违。这两尊铁牛已成为长江水患的历史见证，也是荆江防洪史上难得的大型金属文物。

图37　湖北荆州市郝穴江边堤清代铁牛

第六节　古代铁牛的铸造特点

一、铁牛大多和当地的真牛相似

我国古代铸造大铁牛的目的，虽然是为了“镇水”，但在塑造铁牛时，大多数铁牛并没有被神化，而是用写实手法，雕塑出一头真实的牛的模样。不论是卧式还是立式，都显得真实、自然，栩栩如生。这点和古代铁狮的雕塑大不相同。当然也有个别铁牛，如开封明代铁犀牛，并不采用写实手法，而是写意地只突出犀牛的“独角”，并将铁犀牛塑造成蹲坐式的形象。留存的这些古代铁牛，因是在不同时间、不同地点、不同模式铸造的，故形态各异、多姿多彩，成为留存的古代艺术铸造文物。

二、铁牛都采用泥型法铸造

纵观现存的古代大铁牛，都能在铁牛身上看到铸造时留存的纵向和横向披缝，反映了外范是用很多范块组合而成，这是采用我国传统的泥型法铸造的明证。铁牛身上虽有披缝，但大部分表面却很光滑，很少锈迹，其铸造质量都较高。

1. 铁牛铸成空心或实心，是根据实际需要而定

蒲津桥的唐代铁牛，铸成实心，重量大，才能起到“地锚”的作用，但必须在安置处的现场铸造出来。大同明代铁牛、洪泽湖大堤清代铁牛和荆江大堤清代铁牛等，

都铸成空心的铁牛。既节省金属，又便于成批生产后再移送到河堤上安置。但铸成空心的铸造技术要求高，如内范（泥芯）的强度、退让性和出气问题等都要正确处理；铁牛的头部和站立牛的四肢，应加铁条来增加强度，等等。

2. 铁牛都是用浑铸法整体铸成的

从南宋到清代留存的“镇水铁牛”来看，都是用浑铸法整体铸造而成的。即使是巨型的唐代铁牛，除了其上的“尾轴”和“地轴”是用分铸法，先铸出后再和铁牛本身铸接成一体外，大铁牛本身也是采用浑铸法整体铸造而成的。这比秦、汉时的大铜马采用分铸法，先铸出部件，再铸接或榫接成一体要强多了。

第六章

其他古代大型动物铁像

在我国古代，除了用于护门的铁狮和用于镇水的铁牛比较常见外，还铸有一些神化的其他动物大型铁像，由于现存的数量很少，故收集到本章内一起叙述。它们分别是：唐代的铁谛听，明代的铁猫，明代的铁麒麟，明代的铁龟鹤像2尊，清代的铁龟鹤像1尊，清代的铁“哮天犬”，清代的铁蟾蜍，共8尊。现详细叙述如下。

第一节　唐代的铁“谛听”

文殊院是四川成都市的著名佛寺，在寺院说法堂前面的月台上，保存有一尊古代铁铸“谛听”（见图38），又名“善听”。这尊铁谛听，是唐代（618—907年）造物，长为1米，宽度为0.5米。由于是俯伏于地，故高度并不高，连同铁铸的底座一起，通高为0.45米。整座铁“谛听”安放在堂前的石座之上，其神秘的面貌，使得广大信徒和游人都非常好奇。它叫什么名字？曰：谛听。那么，谛听又是个什么样的动物呢？原来，在我国古代雕塑的动物像中，有些来源于真实的动物，有些则来源于想象力创造出来的动物。例如：龙、麒麟、獬豸、谛听等兽类，就是我国古人丰富的想象力创造出来的异兽、神兽。这些异兽、神兽又常常和传说、神话相连，在人间流传着众多美丽、动听的故事，丰富了我国古代动物雕塑的内涵。而谛听就是佛教徒们想象出来的一种神兽，是一头善于用听来分辨一切，神通广大的奇兽。它不但能听到活人世界的一切声音，而且能听到十八层地狱内的一切声音。据说，佛教四大菩萨中的地藏菩萨，将谛听放在他的经案下，作为伏着的通灵神兽，可以通过谛听来辨认世间万物。地藏菩萨被佛陀封为“幽冥教主”，其渡化惠及地狱。所以人们常常是活着寄希望于观音菩萨，死后则祈求地藏菩萨的慈悲。而谛听则是使地藏菩萨知晓地狱一切的得力助手。地藏菩萨能深得广大佛教徒的信任，是和谛听密不可分的。

图38　四川成都市文殊院唐代铁“谛听”

唐代铸造的这尊铁谛听，造型奇特，俯伏于地，面貌怪异，但双目有神，紧盯某物，似在专心收听，其雕塑艺术水平是比较高的。唐代至今已1 000余年，但铁铸谛听保存较好，仅铁铸底座的一角有损，而铁谛听本身则完好无损。谛听全身的表面，光滑明亮，没有锈蚀，铸冶工艺水平一流，而且保存得非常好，是极少见的唐代遗物。特别是作为古代铁铸的“谛听”，目前还仅此一件。此外，还发现一尊清康熙年铸造的铜谛听，高0.8米，长近1米，是由姑苏（今苏州市）众信士募化给九华山金地藏的大吉祥物。现保存在安徽省九华山的化城寺内。至于其他的金属“谛听”，则没有发现。

第二节　明代镇压鼠山的大铁猫

在山西省阳曲县的大盂镇，有一座铁猫寺。它和别的寺庙一般都是供奉佛像不同，而是专门供奉着一尊大铁猫塑像。而且，在大铁猫身旁，原来还铸有7只形态各异的小铁猫。据民间传说，因为离此北向3千米处，有一座鼠山，藏硕鼠，害村之田禾。故在明朝嘉靖十四年（1535年）时，当地就铸造了这只大铁猫，供奉在铁猫寺，用以镇压鼠山的硕鼠。据说，有了大铁猫后，鼠山的硕鼠，就不敢太猖狂了。现在，大铁猫仍在，小铁猫则只剩下1只了。大铁猫也曾被人盗窃过，在当地政府和警民努力下，终于追回了铁猫。为了保护这珍贵的明代文物，当地修建了铁猫公园，并在公园内建成一根高台柱，上面置放明代的大铁猫（见图39）。大铁猫不仅受到当地群众的礼拜，也受到各地游客的欢迎，成为该镇的旅游景点。大铁猫采用蹲坐式造型，通高为1.4米。从明嘉靖十四年（1535年）铸成后，历经480多年，仍乌亮生辉。大铁猫的形状也很生动，铁猫昂首，双目圆视，直视远方的鼠山，似乎正准备抓捕可恶的老鼠。而身旁的1只小铁猫呢，则直身坐在大铁猫的腹下，呈吸乳状，模样非常可爱。铸造这样大型的铁猫，而且其造型艺术水平和铸造的技术水平都很高，这在我国古代的乡镇地区，几乎是独一无二的。

图39　山西阳曲县大盂镇明代铁猫

第三节　明代的仁兽铁麒麟

山西太原市的山西省博物馆内，收藏着一尊古代铁麒麟塑像（见图40）。铁麒麟通高1.55米，蹲坐在长方形的铁座之上。铁座的尺寸为长1.15米，宽0.8米，铸于明万历三十七年（1609年）。由于该麒麟像的头顶上只长着一只角，故也称为“独角兽”。麒麟是我国古人想象出来的神兽，是象征太平、吉祥之兽，《辞源》[87]的注释为：“麒麟，仁兽也，似鹿而大，牛尾马蹄，有肉角一”。在古代传说中，麒麟和凤凰、乌龟、青龙、白虎一起，统称为五大灵兽。麒麟形态凶猛而性情和善，“设武备（角）而不害”，故又称仁兽。并有“麒麟出而天下太平”之说，故受到人们的喜爱。我国古代，石雕的麒麟早已有之，皇宫内则有用青铜来铸造的铜麒麟。现在北京颐和园仁寿殿前，就保存着一尊清乾隆年铸造的铜麒麟。但用生铁铸造的大型麒麟塑像，则极为罕见。山西省博物馆收藏的这一尊明代大型铁麒麟塑像，是太原晋府的遗物。其身上除了铸有“大明万历三十七年五月”的纪年铭文外，还铸有监铸官员“太原府通判杜震，阳曲县知县宋□□□”等铭文。铁麒麟塑像的造型奇特，张口、竖耳、独角、螺发，腹下还有幼兽。其雕塑艺术水平和铸造工艺水平甚佳。全身光洁，保存良好。到目前为止，还是现存唯一的古代大型铁麒麟像。

图40　山西太原市山西省博物馆明代铁麒麟

第四节　明代象征长寿的龟鹤铁像

在山东省青州市博物馆的大院内，存有2尊明代生铁铸造的龟鹤雕塑，即站在铁乌龟身上的铁仙鹤塑像。其中一尊龟鹤雕塑铸于明万历十二年（1584年），如图41所示。龟鹤塑像通高4.2米，其中，铁鹤高3.7米，铁龟高0.5米，长1.5米。塑像上铸有铭文，除了纪年铭文“大明万历十二年孟夏之吉，衡府承奉司承奉”外，还有“军门管带高讳吉、兵马指挥杨锐拾铁五百斤”“青州府东关金火匠人王尚志、侄王绢、王布，男王通、王盈成造”等铭文。另一尊铁铸龟鹤塑像则铸于明万历十五年（1587年），形状、大小都和前一尊相似，其上除纪年铭文“大明万历十五年孟冬，金火匠人王尚志”外，还铸有“寿光县光禄寺卿岳相，临朐县巡洞官陈如金，益都县致仕官孙维屏”等官员姓名。乌龟和仙鹤都是古代中国人心目中长寿、吉祥之物。北京故宫中的铜龟和铜鹤都是分开铸造而陈设于同一地方。此处则是龟、鹤铸成一体，象征龟鹤遐寿、万寿无疆之意。由铭文可知，这2尊造型优美的铁铸龟鹤雕塑是分别由当时的一些军、政官员奉献给衡王府的，并都由青州府东关的金火匠王尚志等铸造而成。

明代衡王府内这一对大型金属工艺品，是我国现存古代铸造的鹤龟雕塑中最高大的。仙鹤长颈、高足，立于龟座之上。铁龟四足着地，呈卧伏状。龟背四周饰八卦纹。龟鹤铸成一体，其艺术水平和冶铸工艺水平都很高，在古代中国是很少见到的。可惜铁鹤的头、颈在1958年“大炼钢铁”期间被毁坏，好在还未遭到完全破坏时，就受到有心人的保护。到1965年时，终于将这对铁铸龟鹤从弥河人民公社时家店的铁鹤馆移送到博物馆内保存。从此，龟鹤塑像得到更好的保护。博物馆的工作人员还根据过去所拍的照片，按相片中的原样，将仙鹤的头、颈进行了修复。虽然已降低了古代文物的原有价值，但仍不失为我国古代稀有的大型金属文物。

图41 山东青州市博物馆明代铁铸龟鹤

除了青州这一对明代生铁铸造的龟鹤塑像外，在安徽亳州市关帝庙内，也还保存有一尊生铁铸造的龟鹤塑像。不过，鹤头已损坏，其残高为1.5米，是清康熙五十三年（1714年）铸造的。亳州关帝庙的铁铸龟鹤塑像原本也有一对。可惜另一尊早已不见，这一尊虽遭损坏，降低了文物价值，但仍算是现存的很少见的铁铸文物。

第五节 清代的铁“哮天犬”

在四川省都江堰，为纪念李冰父子建的二王庙内，有一个文物陈列室，保存有多种明、清时期遗留下来的大型铁铸文物。其中，有一尊生铁铸造的狗的塑像（见图42），和真狗的大小相近，塑造得非常生动、逼真，是清乾隆十七年（1752年）铸造的。铁狗名叫“哮天犬”，蹲坐在铁座之上，通高近1米，长0.8米。在长方形铁座的四个侧面，铸有很多铭文。除了铸有“大清乾隆十七年仲秋月”的纪年铭文外，还铸有“风调雨顺，国泰民安”的祈祷铭文，以及捐资者的姓名等。众所周知，在明代神魔小说《封神演义》中，“哮天犬”乃是神话故事中二郎神杨戬的爱犬，实为仙犬、神兽，能伏怪，曾帮助杨戬收梅山七怪等。在周征殷纣战争中，冲锋在前，斩妖除魔，屡

图42 四川都江堰二王庙清代哮天犬铁像

建奇功。清代铸造这尊“哮天犬”铁像，反映了人们对神仙的尊崇。实际上，“哮天犬”塑像和真实的狗的相貌没有什么不同，就是一尊中国古代真狗的雕像，而且是现存唯一的我国古代雕塑艺术水平高的铁狗像，但是，作为神兽，在人们心目中的地位就大不一样，使我们对该文物更为重视。

第六节　清代为纪念嫦娥而造的铁蟾蜍

图 43　广东佛山市博物馆清代铁蟾蜍塑像

广东省佛山市博物馆的院内，保存有清代铸造的铁蟾蜍塑像一尊（见图43），铁蟾蜍蹲伏在长方形铁基座上，是用生铁整铸而成，通高0.85米，重约1吨。铸造这一尊铁蟾蜍塑像，也是来源于我国古代的神话故事。在著名的“嫦娥奔月”神话故事中，有这么一段神话。在月宫中的蟾蜍，其身上生长的灵芝，如果和在月亮中生长的桂花果实混合起来，由月中兔子捣炼，就可制成长生不老药。嫦娥为了使人间也能得到长生不老药，就奔往月亮，偷取灵芝和桂实，撒往大地，被王母娘娘发现。王母就使人间的桂花不能结实，人们也就不能得到桂实而长生。而嫦娥则被王母罚作蟾蜍，永不超生。所以，佛山市博物馆保存的这一尊铁蟾蜍塑像，就是清代民间人们为了纪念嫦娥而铸造的。铁蟾蜍有三脚，后体伏地，头向上，口中含有灵芝。可惜灵芝现已不存。这是一尊按蟾蜍的真实形象塑造而成的大型神化动物塑像，由清代的佛山信昌炉铸造的。这一尊铁蟾蜍塑像有一定的艺术水平。而作为清代民间铸造的大型神话金属工艺品，留存至今的极为少见。故该铁像对了解我国古代民间的雕塑艺术、冶铸工艺和民俗风情等，都有一定的参考价值。

第七章

古代大铁钟

第一节　古代大铁钟的发展和现况

我国古代的金属钟，大致有两个发展阶段，即乐钟阶段和大钟阶段。前一阶段从商、周直到秦、汉，由甬钟、钮钟、镈钟等组成的青铜编钟，获得很大发展。这些钟采用合瓦形或扁圆形结构。主要用途是奏乐，可统称为乐钟。后一阶段，在秦、汉之后，直到明、清，主要发展了朝钟、佛钟、道钟和更钟等正圆形大钟，故可称为大钟发展阶段。乐钟的材质都采用青铜，而大钟则可分为大铜钟和大铁钟两类。从现存的佛钟、道钟、朝钟和更钟等圆形大钟来看，南北朝时期、唐朝和五代十国时期的大钟，还只有青铜铸造的大钟。从北宋开始，则既有大铜钟，又有大铁钟。

在古代中国，无论是前阶段的乐钟，还是后阶段的佛钟、道钟等正圆形大钟，都曾获得过极大发展，出现了很多世界闻名的金属钟。钟的数量也处在世界领先地位，是名副其实的“钟的王国”。铜钟和铁钟相比，无论是钟面质量还是钟声的音色，都显然优于铁钟。但铁钟便宜。在缺铜的地方，用铁钟来代替铜钟，其效果相差不算太大。古代中国地大而交通运输还不发达，很多产铁多而产铜少的地方，当地的佛寺或道观都采用铁钟作为法器。这种用铁铸成佛钟、道钟和更钟的风气，在其他地方也流行开来，使全国大多数地方都可见到铁钟。在古代中国，铁钟数量之多和大铁钟重量之大，在古代世界是罕见的。不过，过去有关中国古代大钟的著作和文章[28，29，41-43]对大铜钟比较重视，也有较详细的介绍，而对大铁钟则不够重视，也缺乏必要的介绍。1 000年来，因自然和人为的原因，已使很多大铁钟不再存于世上。而现存的古代大铁钟，又分散在全国各地的一些佛寺、道观、坛庙、公园、钟楼、博物馆或文化管理所之中，使人们对其全貌更加缺乏了解。故笔者除了收集有关文字资料外，还曾到全国各地进行实地调查，因此对我国古代铁钟的现况、铸造年代、用途、特点、尺寸、数量、存放地点和历史故事等，有了比较全面的了解。由于明清时期留存的中小型铁钟还比较多，为了突出重点，只将重量大约有1 000斤或千斤以上的古代大铁钟（称为千斤钟）进行统计。但因大多数铁钟的重量并没有称量过，故将高度在1.4米、直径在1米以上的大铁钟也相应地作为“千斤钟”统计进来。据初步统计，我国现存的古代“千斤钟”以上的大铁钟，共有179口。其中万斤以上的大铁钟有35口。大铁钟主要用作寺庙的佛钟，其次是道观的道钟，只有少量是更钟。如果按大铁钟铸造的年代来分，北宋铸造的大铁钟有11口，辽代1口，南宋7口，金代38口，元代4口，明代81口，清代37口。由此可见，明代是我国历史上铸造大铁钟最多的朝代，这和我国古代铸造大铜钟的情况相同，说明我国古代大钟的冶铸业在明代达到了鼎盛期。此外，金代铸造的大铁钟数量也不少，达38口。不仅比北宋和南宋合起来的大铁钟还多，而且万斤钟也是历代最多的。所以，也是我国大铁钟发展历史中的一个重要时期。

从现存的古代“千斤大钟”的保存地点来看，大铁钟的分布范围相当广泛。其中山西铸造的大铁钟最多，光是现存的古代大铁钟，就有47口。其他省（区、市）依次为：陕西23口，河南14口，山东13口，四川12口，北京12口，甘肃9口，湖北9口，河北6口，广东6口，广西4口，江苏4口，湖南3口，浙江3口，安徽3口，福建2口，江西2口，辽宁2口，宁夏2口，重庆市2口以及海南省1口。可见，从宋代到清代，大铁钟和大铜钟一样流行。不仅作为佛寺、道观的法器，有助于佛教、道教的传布，而且还留有很多其他功用和特点。首先，一些古代大铁钟以其洪亮的钟声，成为当地一大名胜。例如：河北邢台开元寺的“野寺钟声”，陕西西安荐福寺（小雁塔）和慈恩寺（大雁塔）的“雁塔晨钟”，甘肃泾川王母宫山的“宫山晓钟”，陕西佳县白云山庙的“白云晨钟”，陕西扶风县法门寺的“法门晓钟”，湖南永顺县老司城的“雄狮报钟”，等等。其次，有些大铁钟的铭文和历史事件有关。例如：广州白云庵的清代“平南王铁钟”，其铭文中就记述了清军在清顺治七年（1650年）二月初六抵广州城北白云山，并于当年十一月初二攻克广州的历史事件。此外，在不少古代铁钟的铭文中夹有一些简化字。除明清两代有较多铁钟的铭文中铸有简化字外，陕西澄城县乐楼钟亭内悬挂的金朝铁钟最为突出。其钟身的铭文中铸有的简化汉字很多，是目前发现的使用简化汉字最早的宝贵文物，有重要的历史价值。还有些大铁钟，在钟面上铸有精美的佛像。例如：河北保定市鸣霜楼的金代大铁钟、陕西西安市临潼宝峰寺的明代铁钟等。还有的大铁钟，如湖北武汉宝通禅寺的南宋大铁钟，为了提高钟声的音质，在钟身下部位于撞击处的口沿部分镶铸了青铜，几乎达到了青铜大钟具有的悦耳动听的音响效果。总之，我国古代众多的大铁钟中，确实存在不少很有价值的历史文物。

第二节　宋代大铁钟

一、数量和种类

从现存的古代大钟来看，南北朝、唐代和五代十国时期的大钟，只存有大铜钟。从北宋开始，则既有大铜钟，又有大铁钟。不过，宋代留存的大铁钟数量并不太多。据初步统计，现存的北宋大铁钟有11口，南宋大铁钟有7口，共计18口大铁钟。其中万斤以上的大铁钟有7口。以山东济宁市声远楼宋代大铁钟为最重，重量达7吨。而广西贵港市南山寺的“飞来钟”是现存的最早大铁钟，铸于北宋天圣三年（1025年）。

宋代的大铁钟分为两种类型：一类是口沿为平直形的圆口大钟，主要是南方各省生产；另一类是口沿呈波浪形的圆口大钟，以北方为主，并影响到全国。而波浪形口沿的大铁钟既有承袭唐代的六耳浅波形大钟，更有新出现的八耳波形大钟，波形既有较浅的，又有较深的。可见，宋代大铁钟的类型已有进一步的发展。

二、南山寺的“飞来钟”

图44　广西贵港市南山寺宋代铁钟

广西贵港市南山寺大殿的东侧，悬挂着一口宋代大铁钟（见图44）。大铁钟的口沿为平直形，钟身高1.7米，口径为1.1米，重一千余斤，铸于北宋天圣三年（1025年），是目前已知的留存于世最早的古代大铁钟。大铁钟虽历经990多年，基本上还保持完好，表面纹饰仍清晰可见。上、下部各分成四大方格，中部有均布的4个撞击圆块，每个圆块四周都铸有莲花瓣。钟钮和钟身已有部分损坏，从图44的照片中，也可看到钟身下部有一处被损坏的破洞。钟面的锈蚀也较重，故钟身上铸的部分铭文已不甚清楚，不过纪年铭文和“慎州匠人曾守政铸造”等铭文仍能看清。大铁钟是口沿为平直形的圆口大钟，是我国南方常见的大钟类型，与南北朝的陈太建铜钟和唐代的广西容县景子铜钟的类型一脉相承，但钟口部分已经加厚。南山寺铁钟在当地民间还有一个美丽的传说。相传在古代的某一天，老天爷对南山寺情有独钟，使该钟由千里之外的广州光孝寺飞到这儿，故被称为“飞来钟”。当然，这只是在民间流传的一个神话般的美丽传说而已。

三、盂县藏山大铁钟

图45　山西盂县长池镇藏山祠宋代铁钟

在山西省盂县藏山的“春秋战国城”内的钟亭里，悬挂着一口宋代大铁钟（见图45）。铁钟通高2.4米，身高2米，口径2米，重6吨，铸于北宋宣和六年（1124年），是山西省第一批省级重点文物。大铁钟原在盂县城内西寺的大殿内。1987年移到盂县西关大王庙内，后又移到盂县长池镇藏山村东面的藏山祠内，悬挂在藏山祠“春秋战国城”内的钟亭里。这一大型铁铸文物也就成为该处旅游景点之一。

大铁钟的钟肩上有8个天孔，并铸有莲花瓣8个。在每一个花瓣内铸有一字，合为“皇帝万岁，重臣千秋”8个颂扬词。大铁钟的钟身可分为上、下两部分，各有8个大方格，方格内铸满铭文，共有600多字。除颂扬观音妙智的钟铭外，还有官员和施主姓名，以及所施银两等铭文，并有明确的纪年铭文："宣和六年岁次甲辰十一月二十日铸"。在大铁钟的钟裙上还铸有八卦符号。大钟的口沿形状，为较深的八耳波形。这可能是我国北方地区八耳深波形铁钟初始阶段的产物。它的形象肯定会对后来的金代大铁钟产生一定的影响。

四、风穴寺大铁钟

河南汝州市东北9公里处的风穴寺，位于中岳嵩山少室山南麓，为中州名刹。1988年，国务院公布为第三批国家重点文物保护单位。在风穴寺的悬钟阁内，挂有一口古老的大铁钟（见图46）。大铁钟通高2米多，重9 999斤，号称"万斤钟"，铸于北宋宣和七年（1125年）。风穴寺钟楼在明代万历十二年（1584年）和清代乾隆六年（1741年）曾经重修过，而大铁钟则始终保存完好。大铁钟造型深厚、古朴，虽然当时已出现口沿为八耳波形的大钟，但该大铁钟却仍继承唐代大钟的造型风格，壁厚均匀，口沿为六耳浅波形。大铁钟的钟身表面铸有300多字的铭文。铭文中既有"黄帝万岁，重臣千秋，雨顺风调，法轮常转"16个大字的祝福语，又有佛教徒常见的"南无释迦牟尼佛""南无弥勒菩萨"等语。并有纪年铭文："大宋宣和七年岁次乙巳正月一日癸酉朔十九日寅卯。汝州开元寺资福院管句化缘铸钟"。还铸有化缘僧人证悟大师等的名字和汝州梁县的一些官员以及部分助缘人的姓名等，并有"解州铸钟大监曲顺"等，把大铁钟的来历说得清清楚楚，很有参考价值。大钟的音律很好，用手指轻轻一弹，铁钟即可发出悦耳的响声。《风穴志略》载："画栋凌空，每一扣击，隐隐响从天际来，缭绕岩谷"。故"悬钟阁"钟声成为风穴寺八大景点之一，风穴寺大铁钟也成为北宋留存的著名大铁钟，并被誉为"中原第一钟"。

图46 河南汝州市风穴寺宋代铁钟

五、宝通寺铁钟

湖北省武汉市宝通禅寺大雄宝殿东南角，悬挂一口南宋大铁钟（见图47）。大钟通高2.7米，钟身高2.2米，口径1.55米，号称"万斤钟"，是南宋嘉熙四年（1240年）铸造的。大钟虽用生铁铸成，但口沿处却可看到铜的颜色，是个不一般的大铁钟。大

铁钟的钟钮由双头蒲牢组成。钟肩饰有26朵莲瓣。钟身的上、下层各有四个大方格。上层的四个大方格空白无铭文。大方格之间的四个长条形方格内，则铸有“皇帝万岁，重臣千秋，风调雨顺，国泰民安”16字铭文。下层的一个大方格内铸有铭文“皇风永扇，帝道遐昌，佛日增辉，法轮常转。三涂六趣，受苦六生，闻此钟声，息皆解脱”。铭文都很规整、清晰。钟口的造型为六耳波形，其上没有专门铸出撞击圆座。撞钟时用木直接撞击钟耳。该钟的最大特点是：钟身下部位于撞击处的钟口镶铸了青铜，且铜铁衔接处浑然一体，见不到任何细微裂纹。这口镶上青铜口沿的铁钟既有生铁铸钟成本低的优点，又因撞钟时直接撞到青铜口沿处，具有铜钟发音的效果。其音清越浑厚、悦耳动听，钟声可传得很远，这是很少见的。目前，这口镶上青铜口沿的古代大铁钟，是现存古代大铁钟中唯一的一口，故很宝贵。

图 47　湖北武汉市宝通禅寺宋代铁钟

第三节　辽代大铁钟

在历史上，辽国曾统治我国北方地区，和北宋形成对峙局面。河北涞源县的阁院寺，就是辽代遗留下来的古老佛寺，为国务院公布的全国重点文物保护单位，寺内至今还保存有一口辽代大铁钟（见图48）。大铁钟高1.65米，钟口外径为1.56米，铸于辽天庆四年（1114年），是我国现存唯一的辽代大铁钟。

大铁钟外表分成上、下两层，每层又分成很多方格，其内铸满了铭文。铁钟顶部除了双头蒲牢形式的钟钮外，在钟钮四周还铸有六个圆孔。大钟的口沿为六耳波形，和唐钟的六耳浅波形相比，应属深波形。钟耳较大，被作为敲钟时的撞击点，故在大钟口沿处的壁厚已加厚。大铁钟的外表虽有不少锈迹，但整体质量较好，至今保存完好，字迹亦清晰可见，说明辽代的铸铁技术

图 48　河北涞源县阁院寺辽代铁钟

也已达到较先进的水平。

铁钟上铸有“智矩如来心破大地狱陀罗尼真言”等佛经、佛咒，并有一些梵文。还铸有“大辽蔚州飞弧县阁子院”的沙门和僧徒的名字，当地知事、守关兵马使等官员及其家属的姓名以及施主的姓名。并铸有铸钟工匠的姓名以及铸钟的纪年铭文：“维天庆四年，岁次甲午，十月壬寅朔二十日辛酉庚时建”。由此可确切知道大钟的铸造日期为辽天庆四年（1114年），距今已900多年。在钟身的六个长条形“供牌”中还铸有“南无意陀罗尼自在王佛”“南无身陀罗尼自在王佛”“南无舌陀罗尼自在王佛”“南无鼻陀罗尼自在王佛”“南无耳陀罗尼自在王佛”“南无眼陀罗尼自在王佛”等铭文，反映了辽代当时的佛教信义。大铁钟至今完好无损，钟声响亮。钟身上的方格条纹虽略显粗糙，铭文亦不甚规正，但字迹清楚。辽代留存的古代大铁件甚少，故这唯一留存的辽代大铁钟，是一件极为宝贵的大型金属文物。

第四节　金代大铁钟

一、金代铁钟的现况

在历史上，和南宋相对峙的金朝，也笃信佛教，但其统治的我国北方地区，产铁多而产铜少，因而其铸造的佛钟只有少量是铜钟，大多数是铁钟，铁钟的尺寸和重量都比较大。据初步统计，现存的金代“千斤钟”以上的大铁钟就有36口之多。其中山西吉县皇天后土庙钟楼上挂的金天眷元年（1138年）铁钟，为原安平寺铁钟，高2.2米，是现存最早的金代大铁钟。河北邢台开元寺大铁钟，铸于金大定二十四年（1184年）。陕西西安荐福寺大铁钟，铸于金明昌三年（1192年）。这两口铁钟的高度都在3米以上，重量在两万斤以上，是现存最大的两口金代大铁钟。甘肃庆阳市慈云寺金泰和元年（1201年）铁钟，高2.5米，是铸有梵文的珍贵文物。陕西澄城县乐楼钟亭悬挂的金明昌三年（1192年）铁钟，高2.35米，是现存最早的具有很多简化汉字的珍贵文物。河北保定鸣霜楼大铁钟，铸于金大定二十一年（1181年），是钟面上铸有优美佛像的大型金属文物。其余的金代大铁钟，如：山西平遥县镇国寺金皇统五年（1145年）铁钟，山西新绛县钟楼金天德三年（1151年）铁钟，山西太原市晋祠大钟亭内的金天德五年（1153年）铁钟，山西翼城钟楼金大定六年（1166年）铁钟，山东济南钟楼寺金代明昌铁钟，山西临汾大中楼金明昌七年（1196年）铁钟，陕西韩城圆觉寺金承安四年（1199年）铁钟，甘肃兰州五泉山普照寺金泰和二年（1202年）铁钟，河南登封少林寺金泰和四年（1204年）铁钟，以及甘肃泾川县王母宫山金大安三年（1211年）铁钟等，其高度也都在2米以上，且都有一定的名气。所以，金代的大铁钟在我国古代铁钟发展过程中，占有重要的地位。现存的很多金代大铁钟，都具有较高的历史文物价值。

二、开元寺铁钟

2001年，笔者在河北省邢台市达活泉公园内，看到一口金代时铸造的开元寺大铁钟（见图49）。大铁钟身高2.8米，通高3.3米，口径2.36米，重达15吨，铸于金大定二十四年（1184年），是现存最大的金代大铁钟，也是我国现存第二大古代铁钟。该钟原悬挂于邢台开元寺钟楼内。其洪亮的钟声曾传遍邢台故城，被称作“野寺钟声”，为邢台胜景之一。

图49 河北邢台市开元寺金代铁钟

大铁钟的钟钮为双头蒲牢。钟肩铸有16个莲花瓣和8个圆孔。钟身可分成上、中、下三层，每层又等分成八个方格，方格的纵向条纹则相互错开。在上层各方格内，共铸有日、月、人、牛、虎、鱼、蟹、鹤、瓶等12种图案，与黄道十二宫相对应，并铸有“皇帝万岁，重臣千秋”8字铭文，这是和宋代大钟不同的第一个特点。大钟的中、下两层共有16个方格，每格中间除了铸出5个乳钉外，还铸有住持僧、化缘僧、施主和铸钟匠人姓名等铭文数百字。施主中既有定元大将军、武义将军等金朝官员，又有当地汉人。并有铸钟日期“昔大定甲辰岁，月庚中朔戊子日巽时铸造”的纪年铭文，都清晰可辨。方格内铸有乳钉，这也有别于宋钟，倒是和宝室寺钟、景云钟等唐钟的特点相一致。钟身下部铸有乾、坤、震、巽、坎、离、艮、兑等八卦符号，含乾坤浑圆之说。钟口呈八耳波形，波底凹陷较深，使八耳凸出明显。综观现存的38口金代大铁钟，都具有深凹波形的钟口，这可谓金代大铁钟的又一大特点，有别于唐、宋铜钟的浅波形钟口。开元寺大铁钟在达活泉公园内露天存放，虽经风雨剥蚀，并不显氧化锈蚀之痕迹。棕红色的钟体四周仍莹莹发亮，可见当年铸造工艺技术之高超，铁质火候之纯精。现在，该钟已被邢台市开元寺收回。

三、乐楼铁钟

陕西澄城县城关镇城隍庙乐楼的金代铁钟（见图50），铁钟身高2米，通高2.35

米，口径1.56米，重4吨，铸于金明昌三年（1192年）。该钟原置于陕西澄县王带庄的普济寺。“文化大革命”中曾一度丢失，现存放于澄城县乐楼院内。铁钟上的铭文除大量汉文外，还有些梵文。汉文中有不少简化汉字，字体仍清晰可辨。故该钟对佛教文化、冶铸技术、文字研究都有很大参考价值。

图50 陕西澄城县城隍庙乐楼金代铁钟

铁钟的钟钮采用双头蒲牢的型式，钟身上部方格中铸有“唵摩呢钵讷铭吽”“唵摩呢哒哩吽发咤”“皇帝万岁，臣佐千秋，国泰民安，法轮常转”等铭文，字体较大。而中部的方格内铸满铭文，其中有佛教经咒：“智炬如来心破地狱真言”和“准提神咒”等。二者均为梵、汉合体，即一行汉文，一行梵文。铭文中还有大量捐资者姓名，并有铸钟日期和铸匠姓名：“昔壬子岁明昌三年三月甲辰休日工毕”“河东北路石州铸钟匠人杨瑀，弟杨玠、杨琼、杨珪，男杨鏻、杨锡、杨山”。故知该铁钟是杨瑀一家7位工匠在金明昌三年（1192年）铸成的。钟身下部铸有一圈花草纹饰，并有4个撞击圆座，口沿为八耳波形。可惜的是，钟身上已有一条裂缝。

乐楼铁钟的最大特点是：汉文中竟有162个简化汉字。除重复的以外，共有“济、荣、坚、张、万、宝、党、弥、贵”等59个简化汉字。据有关部门在1994年发现该钟铭文中有简化汉字之后的考证，认为该钟是我国迄今为止使用简化汉字最早的宝贵文物，对我国简化汉字的研究，有极重要的历史价值。故该钟被定为国家二级文物。

四、慈云寺铁钟

甘肃庆阳市慈云寺钟楼内的大铁钟（见图51），高2.5米，口径1.6米，重4吨，铸于金泰和元年（1201年）。铁钟以双头蒲牢组成钟钮，钟顶有5孔，钟肩饰莲瓣纹，一共有16枚莲瓣。钟身表面分为大小不同的方格，共有5层。最上面的第一层为8个窄长方格，一共横书梵文56字。第二层相间布置有8个大方格和8个长条方格，每个大方格内各写一个汉字。8个大方格共铸有“皇帝万岁，臣佐千秋”8个汉字。其书写次序是从左到右，而不是我国古代从右到左的传统书写习惯。在8个大方格之间的8个长方格内，则铸有“观世音菩萨”到“地藏菩萨”等8个菩萨名。第三层和第四层各个方格内，则铸满铭文，大多数是施主的姓名。既有“宣武将军行彭原县骑都尉付时，忠翊校尉行彭原县主簿钊靖”等官名，也有大量一般汉族施主的姓名，还有书写11个梵文的施主姓名。更重要的是铸有纪年铭文和佛教寺院的铭文：“时金泰和元年岁次十月工毕。庆阳府彭原县盈仓广济院”。故确知该钟铸于金泰和元年（1201年）。钟上还有

铸钟工匠的铭文："庆阳府彭原县赤城镇匠人曹换、曹演、曹琮侄曹述、曹通□□□"等一家9人。第五层的长方格内则铸有奔马、跑鹿、雄鸡、小兔等动物图案以及莲花、牡丹等花卉图饰。大钟口沿则为八耳波形，在钟裙上铸的撞击圆座上，又铸有2个梵文字。该钟共铸有69个梵文悉昙小字。但在过去由于不认识这种文字，错把它当成女真文字，认为该钟是女真文最多的古钟，并于1981年9月，被甘肃省人民政府以"慈云寺女真文铁钟"之名，公布为甘肃省的省级文物保护单位。所以，现在应该更正这一错误命名，该钟不是"女真文铁钟"，而是铸有梵文的金代铁钟，是研究金代铁钟和金代女真人习俗的宝贵文物。

图51　甘肃省庆阳市慈云寺金代铁钟

第五节　元代大铁钟

元代留存的大铁钟有4口，而湖北省当阳市玉泉寺大殿前就有2口元代大铁钟。一口铁钟高2.25米，口径1.6米，是元代至大元年（1308年）铸造的（见图52）。另一口铁钟高2.5米，口径1.86米，是元代延祐七年（1320年）铸造的。两口大钟的重量都在万斤以上，是元代留存的两口最大铁钟。

图52　湖北当阳市玉泉寺元代铁钟

两口大铁钟的造型和外形基本相同。钟肩上铸有莲瓣纹饰。钟身的上、中部各有四个大方格，方格内都铸有铭文。铭文的字迹都很端正，至今仍然清晰可辨。至大元年铁钟的铭文中不仅铸有汉字，还有少量梵文，并铸有江西萍乡州铸钟匠人的姓名。延祐七年铁钟身上的铭文更多，其中有不少元代地方官的职称和姓名，对研究当地的历史有一定的参考价值。钟身下部有4个狭长的长方形空格。在中部方格和下部长方形空格之间，有一条粗横条纹。条纹上均布有四个撞击圆座。铁钟的口沿呈八耳浅波形。可惜两口铁钟的钟钮都已损坏。但残留的钟钮显示，与常见的蒲牢形状不太一样，不像龙头，倒有些像人面。铁钟虽在露天放置，但生锈处较少，图饰和铭文仍然都很清晰，说明当时的冶铸水平也较高。

第六节 明代大铁钟

一、明代铁钟的现况

明代皇帝认为“唯功大者钟大”，所以盛行铸造大钟，明代也就成为我国历史上铸造大钟最多的朝代。据笔者调查后的初步统计，我国现存古代“千斤钟”以上的大铜钟，共有169口，其中明代铸造的大铜钟为87口，占总数的51.5%。而我国现存古代“千斤钟”以上的大铁钟共有179口，其中明代铸造的大铁钟为81口，占总数的45.2%。这充分说明，无论是大铜钟，还是大铁钟的冶铸业，在明代都达到了鼎盛期。明代铸造的大铁钟，不仅数量多，而且还有不少万斤以上的大铁钟。据查，现存的明代万斤以上的大铁钟还有9口之多，其中北京永乐大铁钟重达25吨，是我国古代最大的铁钟。此外，还有山西省的大同下华严寺的明景泰四年（1453年）铁钟、太原崇善寺的明正德元年（1506年）铁钟、太原天龙山圣寿寺的明嘉靖五年（1526年）铁钟、太原晋祠钟楼的明嘉靖五年（1526年）铁钟等4口“万斤钟”，以及陕西省的西安慈恩寺明嘉靖二十七年（1548年）“雁塔晨钟”、西安市户县草堂寺的明万历十九年（1591年）“挂不起来”铁钟、佳县白云山庙的明万历三十四年（1606年）“白云晨钟”、三原城隍庙的明代铁钟等4口“万斤钟”。这些大铁钟的尺寸都很大，高度都在2.2米以上，口径都在1.8米以上。而现存的明代千斤以上、万斤以下的大铁钟，则更多达72口，其中有一些大铁钟具有一定特色。例如：明代成化二年（1466年）大铁钟，高2米，口径1.45米，重2.5吨，曾长期作为陕西省西安市钟楼的更钟。在明、清时期，其钟声天天为西安市人民报时，但后来因钟身出现裂缝而停止工作，现存放在西安市荐福寺门前的钟架上；陕西扶风县法门寺钟楼的大铁钟，重1.8吨，铸于明成化八年（1472年），其钟声洪亮，故“法门晓钟”成为当地名胜之一；湖南永顺县老司城祖师殿的大铁钟，高度1.45米，口径1米，铸于明嘉靖十年（1531年），是土家族供奉祖师用钟，叫作“雄狮报钟”；陕西临潼宝峰寺铁钟，高度1.56米，口径1.12米，铸于明万历十三年（1585年），钟身上铸有18位骑马人物的精美图像，现存陕西临潼博物馆的钟亭内；河南洛阳白马寺钟楼的铁钟，钟高1.65米，口径1.14米，重1.25吨，铸于明朝嘉靖三十四年（1555年），钟声洪亮，经久不息，称作“马寺钟声”，为洛阳八景之一。不过，明代其他千斤铁钟，只是一般的佛钟和道钟，没有太多特色。

二、永乐大铁钟

北京大钟寺古钟博物馆存有一口明代大铁钟（见图53），大钟身高3.5米，通高4.4米，口径2.5米，重25吨，是我国古代留存的最大铁钟，也是世界上现存的最大古代铁钟。大钟的钟肩，饰有20个莲瓣纹。钟身分为上、下两部分，各有四个大方格，纹饰清晰、简洁。钟身上除了铸有“大明永乐年月吉日制”的铭文之外，别无其他的铭文，显得庄严厚重，人称“永乐大铁钟”。据称，明永乐十六年（1418年），明成祖朱棣下令迁都北京，在德胜门东建钟楼，并新铸一口大铁钟，准备挂于北京钟楼，用作打更、报时，因此大铁钟亦叫“更钟”。大铁钟铸成之后，虽然体大、雄伟，但其钟声的音响效果还不够理想，永乐皇帝不满意，下令重铸大铜钟，以取代大铁钟。取下的大铁钟，就一直放置在鼓楼后面的胡同内，人们就将其称为“倒钟胡同”。直到1983年冬，才将大铁钟从“倒钟胡同”移到北京大钟寺，由古钟博物馆保存，供广大人民群众参观，终于使这一古代大型铸造文物重见天日。

图53　北京大钟寺明代永乐大铁钟

三、大慈恩寺“雁塔晨钟”

著名的陕西省西安市大慈恩寺大雁塔，是我国第一批全国重点文物保护单位之一。慈恩寺的钟楼里，挂着一口明代大铁钟（见图54）。大钟身高2.7米，通高3.4米，口径2.2米，铸于明嘉靖二十七年（1548年）。每当拂晓时分，阵阵钟声划破晨曦朝霞，萦绕在西安城南上空，被称为“雁塔晨钟”，并成为古代“关中八景”之一。不过，也有人认为，“雁塔晨钟”是指西安荐福寺小雁塔之铁钟。其实，大、小雁塔都在西安城南，“雁塔晨钟”之景，应是两者之合称。而且，慈恩寺大铁钟的钟身上，铸有“雁塔晨钟”四个大字，当然是“关中八景”中的“雁塔晨钟”了。

图54　陕西西安市大慈恩寺明代铁钟

大铁钟厚实庄重，其蒲牢钟钮高达70厘米，钟身上铸有八卦符号和多达4 000余字的铭文，除“雁塔晨钟”4字铭文外，还有我国明代佛钟上常见的“皇图永固，帝道遐昌，佛日增辉，法轮常转”16字铭文，“嘉靖二十七年吉月吉日铸造”的纪年铭文，善男信女等捐资者姓名，并说明“造晨钟一口，用铁三万斤”。铭文中更简述了西安府大慈恩寺和雁塔晨钟的小史，是很有历史价值的。该钟还有一个与众不同的特点，就是在大钟口沿处，具有十个钟耳，而不是一般常见的八耳，这是很少见的。

四、宝峰禅寺铁钟

陕西省西安市临潼博物馆的钟亭内，放置着原临潼县宝峰禅寺的一口千斤大铁钟（见图55）。铁钟保存完好，通高1.56米，身高1.32米，口径1.12米，铸于明万历十三年（1585年）。该钟的蒲牢钟钮是和钟身一起整铸而成，较为坚固。钟肩上铸有12朵莲花瓣，并铸有“皇图永固，帝道遐昌，佛日增辉，法轮常转”16字铭文。其间均布4个圆孔。铁钟的口沿呈八耳波形，并铸有八卦符号和8个撞击圆块。钟身的上、下部分，各有8个大方格，里面满铸铭文1 000多字。在上、下方格之下，还分别铸有一圈图案。上为18个骑马人图像，下为16个奔马、麒麟等神兽图像。图像各不相同，塑造得栩栩如生。这是该铁钟与其他铁钟不同的最大特点。该钟的铭文中，除纪年铭文和捐资人姓名外，还记述了铸钟的原因。原来，西安府临潼地区在明朝嘉靖、隆庆年间，曾发生过2次地震，当地的人、畜，累遭涂炭。为此募捐集资铸钟，于“明万历十三年岁次乙酉孟夏吉旦”铸造完成，并将洪钟置于临潼宝峰禅寺内，以求佛和菩萨保佑。这段记述，对了解当地的历史，有一定的参考价值，值得当地历史学界重视。

图55 陕西西安市临潼宝峰禅寺明代铁钟

第七节　清代大铁钟

清代是我国最后一个封建王朝，留存的中、小型铁钟还不少，但留存的大钟远比明代为少。不仅大铜钟少，大铁钟也少。据初步统计，现存清代鸦片战争前千斤以上大铁钟共有30口。如果将1841—1911年清代后期也计入，则整个清代留存的大铁钟，也只有37口，还不及现存明代大铁钟的一半。由于康、乾时期属清代盛世，所以清代的大钟大部分是这一时期铸造的。按地点划分，这37口大铁钟分布面很广，很分散，分属四川、重庆、甘肃、山西、山东、北京、辽宁、河南、湖北、湖南、安徽、江苏、

江西、福建、广东、广西、海南等17个省（区、市）。其中四川省有6口大铁钟，其他各地大多只有一两口而已。清代大铁钟都属普通的佛钟和道钟，没有太多突出的特色。其中广西桂林定粤寺铁钟还较为有名，故以此例说明之。

广西桂林市伏波山公园钟亭内，陈列着一口大铁钟，如图56所示。大钟的身高为2.1米，通高2.5米，口径1.7米，重2.5吨，铸于清康熙八年（1669年）。该钟原是桂林市四望山定粤寺的佛钟。定粤寺毁后，才移来公园存藏。大铁钟由定南王孔有德之女孔四贞等出面在广东佛山铸造。大钟的口沿为平直形圆口，钟身上铸有很多铭文。上部为“摩诃般若波罗蜜多心经”260字；下部除“皇图巩固，帝道遐昌，佛日增辉，法轮常转”16个大字外，还有广东、广西的清代官员、将领姓名，定粤寺的比丘、僧众姓名，以及信男、信女共250人的姓名。大铁钟造型端庄，字迹清晰，是南方铁钟中的优秀者。佛山在明、清时期曾铸过大量铁钟，在广东、广西很多寺庙中，都有佛山铸造的铁钟。虽然大多已经损毁，但仍留下一定数量。佛山博物馆、贺州博物馆等各收藏有十多口佛山铸造的明、清铁钟。不过铁钟的高度只有1米左右或1米以下，是中、小型铁钟。定粤寺铁钟是现存佛山铸造的最大古代铁钟。由于佛山铸造工匠的工艺水平较高，故而铁钟质量很高，至今很少锈迹，是一件较为重要的清初大型铁铸文物。

图56 广西桂林市定粤寺清代铁钟

第八节 大铁钟的铸造

一、铸造方法的选择

关于我国古代大钟的铸造方法，明代著名科学家宋应星著的《天工开物》[44]第一个做了详细的叙述。该书“冶铸”篇对用失蜡法铸造大型铜钟以及泥型法铸造铁钟都有记载。一般说来，我国古代大钟的材质是：“高者铜质，下者铁质”。所以精致而且音质好的大钟都是锡青铜浇铸成的大铜钟。不过铁钟虽比铜钟稍差一些，但成本低。这就关系到采用什么铸造方法的问题。失蜡法铸造出的大钟虽然精致、美观，但成本高，故只有少量重要的大铜钟才全部采用失蜡法铸造。有些古代大铜钟则将泥型法和失蜡法结合起来铸造，即先用失蜡法铸造出精美的蒲牢，然后将其预埋在钟体泥范装配成的合范内。浇铸时，钟钮和钟体就熔为一体。但也有不少大铜钟采用泥型铸造。至于铁钟，既然要保持其成本低的优势，则无论是大型钟还是小型钟，都采用泥型铸造法。从现存的古代大钟来看，几乎所有的大铁钟和不少大铜钟的表面都留有范缝的痕迹，说明在我国古代用泥型法铸造大钟的确是很普遍的。《天工开物》对铁钟用泥型铸造有如下记载："凡铁钟模不重费油蜡者，先埏土作外模，剖破两边形，或为两截，以子口串合，翻刻书文于其上。内模缩小分寸，空其中体，精算而就。外模刻文后，以牛油滑之，使他日器无粘烂，然后盖上。泥合其缝，而受铸焉"。大型铁钟用泥型法铸造时，其外模（外范）往往要分成好多块，甚至几十块。而且，重达数千斤甚至万斤以上的大铁钟，则常常采用地坑造型的方法来进行铸造生产。

二、确定铸造工艺方案

古代大铁钟采用泥型铸造法时，其铸造工艺过程大致如下：

（1）准备地坑，《天工开物》载："掘坑深丈几尺，燥筑其中如房舍。"

（2）根据设计的大铁钟形状，塑造大钟泥模。

（3）分层塑造外范（外型），经干燥后，将泥范分块卸下，并使范块阴干、硬化。

（4）在范块上雕刻文字和图案，"刻文后以牛油滑之"。

（5）塑造内范（泥芯）。

（6）合范。外范必须严格、正确拼合，并密合披缝，烘干。

（7）设置顶注式浇、冒口，在顶部还要设出气孔，很多大铁钟除了钟顶有孔外，往往在钟肩均布4个孔，以利于泥芯的出气。

（8）一般古代大铁钟，常在蒲牢顶部中心点，安置浇、冒口，以将铁钟整铸而成。也有少量大铁钟先将蒲牢钟钮铸出，再将其装配到钟顶泥范内。

（9）多炉化铁，浇铸。

（10）分范、清理、修整。

按上述工艺过程，推测的铸造工艺方案草图，如图57所示。

图57　铸造工艺方案草图

三、大铁钟的材质

古代铁钟的材质，有学者认为："所有铁钟为使音响清越，均由白口铁铸成"[6]。有些学者取样分析部分古代铁钟的化学成分和金相组织，其结果证实了这一点。在资料[45]中，记载了一件元代铁钟的分析结果。铁钟含3.3%C，0.03%Si，0.015%Mn，

0.66%S，0.56%P，其组织为亚共晶白口铁。在资料[46]中，有对北京大钟寺古钟博物馆所藏的2件元代铁钟、5件明代铁钟、15件清代铁钟的取样分析结果，证实这些铁钟的材质都是白口铁。不过，这22件铁钟的大多数是中、小型铁钟，属于大铁钟范畴的较少。其中最重要的是原北京钟楼的明代永乐大铁钟，大钟通高4.4米，口径2.5米，重25吨，其成分为：2.2%C，0.1%Si，0.1%Mn，0.018%S，0.17%P，金相组织为亚共晶白口铁。而北京地区的3口大铁钟：铸于明万历四十六年（1618年）的密云铁钟、铸于明天启六年（1626年）的宛平铁钟和铸于清康熙二十二年（1683年）的房山铁钟，它们的通高都有1.5米，口径1米左右，而其材质也都是亚共晶白口铁。由此证明古代大铁钟的材质不是灰口铁，而是白口铁，以使铁钟音响清越。而灰口铁含有石墨，因石墨强度低，使灰口铁具有良好的减震性，故不是制钟的材料，却是现代机床必用的好材料。

第八章

古代大铁炉

第一节　古代大铁炉的分类和现况

综观我国古代佛寺、道观和坛庙中的大型金属炉，大致可分为三大类型：一类叫大香炉（鼎炉）；另一类叫醮炉（焚裱炉）；第三类叫燎炉。大香炉既有铁炉，又有铜炉，而醮炉和燎炉则都是用生铁铸造而成的。

在我国众多的佛寺和道观内，其大殿前面的月台上，一般都有供信徒烧香拜佛用的大香炉。大香炉的外形都采用古代青铜鼎的形制，但其用途只用作烧香，和青铜鼎用作食器或礼器迥然不同。炉上的铭文和纹饰也和青铜鼎不同，只和寺庙、宫观的礼佛、敬神有关。故不应再称为“鼎”，而应称之为“鼎炉”。鼎炉亦有三足圆鼎炉和四足方鼎炉之分。由于敞口的鼎炉在信徒焚香祈祷时产生的烟雾大，遂演变成有炉身、炉腹和炉顶组成的鼎炉，进而出现一些多层的塔型鼎炉。其中有一些鼎炉被寺庙称作“宝鼎”，已不再用作烧香、焚纸，仅作为殿堂陈设、礼佛之用。在鼎炉的鼎足上，一般都铸有“狻猊”兽首的图案。“狻猊”是龙的九子之一，喜烟火，故常用为香炉腿上之形象。由于铜较贵，故一般寺庙、道观的鼎炉大多采用铁铸，只有故宫和少量大型寺庙才采用铜鼎炉。历史上，我国古代成千上万的佛寺、道观和坛庙曾铸造过无数的铁鼎炉和铜鼎炉。但繁多的天灾人祸，加上鼎炉本身就属于容易损耗之物，所以能保留至今的古代鼎炉已不多见。现今我国大多数寺庙、宫观的鼎炉，都是新铸的。只有少数寺庙、宫观还保留有古代的鼎炉。扣除现存的古代铜鼎炉，则现存的古代铁鼎炉就更少了。据查，现存最古老的铁鼎炉，是四川梓潼县文昌宫南宋淳祐年间（1241—1252年）铸造的铁鼎炉，高0.8米，炉径0.68米。故算不上大型铸件，只能称中型鼎炉。目前收集到的现存古代大型鼎炉都是明、清两代的。据初步统计，现存古代大型铁鼎炉，共有39个，其中明代铁鼎炉22个，清代铁鼎炉17个。如按形状来分，则是三足圆鼎炉34个，四足方鼎炉5个。当然，也可按敞口的鼎炉，还是有炉腹、顶盖的鼎炉来进行分类。

古代人们在祭祀天、地、祖宗以及求神、拜佛时，不仅要烧香、点蜡烛，还要烧纸。因此，在一些大的神庙、佛寺、道观中，不仅有大香炉（鼎炉），还设有专用的焚纸炉。大多数焚纸炉都是用砖砌成的。但亦有一些焚纸炉是用生铁铸造的。现存古代大型铁焚纸炉并不多见，只在山西、陕西、安徽等省，尚有明、清时期的少量大型铁铸焚纸炉。但各地叫法很不相同，除了叫“焚纸炉”外，还有叫“醮炉”或“焚裱炉”的。铁焚纸炉和铁鼎炉不仅主要用途不同，而且结构也不相同。铁鼎炉的下部都是三足圆鼎或四足方鼎式样，而铁焚纸炉的下部则多采用六足、八足或十足，和鼎炉结构形式有明显区别。特大型的铁铸焚纸炉采用多层塔式结构，高达六七米，被一些人误称为“铁塔”。其实与铁鼎炉是有很大区别的。据初步统计，现存的古代铁焚纸炉共有10个，其中明代9个，清代1个。

第三类古代大铁炉叫铁燎炉。这是和鼎炉、焚纸炉的结构和用途不太一样的又一类大型铁炉子，只存在于清朝皇帝祭天的北京天坛内。在天坛的圜丘坛内，现在还保存有12个清代铸造的铁燎炉。这些燎炉是为了焚烧清朝皇帝祭天供品用的。

这样，我国现存的各类古代大型铁炉总共有61个。其中四川伏龙观“飞龙铁鼎炉”、山西解州关帝庙铁铸焚裱炉、山东岱庙巨型铁鼎炉等，则带有艺术铸造特色，是古代大型铁铸文物中的珍品。

20世纪80年代起，我国的艺术铸造再度开始繁荣。仿古青铜鼎重新登上历史舞台，并被赋予新的生命力。例如在1995年，专门铸造了一座“世纪宝鼎”的青铜鼎，作为我国庆贺联合国五十华诞的礼品。该青铜鼎被称为“夏后氏铸鼎以来最宏伟之作”，“体现了中国文明的伟大品质”。1997年7月香港回归中国时，铸造了“香港宝鼎”。而在20世纪和21世纪之交又铸成世界第一大鼎“中华万寿大鼎”，等等。与青铜鼎类似的铁鼎炉和铜鼎炉的生产则发展得更快。全国各地的很多寺庙、道观都重铸了新的鼎炉，总数在千座以上，其中大多数是铁鼎炉。当中有不少是艺术性较高的多层塔式大型铁鼎炉，往往也被叫作“宝鼎”。例如江苏常州市天宁寺大雄宝殿前，有一座20世纪80年代新铸的铁鼎炉，高6.5米，重10余吨。其造型庄严典雅。又如在安徽合肥市明教寺山门前，新安置的一座9层塔式大型铁鼎炉，高近10米。工艺水平很高，外形美观大方，可和大型铁塔媲美。而类似的新铸大型铁鼎炉，在全国各大佛寺、道观内已愈来愈多了。

第二节　明代敞口铁鼎炉

一、伏龙观“飞龙铁鼎炉”

四川省都江堰离堆公园的伏龙观大殿内，有一座非常精美的“飞龙铁鼎炉”（见图58），这座铁鼎炉是清代雍正年间在青城山玉皇观出土的。鼎炉通高1.65米，炉腹直径为0.95米，炉口宽0.86米，重约千斤。鼎炉的全身铸满了图饰浮雕。在炉腹的前后各有3条精美的飞龙腾飞在云雾之中。在鼎炉的左右两侧，也用两条雕铸出的飞龙像来替代两个常见的鼎耳。所以，鼎炉上共有8条飞龙，都雕塑得非常生动、精美、栩栩如生。而在三个鼎足上，则雕铸有“狻猊”兽首，同样雕塑得非常之精美。此外，在口沿和炉身之间的收腹处，还雕铸有“十宝图案”，使这座铁鼎炉具有极高的艺术水准。这座飞龙铁鼎炉，不仅是实用的焚香鼎炉，也是一件非常精美的大型工艺美术品，是一件极为少见的古代大型生铁艺术铸造精品。

铁鼎炉上虽然铸满了精美绝伦的图案，但没有任何铭文，因而对其铸造年代曾有各种说法。有一种说法，认为“飞龙铁鼎炉”是唐代睿宗皇帝的女儿玉真公主、金仙公主遗留的故物，应是唐代铸造的。但是，都江堰文物管理人员和伏龙观工作人员介绍，根据有关专家的鉴定，认为“飞龙铁鼎炉”应是明代铸造的文物。

图 58　四川都江堰伏龙观明代飞龙铁鼎炉

二、武侯祠的铁鼎炉

四川成都市著名的武侯祠，早在1982年就是全国重点文物保护单位，祠内有很多著名古代建筑和文物。其中 3 座明代铸造的铁鼎炉，造型独特，与众不同，是我国古代铁鼎炉中少有的珍品。这些铁鼎炉的炉身上都铸满了精美的纹饰，而其双耳与一般鼎炉的双耳完全不同。刘备殿前的三足圆鼎炉，其双耳是两条云龙；诸葛亮殿前的四足方鼎炉，其双耳是两个财童；而刘备墓前的三足圆鼎炉，其双耳则是云纹曲柄。3座铁鼎炉独特的造型，在我国古代鼎炉中，实在极为罕见，虽然其鼎足已有少许损坏，但整体来说，基本上保存完好，特别是鼎炉身上的纹饰浮雕，仍然清晰可辨，非常精美。

图 59　四川成都市武侯祠明代双龙抱口铁鼎炉

放置在刘备殿前的双龙抱口铁鼎炉（见图59），高1.3米，炉身直径0.9米，是明代成化十九年（1483年）铸造的。鼎炉的两侧，铸有两条似欲腾飞的神龙，代替常见的两个鼎耳。炉身的前、后面上，各铸有两条腾云驾雾的飞龙浮雕，四周布满云纹。三个鼎足上，则雕铸有狻猊兽首的图饰。口沿和炉身间的收腹处，则铸有八卦符号等图案。整个鼎炉的雕铸华丽雄伟，精美无比。双龙抱口铁鼎炉和伏龙观的“飞龙铁鼎炉”相比，其结构造型和飞龙图案都非常相似，只不过是鼎炉的大小和其上飞龙的数目有所不同而已。

图 60　四川成都市武侯祠明代财童抱口铁鼎炉

放置在诸葛亮殿前的财童抱口铁鼎炉（见图60），是四足长方形鼎炉，高1.32米，长1.2米，宽0.8米，亦为明代铸造。鼎炉两侧雕铸有两个铁人，称作“财童”，手扶鼎炉口沿，脚踏炉身，相对而立，代替了传统的两个普通鼎耳。炉身的前后壁上，则雕铸有腾云驾雾的神仙浮雕。两个铁铸“财童”塑像，以及炉体上的神仙浮雕，精美而华丽，有很高的雕塑艺术水平和铸造技术水平。

上述两座铁鼎炉上的双龙和双人雕像，造型独特，雕塑艺术水平高超。连同炉身上的云龙和神仙等浮雕、图饰，反映了明代金属雕塑艺术和冶铸技术水平都很高。特别是作为古代的铁铸鼎炉，能雕铸得如此精美，在我国古代众多鼎炉中实属罕见。可以说，明代双龙抱口铁鼎炉和财童抱口铁鼎炉，实为我国古代铁鼎炉中之精品，是古代精美的大型艺术铸铁文物。

三、岱庙铁鼎炉

著名的山东泰安市岱庙，是中国历代封建帝王供奉和祭祀泰山神灵的场所。在岱庙天贶殿前的大露台中间，有一座古代巨型长方形铁鼎炉（见图61）。铁鼎炉通高1.87米，长1.7米，宽1.12米，于明代万历元年（1572年）铸造，是泰山各宫观、寺庙中存留的最大供器。如果只看体型，则可认为是我国现存形体最大的古代铁鼎炉。

图 61　山东泰安市岱庙明代铁鼎炉

铁鼎炉束腰鼓腹，敞口无盖。两侧各有一侈耳。四只鼎足上雕铸有狻猊兽头。在鼎炉上部口沿的外表面，前后都铸有图饰。前沿雕铸有 3 只凤凰，翱翔于云雾之中。后沿则雕铸有二龙戏珠图案，极为生动。龙首竟高出表面70毫米，实为难得的深浮雕。图饰也雕铸得比较精细，即使是龙的鳞片和凤的羽毛，也都雕铸得很清晰。下部炉身上则分别铸有“东岳泰山碧霞元君圣母”“山西潞安府长治县铸”“大明国万历元年菊月造”“潘藩镇康王施造”等铭文，将大铁鼎炉的铸造目的、日期和来历，都记述得清清楚楚。

铁鼎炉的形制宏伟，炉体宽大、厚重。炉体口沿上的浮雕图饰，有一定艺术价值，铸造工艺技术水平高。但束腰和炉身的连接处已有较大缝隙，炉底也有部分裂纹，需加强维护管理。总体来说，该铁鼎炉仍不失为一件保存较好的古代大型铁铸文物。

第三节　明代带顶盖的铁鼎炉

在现存的明代铁鼎炉中，湖北武当山明永乐十四年（1416年）铁鼎炉，北京白塔寺明嘉靖元年（1522年）铁鼎炉，北京法海寺明嘉靖年间铁鼎炉，北京法源寺明万历三年（1575年）铁鼎炉，北京智化寺明万历二十八年（1600年）铁鼎炉，陕西周至县楼观台灵官庙明嘉靖二十三年（1544年）铁鼎炉，浙江余杭万寿寺明万历四十六年（1618年）铁鼎炉，湖北荆州开元观明代铁鼎炉等，都是由炉身、炉腹和炉顶组成的。我们将其称为带顶盖的铁鼎炉。现将几个有代表性的明代带顶盖的铁鼎炉介绍如下。

一、武当山紫霄宫铁鼎炉

湖北武当山紫霄宫的十方堂前，有一座明代铁鼎炉（见图62）。铁鼎炉的下部为三足二耳圆鼎，其上有圆形炉腹。最上部为带宝顶的圆形顶盖。鼎炉高为1.5米，鼎身直径0.74米，是明永乐十四年（1416年）铸造的。整个铁鼎炉放置在一个古代铸铁基座之上。基座中空，底部铸有一圈莲花瓣纹，高为0.65米，故使铁鼎炉的通高达到2米以上。

图62　湖北武当山紫霄宫明代铁鼎炉

铁鼎炉的鼎足上铸有狻猊图案，鼎身上有铭文，表明该鼎炉为明代永乐十四年（1416年）所铸。圆形炉腹上有三个雕空的梵文“卐”字。在梵文中，“卐”字是“吉祥海云”之意。不知炉腹和鼎身是否原配。如果是原配，则应是道、佛相融的实物见证之一。据史载，在明永乐十年到十六年（1412—1418年）的七年间，明朝廷给武当山各个道教宫观、庵堂、岩庙，一共铸造了铁鼎炉、法具等618件。现在大部分铁器已不存，能找到完整的永乐年代的铁鼎炉实属不易。这是遗存铁鼎炉中唯一较完整的一件，年代又早，是很珍贵的。而且道教宫观的铁鼎炉上竟出现佛教的“卐”字，当然可作为道、佛相融的证物之一，所以是一件很有价值的文物。

二、余杭万寿寺铁鼎炉

浙江杭州市余杭区的径山万寿寺，是当地一座著名的寺庙。在万寿寺的大雄宝殿前，有一座明代大型铁鼎炉，安置于石质基座之上（见图63）。铁鼎炉是由炉身、双层炉腹和宝顶式炉盖组成的三足圆鼎炉，鼎炉通高达3.1米，炉身外径为1.12米，铸于明代万历四十六年（1618年）。该铁鼎炉的造型有些特殊，铁鼎炉的下部，是三足圆鼎式炉身，粗大而雄伟。除两侧鼎耳铸有纹饰外，光滑的炉身上没有任何图饰。在3个鼎足上，也没有常见的狻猊图案。但在炉身上，铸有“万历岁次戊午季春吉日”的纪年铭文。还有“应天府信士许一科，刘升康”等捐款者姓名，以及“杭州冶士劳左山铸造”等铭文。鼎炉中部的炉腹分为2层，均由6个侧面组成。每一面都由简易门窗组成。上部炉顶为圆檐形葫芦宝顶，伸向青天，使整座鼎炉的外观显得庄丽、美观。万寿寺的这座明代大型铁鼎炉已有400多年的历史，但保存得很好，表面光滑，很少锈迹，铸造质量很好。这说明在明代时，杭州地区的铸铁手工业已很发达。整座铁鼎炉安置在新修的大雄宝殿之前，显得格外古朴、庄重。

图63　浙江杭州市余杭区径山万寿寺明代铁鼎炉

第四节　清代铁鼎炉

据初步统计，鸦片战争前清代铸造的大型铁鼎炉，留存至今的共14个，计有：北京西山香界寺清康熙十七年（1680年）铁鼎炉，河南武陟嘉应观清雍正二年（1724年）铁鼎炉，北京法源寺清雍正八年（1730年）铁鼎炉，河北承德安远庙清乾隆年间铁鼎炉，湖北当阳玉泉寺清乾隆九年（1744年）铁鼎炉，四川都江堰伏龙观院内的清乾隆十三年（1748年）铁鼎炉，四川新都宝光寺清乾隆四十七年（1782年）铁鼎炉，北京牛街清真寺清嘉庆三年（1798年）铁鼎炉，广东佛山祖庙清嘉庆年间铸造的3个铁鼎炉，以及内蒙古呼和浩特市大召、山东泰安普照寺、四川都江堰二王庙文物陈列室内的清代铁鼎炉，等等。此外，还留存清代后期铸造的3个铁鼎炉：北京西山灵光寺清

光绪二年（1890年）铁鼎炉，湖北武汉归元寺清光绪二十八年（1902年）铁鼎炉，江苏苏州西园寺清光绪二十八年（1902年）铁鼎炉等。故现存的清代铸造的大型铁鼎炉共有17个。现介绍几个有代表性的清代铁鼎炉。

一、武陟嘉应观铁鼎炉

河南武陟县嘉应观是我国古代最大的黄河河神庙。在中大殿前面的月台上，有一座清代铁鼎炉（见图64）。铁鼎炉由下部的三足圆鼎炉身、中部的六侧面炉腹和顶部的六角攒尖宝顶所组成。高度为2.8米，炉径1.2米，安置在0.8米高的鼓形铸铁底座上。如从地面算起，则高达3.6米，铁鼎炉铸于清雍正二年（1724年）。

图64　河南省武陟县嘉应观清代铁鼎炉

铁鼎炉下部的三足双耳圆鼎，其三足造型与一般鼎炉不太一样。既没有雕铸狻猊兽首形象，又缩向炉身底部，易造成安置不够稳定之错觉。在炉身的正面雕铸有“二龙戏珠”图案。背面阴刻“雍正二年”字样。中部炉腹由6根铁柱支撑炉顶构成，以便于信徒烧香、烧纸，祭祀河神。上部炉顶为六角攒尖宝顶。檐下有三踩斗拱。铁鼎炉置于鼓形铸铁底座上。底座束腰处有8个力士收胸弓背承托，不过力士形象已有些模糊。整座铁鼎炉造型别致，是嘉应观内一件古朴、庄重的大型铁铸文物，是全国少见的清代雍正年间保存完好的大型铸造文物。

二、牛街清真寺铁鼎炉

北京市牛街清真寺内，有一座清代铁鼎炉（见图65）。铁鼎炉通高2.2米，炉身外径0.84米，铸于清嘉庆三年（1798年）。铁鼎炉的造型简朴，外表光洁，由炉身、炉腹、炉顶三部分组成。但炉身下部已有些损坏，而硬将其和铸铁底座联成一体。一般来说，在清真寺内，是不放置鼎炉的，但在北京牛街清真寺内，却有一座很精致的清代铁鼎炉，反映了伊斯兰文化和中国寺庙文化的融合。该鼎炉有一个其他中国古代铁鼎炉都没有的特点：鼎炉身上所铸的铭文中，有阿拉伯文。所以，这是一件反映古代中国人民和阿拉伯人民之间宗教和文化交流的实物证据，具有独特的历史价值和文化价值的大型铁铸文物。

图65　北京牛街清真寺清代铁鼎炉

三、佛山祖庙铁鼎炉

图 66　广东佛山市祖庙清代铁鼎炉

广东佛山市祖庙是供奉道教崇信的北方玄天大帝（真武帝）的神庙。在庙内灵应祠的前殿，有一座古代铁鼎炉，高2.7米，口径0.88米，炉身外径1.04米，铸于清嘉庆六年（1801年）（见图66）。该铁鼎炉的造型较为奇特。炉身底部较尖，束腰处较长，两耳和炉身口沿连接部分与束腰形成两大圆孔。两耳高出鼎炉口沿很多。三足往外敞开，使鼎炉安置得很稳定。鼎炉口沿和收腹处均铸有花纹。鼎足上也铸有狻猊兽首。该铁鼎炉既有一般鼎炉的基本特点，又有其自身独特的外形，为古代铁鼎炉所少见。鼎炉上铸有铭文："□□□先人于万历年戊子岁重修有大铁香炉一座，置于殿阶，永远供奉。至国朝康熙庚戌岁，其子孙踵前事而重铸之，今经日久，又复废坏。我等广集同人敬抒葵悃，爰铸重新，□□□嘉庆六年岁次辛酉季冬吉旦重铸，万明炉"。铭文叙述了铁鼎炉的来历，说明在明万历十六年（1588年）和清康熙九年（1670年），先后铸造的2个铁鼎炉因长期用于烧香、焚纸而损坏的事实，真实地反映了古代铁鼎炉留存少的原因。同时也表明该鼎炉铸于清代嘉庆六年（1801年），从铸成至今也已有200多年了。而能保存完好，实已不易。这段铭文还表明该鼎炉是由佛山本地的"万明炉"铸造的。万明炉只是清代佛山诸多铸造作坊之一。该铁鼎炉亦是佛山曾是清代铸铁中心的见证之一。

由于佛山祖庙现在又是佛山市博物馆所在地，所以在祖庙内露天月台上，博物馆还收集到清代嘉庆十九年（1814年）四足方型铁鼎炉、清嘉庆二十一年（1816年）三足圆形铁鼎炉等，在此就不详加叙述了。

第五节　古代铁醮炉（铁焚纸炉）

人们将烧纸祭祖、祭神的金属炉子叫醮炉，也叫焚纸炉。而多层且体大的焚纸炉也被称为焚裱炉。留存至今的古代大型铁醮炉很少，初步统计为10个。其中明代9个，清代1个。按地区分，山西有5个，陕西有4个，安徽1个。山西恒宗殿铁醮炉铸于明弘治十六年（1503年），是现存最早的古代大型铁醮炉。在10个古代铁醮炉中，有5个

高大的铁醮炉：山西运城解州关帝庙的2个铁醮炉，铸于明嘉靖年间(1522—1566年)；陕西三原县城隍庙的铁醮炉，铸于明万历年间（1573—1620年）；陕西兴平市文庙2个铁醮炉，铸于明崇祯年间（1628—1644年）。这5个大型铁醮炉不仅体大，而且是多层结构，高度达到5～7米。其在当地被叫作“焚裱炉”，曾被一些人误称为“铁塔”，是古代铁醮炉中的珍品。现介绍几个有代表性的古代铁醮炉。

一、恒宗殿铁醮炉

山西恒山的恒宗大殿，为北岳恒山的主庙。殿前有一座明代焚纸炉（见图67），是由生铁铸成。铁醮炉通高1.4米，口沿直径1.5米，是明代弘治十六年（1503年）所铸，至今已有518年历史。

图67　山西恒山恒宗殿明代铁焚纸炉

由于铁醮炉的上部呈圆盆状，也被称作“谯盆”。焚纸炉的下部是铁铸八足底座。炉身外表铸有莲花瓣等纹饰。束腰处铸有铭文一百多字，表明该炉是由钦差、镇守大同的御马监太监陆闾及其弟明威将军、锦衣卫指挥佥事陆玉和他的两个儿子陆永、陆宣等人捐施的。炉身上还铸有纪年铭文：“大明弘治十六年岁次癸亥八月十有五日吉旦”。炉的上部为一敞口大圆盆，可在其中焚纸祭祀。现在还有信徒前来焚纸祭神。焚纸炉上的铭文和纹饰，至今仍很清晰，炉体亦保存完好。它是北岳恒山遗存至今的最大古代金属文物，堪称恒山文物之珍。

二、解州关帝庙铁铸焚裱炉

山西运城市解州镇关帝庙，是全国最大的关帝庙，1988年被国务院公布为全国重点文物保护单位。关羽（关云长）是我国著名的武圣人，被称为关公、关帝。解州又是关公的故乡，全国各地前来拜祭关公的人们络绎不绝。在每年的十月金秋，这座关公故乡的关帝庙还要举行大祭，更使解州关帝庙里人山人海。过去，人们不但要点香祀求，还要烧纸祭祀。现存关帝庙内的2座古代铁铸焚裱炉（焚纸炉），就是人们祭祀关帝时用来烧纸的。当然，现在焚裱炉已不再用来焚纸，只是作为文物，保存在崇宁殿前的院子内，供信徒和游人观赏。

图68　山西解州镇关帝庙明代铁焚裱炉

崇宁殿是解州关帝庙的主殿。在殿前院子内的东、西两侧，各有一座高大的铁铸焚裱炉。东、西焚裱炉的型式和大小相差无几，都是约6米高的大型铁炉，雄伟庄丽，如图68所示。东、西焚裱炉分别铸于明代嘉靖三年（1524年）和嘉靖十三年（1534年）。除顶部等处的雕像稍有差异外，大部分几乎完全相同。焚裱炉用生铁分层铸造，再叠装而成。焚裱炉的下部为具有10个炉足的铸铁基座。在基座上部的外圈，共雕铸有10个托炉的武士。这些武士浮雕样貌各异，个个威武、雄壮，艺术性很高。基座上面的炉身造型，由十个侧面组成，分成上下两部分。下部炉身的十个面全部封闭，外围一圈护栏。而上部炉身则置于莲花座上，十面窗户全部敞开。炉顶为双重檐攒尖顶，但顶部不是宝珠，而是一个铁铸的狻猊。一般鼎炉的三条炉腿上就雕铸有狻猊形象。而焚裱炉上的狻猊造型则置于炉顶之上，使形象更为突出。

解州关帝庙的东、西两座焚裱炉，虽都是实用的焚纸用炉，但其铸造工艺和艺术水平都很高超。两炉的造型基本相同，但10个“承托”炉身的武士和炉顶狻猊的造型又不尽相同，不失为明代两件珍贵的大型铁铸文物。据查，这类大型铁铸焚裱炉在全国也仅存5座，而解州关帝庙的焚裱炉又是保存得最好的两座，应算是稀有的大型金属文物了。

三、三原城隍庙铁焚纸炉

陕西三原县城隍庙，是全国少有的保存完好的古代大型城隍庙。在城隍庙大殿前的西侧，有一座明代铁铸焚纸炉（焚裱炉），如图69所示。铁炉通高5.4米，是明代万历年间（1573—1620年）铸造的。这座大型铁铸焚纸炉的造型与前述解州关帝庙焚裱炉较为相似，但形体要小些。不但高度稍低些，炉体宽度更要少许多。铁铸底座只有8足支承，炉身也为八侧面。当然，炉身的外表造型还是很相似的，也分成上下两部分。下部炉身的8个面全部封闭，上部炉身则坐于莲花座上，8面窗户全部敞开。炉身下面底座的8个角上，也有“承托”炉身的8个武士雕像，不过大多已经不存。炉身和底座的外表铸有各种纹饰，仍然比较清楚。下部炉身的8个面上，还铸有很多铭文，但有一些字已锈蚀不清。炉顶屋脊处的龙首造型和顶部狻猊造型仍然完整，其铸造工艺水平和雕塑艺术水平也很高超。这座铁焚纸炉保存完好，耸立在城隍庙大殿之前，显得雄伟庄丽，是三原城隍庙内珍贵的大型金属文物。

图69　陕西三原县城隍庙明代焚纸炉（三原县城隍庙提供）

四、亳州大关帝庙铁醮炉

安徽亳州市大关帝庙，俗称花戏楼，是全国重点文物保护单位。在关帝庙的正殿

前有一座铁醮炉（铁铸焚纸炉），如图70所示。铁醮炉通高2.4米，是清代道光二年（1822年）铸造的。

铁醮炉由底座、炉身和炉顶三部分组成。铸铁底座上的6个面都铸有龙、狮等动物形象。底座的6个炉足上则铸有狻猊头像。底座上面套接炉身。炉身呈六侧面，分为上下两层。下层6个面封闭，上层6个面为敞开的6个窗户，靠6根柱子支承。炉顶的6个脊上，虽然没有铸兽首，但顶上套接一头似狮的狻猊，提高了铁炉的艺术性和观赏性。在炉身束腰处的6个面上铸有铭文，分别铸有："道光二年岁次壬午季春吉日铸造""大清国江南颍州府亳州北关山陕庙醮炉壹座，重三千斤""陕西众药材邦弟子敬叩，关圣帝神炉""陕西同州府金火匠人徐福长"等铭文，将关帝庙醮炉的捐献者、铸匠和铸造日期都写得清清楚楚。可见出资者和铸造工匠都是陕西人。所以这座安徽的铁铸焚纸炉实际上是按陕西模式铸造的。

图70　安徽亳州市大关帝庙清代铁醮炉

五、天坛铁燎炉

北京天坛始建于明永乐十八年（1420年），是明、清两代帝王祭天、祈谷的场所。在天坛内，北部的祈谷坛用于孟春祈谷，而南部的圜丘坛则用于冬至祭天。在圜丘坛内，共摆放有12座铁燎炉，如图71所示。铁燎炉是清代皇帝在祭天时焚化供品的大型铁炉子。在圜丘坛外壝墙内的砖砌燔柴炉东北向，一线排列着8座铁燎炉，分别用于焚化清代前8位皇帝神位前所陈放的祭天供品。在内壝墙内的东、西棂星门外，也各有2座铁燎炉，则是用于焚化祭祀日月星辰等神的供品。过去在祈年门东南也有8座铁燎炉。

图71　北京天坛清代铁燎炉

铁燎炉的底部铸有6足。炉身呈圆形，镂空，中间有一圈凸棱，将炉身分成上下两部分。整个铁燎炉，放置在一圆形石座之上。每一个铁燎炉，其形状和大小全都相同，高度都是1.22米，直径都是1.5米，一共有12个，是清代留存下来数量最多的大型铁铸焚化炉。铁燎炉的炉身做成镂空，是因为燎炉内焚烧的是供品，而且是一年才焚烧一次，平时不必积灰。而镂空的炉身，空气流通好，可达到加速燃烧的目的。而一般寺庙、道观内用来焚香、烧纸的大型铁炉，为了积灰，其炉身当然不能镂空，所以是很不一样的。现在，铁燎炉作为文物，其镂空的炉身看起来更加美观，更具艺术性。据史载，在清代，每年冬至，皇帝都要在圜丘坛举行祭天大典。在圜丘坛台面北侧，供奉着“皇天上帝”的神位。日出前七刻，斋宫鸣响太和钟，天坛内点燃起各种坛灯。在圜丘前的燔柴炉上，放置一只牛犊，用松柏枝燔烧着，以迎接天帝的到来。之后，皇帝登上圜丘坛，站在“天心石”上致祭。等仪式完毕后，供在各神位前的供品，要依次送到各铁燎炉内焚化。由于是用松柏枝来焚烧供品，所以燃烧时的火焰很亮，且香气袭人，烟雾直冲九天，以示送到天庭。

第六节　大铁炉的铸造

大型铁鼎炉是大铁炉中最常见的一类炉子。一般说来，敞口的铁鼎炉的结构和古代青铜鼎的结构形式非常相似。不过，两者上部口沿和鼎耳部分的结构，还是有明显差别的。而且因两者用途不同，其上的图案、纹饰和铭文也完全不同。至于在炉身上还装有炉腹和顶盖的铁鼎炉，其主要部分的结构也还是作为炉身的那个“鼎”。而炉腹和顶盖部分则相对要简单些，是分开铸造后，再装配到炉身上的。所以，关于铁鼎炉的铸造，只重点介绍作为炉身的“鼎”的铸造工艺。

铁鼎炉也有三足圆鼎炉和四足方鼎炉之分。但不管是圆鼎还是方鼎，都是由鼎身、鼎足和鼎耳等组成。关于古代“铁鼎”的铸造工艺设计方案，大致有下列几点：

（1）古代“铁鼎”的铸造，当然也是采用我国传统的泥型铸造。在早期，一般都采用鼎身和鼎足整铸、鼎耳分铸后和鼎身铸接的方法。后期除沿用上述方法外，还采用将鼎身、鼎足和鼎耳一起整铸而成的新工艺方法。

（2）“铁鼎”的铸型，采用鼎足在上，鼎身、鼎耳在下的工艺方案，并在鼎足的最上部设置浇口，即采用顶注式浇注系统。

（3）鼎身的外范一般由若干范块拼装而成。分范的多少，须视鼎身上图饰和铭文的需要而定，以保证范块上雕塑的纹饰和图案完整、清晰。范块间依靠榫卯结构定位，以保证装配后位置正确。

（4）鼎身的内范，即鼎身中间的大泥芯，和底范联成一体，而鼎足的泥芯，也要和大泥芯装配成一体。考虑到浇注时泥芯的出气问题，要在不设浇口的鼎足处，设置排气通道。

（5）和常见的古代青铜鼎口沿上的立耳不同，铁鼎炉的两个鼎耳，呈曲波状，而且是安置在鼎身上部的两侧。鼎耳也铸成空心，其泥芯可留在内部不清出。鼎耳常采用分铸法，即鼎耳单独铸成后，再和鼎身铸接成一体。后期也有将鼎耳和鼎身、鼎足整铸而成的。

（6）鼎身上部为了装配炉腹，口沿厚度要加大。在口沿和鼎身之间，应有较深的束颈。这和青铜鼎的口沿部分，亦有明显差异。所以，在进行铁鼎炉铸造工艺设计时，对该处外范和泥芯的设置、定位和装配，应予以注意。

大型塔式铁焚裱炉，是古代大铁炉中另一种重要炉型，其铸造工艺也较一般铁炉的铸造工艺复杂，要求也高。其铸造工艺技术，主要还可借鉴古代大型铁塔的铸造工艺技术，故不再细述。

第九章

古代大铁锅和大铁缸

第一节 概述

我国古代的大铁锅和大铁缸，虽然其用途和发展过程是完全不相同的，但外形有些类似。特别是从铸造角度来看，都属于容积较大的凹圆形铸件，故将它们归为一类一起叙述。首先，简述它们各自的用途、发展过程和现存情况。然后再详细叙述几个有代表性的古代大铁锅和大铁缸的情况。最后介绍它们的铸造工艺。

锅，古代叫“釜”，后来又称作“镬”，是用来烧饭、煮菜的日用器具。铁釜问世后，就逐渐取代了青铜釜，成为人们生活中最主要的日用器具，到现在已有两千多年历史。我国是世界上最早和最广泛使用铁锅煮饭、煮菜的国家。铁锅还成为古代中国远销国外的热门产品。在清代雍正年间（1723—1735年），来广州的大多数外国商船都会购买广东佛山产的铁锅。每船至少一百“连”，最多达到一千“连”[47]。佛山的铁锅每“连”约重20斤，如果买至千“连”，则重达2万斤。2007年在广东阳江海面打捞出水的南宋沉船“南海一号”，在其左右船舷内，清理出大批出口的铁锅。其中还出水了一个超大铁锅，直径大概有一个人张开双臂那么大[48]。这说明在800年前，我国就已向国外大量出口铁锅，其中还有大铁锅。到了近代，铝锅、不锈钢锅占有很大市场。但从人类健康考虑，铝锅、不锈钢锅显然不理想。而铁锅则被医学专家誉为人体的“补血剂”，因为铁是人体血液中血红素的主要成分。一个成年人每天大约需要吸收1毫克铁。铁质不足，人体就会出现“缺铁性贫血症”。使用铁锅炒的菜，人食用后就能补充人体血液的铁质。所以，在20世纪80年代，世界卫生组织向全世界推荐使用“中国铁锅”，使我国铁锅再度成为热销产品。

铁锅作为老百姓的日常生活用具，当然都只使用中、小型铁锅。但在大的寺庙、道观和军营等处，因人数众多，就需要大的铁锅或铜锅，才能满足日常生活的需求。同时，生产的发展，也要求用大的铁锅来煮盐、煮茧、熬糖、浸煮篾缆等。因此，我国古代也生产了一定数量的大铁锅和大铜锅。由于锅是易耗品，特别是大铁锅更易损坏，所以，留存至今的古代大铁锅并不多见。据笔者调查后的初步统计，现存的古代大铁锅只剩下20口。在调查过程中，笔者还发现了一些资料中所说的古代大锅情况，并不符合实际。例如，有资料说：福州市涌泉寺“至今寺内仍留有宋仁宗景佑年间用铜、铁铸造的4口巨锅。其中最大的一口，直径167厘米，深80厘米，可容水20担，一次煮米500斤，可供千人食用”[49]。实际上，涌泉寺香积厨内现存的4口铜、铁大锅，笔者发现都是民国时期铸造的。而宋代的大锅则早已不存。至于福建泉州市崇福寺的古代“千僧锅”，已在“文化大革命”中被毁。山西永济市孙常村大锅寺的一口宋代大铁锅，一次能煮三石七斗小米，可供两千人食用，也在1958年大炼钢铁时被砸烂了。而江西庐山东林寺、浙江普陀山普济寺、湖南衡山广济寺等寺庙原有的古代“千僧锅”，也都已不存。在安徽九华山的化城寺和祇园寺、安庆市的迎江寺等寺庙内，保存的大铜锅、大铁锅，也只有民国时期铸造的。当然，民国时期的大锅只能算作近代大锅，不属古代大锅的范围。

在古代生活用大铁锅中，用来煮饭、煮粥的大锅一般较深，而煮菜、炒菜用的大锅则较浅。其中大型寺庙中的大铁锅，因为可供成百上千僧人食用，被称作“千僧锅”。这类大锅，占了现存古代大锅中的多数，计有：湖北当阳市玉泉寺的隋代大铁镬和元代大铁锅，广东韶关市曲江区南华寺的元代大铁锅，以及山西五台山菩萨顶、河南登封少林寺、陕西西安市骊山老母殿、湖南衡山九龙庵、江西永修县云居寺等留存的明代大铁锅，广西桂林定粤寺、广东肇庆庆云寺、山西洪洞广胜寺等留存的清代大铁锅，等等。至于兵营中的大锅，由于我国古代战乱频繁，早已自生自灭，不见踪迹。唯独元末在湖北沔阳发动武装起义的陈友谅，其起义军所用的一口大铁锅，口径1.28米，由于曾长期被故乡百姓保存，后虽被大水淤没，在1983年冬，终被沔阳县（今仙桃市）文化馆工作人员从土中挖出，成为现存唯一的一口古代打仗士兵使用的大铁锅。而生产用的大铁锅主要有两种：一是煮盐用的铁锅，称牢盆，汉代就有，唐宋以来也一直使用。元代时将煮盐用锅称作“铁拌”（即铁盘）。有的著作[50]还介绍了“铁拌”的铸造方法，并说“大铁拌”须用生铁一两万斤。明代《菽园杂记》中，对煮盐的锅盘亦有介绍：“锅盘之中又各不同，大盘八、九尺，小盘四、五尺，俱为铁铸。……铁盘用石灰粘其缝隙，支以砖块。然后装盛卤水，用火煎熬，一昼夜可煎三干，大盘一干可得盐二百斤以上。”[51]明代《天工开物》对用牢盆煎煮海盐亦有记述[44]。可惜古代这种大型煮盐铁锅没有存留下来。二是造船厂所用的浸煮蔑缆的大铁锅。明、清时期，在一些制造海船的造船厂内，都有这种大铁锅。可惜现存的只找到一口，即明代苏州府造船厂的浸煮铁锅。此外，古时曾有一种“下油锅”的酷刑，需要大铁锅来煮油。现存湖北荆州市博物馆内的一口大铁锅，传说是用作“下油锅”的刑具，但未经考证。

关于我国古代大铁缸的来历，则是由于古代的宫殿、坛庙、寺院、道观等，因雷击、战火以及香火、祝融的不小心而造成的火灾屡见不鲜，一些建筑物往往多次焚毁，又多次重建，因而在古代，有不少寺庙、道观都设置大水缸储水以作防火之用，一般都用陶制水缸，但也有用大铁缸（桶）或大铜缸的。我国现存最早用于蓄水防火的金属文物，就是山东泰安市岱庙天贶殿前的一对宋代大铁桶（缸）。至于作为明、清两代的皇宫，闻名于世的北京故宫，其中的奉天殿、华盖殿和谨身殿等三大殿，在明永乐十九年（1421年）四月，明嘉靖三十六年（1557年）四月，明万历二十五年（1592年），曾先后三次发生火灾并被焚毁。在清顺治二年（1645年），清朝皇帝将三大殿更名为太和殿、中和殿和保和殿。在清康熙十八年（1679年），太和殿等又一次发生火灾被焚毁。直到康熙三十六年（1697年），三大殿的重建工程才完全竣工。清嘉庆二年（1797年），乾清宫发生的一场大火，把乾清宫和交泰殿都烧光了[52, 53]。因此，明、清两代皇帝都在故宫各宫殿之前，设置了很多大铁缸和大铜缸，储水防火，并将大水

缸美名为“吉祥缸”。清光绪十四年（1888年）冬，太和门失火，而三大殿免于火灾，可能大铁缸、大铜缸的储水起了点作用。据《大清会典》记载，清代故宫内共有大铁缸和大铜缸308口。可惜已丢失不少，尤其是在1944年和1945年，日伪政权曾先后两次劫走故宫内的大铁缸和大铜缸共达54口。据资料[54]介绍，现今故宫内还存231口大缸。不过在已开放的宫殿中，笔者只能看到大铜缸140多口，大铁缸50多口，共计190多口大缸。如果加上未开放的宫殿区内的大水缸，“还存231口大缸”的说法大概是正确的。这231口大缸中，既有明代铸造的，也有清代铸造的。

据查，我国留存至今的古代大铁缸，以北京故宫留存的数量最多，有50多口。其他地方的大铁缸，尚有32口，包括：山东泰安岱庙天贶殿前的2只大铁桶，铸于宋代建中靖国元年（1101年）；湖南岳阳市岳阳楼前面的大铁桶，铸于南宋淳祐五年（1245年）；陕西西安骊山老母殿内的大铁缸，铸于明万历十六年（1588年）；而北京雍和宫法轮殿前的2只大铁缸，河北承德市普陀宗乘之庙的10只大铁缸，河北承德市须弥福寿之庙的10只大铁缸，山西太原市山西省博物馆所藏的大铁桶，广东广州市五仙观的大铁缸等，都是铸于清乾隆年间（1736—1795年）。现在，这批古代大铁缸，就成了我国又一品种的大型金属文物。

第二节　铁铸“千僧锅”

我国古代很多大的寺庙，一般都在厨房内装有大的铁锅或铜锅，用来供应数百僧人的饭菜，这些大铁锅或大铜锅就被称为“千僧锅”。“千僧锅”不光是为了供应数百上千僧人的日常饭菜，有的寺庙在每年的农历十二月初八，即我国传统的“腊八节”，用“千僧锅”来熬制腊八粥。腊八粥不仅供庙中僧人喝，还施舍给附近居民喝。因为佛教徒喝腊八粥是为了纪念佛祖释迦牟尼得道，故腊八粥又叫“佛粥”，喝腊八粥就可使佛教发扬光大。

由于大铁锅较易损坏，所以留存至今的古代铁铸“千僧锅”已不多见。据笔者调查后的初步统计，现存的古代铁铸“千僧锅”只剩下14口，分别为：湖北当阳市玉泉寺的隋代大铁镬和元代大铁锅，广东潮州市开元寺保存的唐代和宋代大铁锅，广东韶关市曲江区南华寺的元代大铁锅，山西五台山菩萨顶五观堂、河南登封少林寺、陕西西安市骊山老母殿、湖南衡山九龙庵和江西永修县云居寺的明代大铁锅（其中九龙庵大铁锅现保存在南岳庙文物管理所内）广西桂林定粤寺、广东肇庆市庆云寺和山西洪洞广胜寺的清代大铁锅等（其中定粤寺大铁锅现保存在桂林伏波山公园内）。下面分别介绍几个有代表性的古代大铁锅。

一、玉泉寺隋代大铁镬

图72　湖北当阳市玉泉寺隋代大铁镬

湖北当阳市玉泉寺大雄宝殿前月台上，有一口古老的大铁镬，如图72所示。镬腹上铸有铭文：“隋大业十一年，岁次乙亥，十一月十八日，当阳县治下，李慧达建造镬一口，用铁今秤三千斤，永充玉泉道场供养。”隋大业十一年，即公元615年，距今已1 400多年。据查，玉泉寺大铁镬是有确切纪年铭文的我国现存最古老的大铁锅，是玉泉寺“镇山八宝”之一。

大铁镬的口沿直径为1.57米，高0.89米，铸造时曾用铁“三千斤”。由于隋朝的“斤”比现代市斤小很多，故大铁锅的实际重量只有900多斤，还不到1 000斤。铁锅的底部铸有5个顶托的力士像。力士的造型生动，头部较大，富有艺术夸张，似乎是表明力士以全力用头顶锅之意。力士不是直立，而是稍微倾斜，是符合受力条件的。铁锅除口沿稍有残缺外，基本上保存完好。特别是历经1 400多年，基本上没有锈蚀。锅身上铭文的字迹依然清晰可辨，的确是一件不可多得的珍贵文物。1994年当阳市文化局在修理玉泉寺铁塔时，顺便对隋代大铁锅的外表也进行清洗并喷涂XH—1室外铸铁文物封护剂。间隔5年多后，笔者看到涂过封护剂的铁锅外表面已有不少新生的黄锈，而口沿上面没有喷涂封护剂的表面却仍然毫无锈迹，晶莹乌亮，这从图72的照片中都能看出。这说明我国文物保护工作还需做更大的努力才行。

二、南华寺元代大铁锅

图73　广东韶关市南华寺元代大铁锅

广东韶关市曲江区南华寺始建于南北朝时期，是当年禅宗六祖惠能和尚栖身说法的地方。鼎盛时，僧徒达千人以上，故寺内有大型铁铸“千僧锅”。现存的一口古代大铁锅，露天置放于大雄宝殿的后面。其口径为2.08米，深1.6米，铸于元惠帝至元四年（1338年），如图73所示。

大铁锅口沿外摺，环底，深腹，外表较粗糙，范缝明显可见，显然是用传统的泥型法分层铸接而成。铁锅在长期风雨侵蚀下，内外锈迹较多。锅边的铸字已模糊不清，但有些字尚依稀可辨，故知该铁锅是元代至元四年所铸。大铁锅除

供僧人食用外，据说过去寺庙在一年内，要两度举办“南华庙会”。到那时，南华寺的僧人，就会用此大铁锅煲粥以施舍众人。这口南华寺大铁锅是广东地区现存最大的古代铁锅。

三、玉泉寺元代大铁锅

湖北当阳市玉泉寺大雄宝殿前的月台上，除了著名的隋代大铁镬外，还有两口元代大铁锅，分别置于隋代大铁镬的两侧，如图74所示。铁锅口沿上铸有铭文，标明铸造日期以及锅的重量。两口铁锅大小差不多，都为三千斤重，但铸造日期不一样。一口铁锅是元代至正五年（1345年）铸造，口径为1.8米，高为0.95米；另一口铁锅是元代至正十一年（1351年）铸造，口径为1.92米，高为0.9米。大铁锅曾经是寺庙僧人的煮饭炊具，但早已不用了，现在是作为该寺保存的古代金属文物，陈列于大殿之前，供香客和游客参观。该寺能保存3口古代大铁锅，在全国是唯一的。元代大铁锅的锅身上都铸有8耳。现在，大多数铸耳已经损坏，但锅身部分则保存完好。锅沿上所铸铭文仍然非常清晰。锅身外表面的锈迹较轻，冶铸质量较好。

图74　湖北当阳市玉泉寺元代大铁锅

玉泉寺大殿前的月台上，除3口古代大铁锅外，还陈列有古代大铁钟、铁鼎炉等文物，对研究古代当阳地区铁器冶铸业的发展，有很大参考价值。

四、少林寺明代大铁锅

全国闻名的河南登封少林寺，在其法堂殿月台下面东侧，还保存着一口明代大铁锅。大锅口径为1.68米，高0.9米，重1 300斤，铸于明万历四年（1576年）。大铁锅外壁的上部，铸有5耳。大锅口沿上铸有铭文：“万历四年十一月，少林寺常住造大铁锅一口，重一千三百斤。”这口大铁锅是为了明万历年间少林寺的八百余僧人煮饭、炒菜用的。八百余人同食一锅饭，也含有佛教推崇的“众生平等”的意义，真是名副其实的“千僧锅”。现在，此铁锅的锅沿和锅底已有部分缺损，锅壁上也有裂纹。虽然早已不用，但却是一件难得的大型铁铸文物。

五、定粤寺清代大铁锅

广西桂林市著名景区伏波山公园内，存有一口清代大铁锅，如图75所示。大铁锅口径为1.7米，高1米，重约1吨，铸于清康熙二年（1663年）。这口大铁锅原是桂林市四望山定粤寺僧人的食用锅。据传，当年该铁锅一次可煮整担大米，以供寺内的僧人食用，故被称为“千僧锅”。定粤寺毁后，才移至伏波山公园内存放。在大铁锅转移过程中，曾不慎使其底部遭到一些破损。但是大铁锅的口沿和内表面至今仍非常光滑，毫无锈蚀，似乎仍然可用来煮饭、炒菜。据考，该铁锅和广东肇庆市庆云寺内的“千僧锅”（铸于清乾隆十一年）都是广东佛山的冶炉所铸。佛山在明、清时期，是我国南方重要的冶铸中心，所产铁锅壁薄、耐用、表面光洁，畅销海内外，是名闻天下的优质产品。定粤寺和庆云寺的两口大铁锅，虽然是300多年前所铸，早已不再使用，但大铁锅的内表面仍然光洁如新，不见锈迹，实为精良，的确是应好好保存的古代文物。

图75　广西桂林市定粤寺清代大铁锅

第三节　其他用途大铁锅

我国古代大铁锅中，除了常见的“千僧锅”外，还有生产用大铁锅以及其他用途大铁锅，留存至今的并不多见，只能重点介绍下列4口古代大铁锅。

一、扬州萧梁时期大铁锅

江苏扬州市瘦西湖公园内，有一景点徐园听鹂馆，在其门前，放置有两口古代大铁锅，如图76所示。大铁锅的口径为1.9米，高近1米，厚约50厘米。由于大铁锅身上没有任何铭文，故不能知道大铁锅确切的铸造日期和用途。但据铁锅附近的“徐园铁镬记”的碑文介绍：“铁镬系萧梁镇水之物。”南北朝萧梁时期，处于公元502—557

年之间，说明大铁锅是公元5世纪的产物。据传，当时是将一排大铁锅反扣在靠近堤坝的水底，（据说，曾出土9口大铁锅）用来镇龙，以防止大水泛滥成灾。通常，我国古代是用铁牛来镇水。用大铁锅来镇水，目前所知还仅此一例。现存的两口古代大铁锅，现已成为扬州瘦西湖公园内的一个受游客青睐的景点了。

图76　江苏省扬州市萧梁时期大铁锅

二、能仁寺宋代大铁镬

浙江乐清市境内的雁荡山能仁寺，原为雁荡十八古刹中规模最大的一座寺庙，"当其盛时，日食千人"。在能仁寺内，有一座大镬亭，亭内保存一口宋代大铁镬，为此，能仁寺也俗称"大镬寺"。由于寺庙日渐衰落、破败，大镬亭在20世纪70年代末倒塌，大铁镬也有局部损坏。大铁镬不仅年代久远，而且体积非常之大，故在1983年4月乐清县政府将能仁寺的大铁镬列为乐清县重点文物保护单位，并在1984年重建大镬亭，对大铁镬进行实地保护。

大铁镬的口沿外径为2.7米，深为1.65米，重3.7万斤，铸于宋代元祐七年（1092年），据查是我国现存最大的古代铁锅，并被称为"亚洲第一大镬"。大铁镬的内壁上，原铸有铭文134字。由于年代久远，锈蚀剥落，字迹已模糊不清。现将部分铭文抄录如下："请信弟子刘化晟□□□合家人等，谨施净财，铸造浴镬一口，舍入嘉福院，永充无碍浴室中用，□□□时皇宋元祐七年，岁次壬申，十一月初九戊子日，制胜火焰峰。重三万七千斤。"从铭文中不仅可知道大铁镬的重量和铸造日期，还可得知铸造大铁镬的目的：一是为僧人圆寂后沐浴用的；二是能仁寺对面的火焰峰，其上起伏的丛岩，像是在燃烧的山火，用浴镬来盛水，"水克火"，就能"制胜火焰峰"。由此可知，该大铁镬所以比一般煮饭用的大铁锅还大，原来是盛水和沐浴用锅。

大铁镬从宋代至今，已有900多年历史，历经盛衰、沧桑。虽然已建亭保护，但镬身锈蚀较重。其口沿已有三处较大的缺口，镬身上亦有两大缝隙。看来大铁镬亟须采取更多的保护措施。特别是大铁镬体大而壁薄，而文物价值很高，花些钱来保护也是值得的。好在能仁寺正在重建，希望重建好的能仁寺，能将宋代大铁镬保护得更好。

三、苏州府造船厂的明代大铁锅

江苏太仓市人民公园内，保存有一口明代的大铁釜（大铁锅），如图77所示。大铁锅侈口，其口径为1.8米，高1米，是明代苏州府造船厂的遗物，称作"铁浸釜"。据介绍，当时航海船舶所用之篾缆，都要盘置在铁釜中，以桐油浸之，使之耐蚀、耐用。该大铁釜就是当时苏州府造船厂用来浸煮篾缆的，故被称作"铁浸釜"。

明代永乐三年（1405年），永乐皇帝朱棣派三保太监郑和为出使西洋各国的使节，率领庞大的船队，于当年六月从苏州府刘家港（今江苏太仓市浏河镇）启程，泛海至福建长乐，然后借海上信风远航到今越南、印尼、泰国、马来西亚、斯里兰卡、印度等国，并于1407年9月返回南京。之后，郑和又先后6次率领船队远航西洋各国，直至阿拉伯、东非各地。这是当时世界上最伟大的航海之举。郑和七下西洋，都是从太仓刘家港出发。当时的苏州府造船厂就在现在的太仓市境内，并为其服务。郑和船队所用之篾缆，都要放进这类大铁锅的桐油内浸煮，以确保远航的船用绳缆经久耐用。所以，太仓人民公园内保存的这口明代苏州府造船厂大铁釜，除了对研究明代造船业和冶铸业有重要意义外，还和郑和七下西洋有关，是有很重要的历史意义的，故太仓市政府已将其作为重点文物保护。

图 77　江苏太仓市明代苏州府造船厂铁釜

四、承天寺大铁锅

湖北荆州市博物馆内建有钟釜亭，亭内保存着一口大铁锅，如图78所示。该锅原存于承天寺内，后为荆州市博物馆收藏。大铁锅的口径为1.75米，高为0.96米，壁厚达10厘米，外有6耳。虽然多数铸耳已经损坏，不过，铁锅整体保存较好。在铁锅的内、外表面，除有些锈迹外，全身上下找不到任何铭文、图饰。所以此锅是什么朝代的遗物，用途何在，传说不一。有一种传说，认为该锅是三国时曹操领83万人马下江南时用来煮饭的大铁锅。但这传说的疑点较多，难以置信。也有说是作为“下油锅”之类的刑具，用来实施烹人的酷刑。这种说法似乎也有一定道理，因为该铁锅的壁厚达10厘米，远比一般煮饭大铁锅厚，约为一般大铁锅壁厚的几倍，并有“烧三天三夜不滚，滚后三天三夜不凉”之说，似乎符合“下油锅”刑具的条件，但并无听到任何“下油锅”的具体事例。据传，大铁锅最晚在明代时就有了，但该铁锅确切的铸造时间及其用途，仍有待进一步考证。

图 78　湖北荆州市承天寺大铁锅

第四节　宋代大铁缸（桶）

一、岱庙宋代大铁桶

山东泰安市的岱庙，是我国重点文物保护单位。岱庙的主殿称天贶殿，殿前月台的两侧，有一对古代大铁桶，如图79所示。大铁桶呈圆锥形，上口直径为1.8米，底部直径为1.1米，高为1.1米，铸于北宋建中靖国元年（1101年），作为岱庙大殿蓄水防火之用。到目前为止，这一对大铁桶，是我国发现的最早的古代大型金属贮水器。

图79　山东泰安市岱庙宋代大铁桶

大铁桶的铸造工艺十分精致。桶身的外表铸满各种纹饰和铭文，距今900多年，仍然非常清晰。东面大铁桶上的铭文为："大宋国奉符县献铁桶会首李谅。右谅窃以神功默运，潜持祸福之杀，妙用无穷，密握生成之造。伏见国家尊崇庙宇，百物鼎新，而圣帝庙前阙少水桶二只"。西面大铁桶上的铭文为："莱芜监铜务李冕铸，右众人持发虔心，谨舍净财，共成胜缘，伏望圣慈府照察。建中靖国元年五月。会首李谅等献"。可见大铁桶的铸造者和铸造时间等都十分确切，而铸造的目的，就是为岱庙大殿提供盛水防火的水桶。大铁桶每次可盛水约2立方米。其外壁分为4层：上层除铭文外，铸满缠枝牡丹等花卉纹饰；次层铸有8只凤凰，翱翔飞舞于缠枝荷花之中，并有4个铺首，等分地铸于桶壁四方，可惜铺首的衔环已失；第三层则铸有8条行龙；最下层桶壁上，铸有狮子、飞虎、麒麟等异兽，共有10只。桶身上所铸的花卉、龙凤和异兽，都很精致、美观，有较高的艺术水平。所以，大铁桶不仅是实用的蓄水防火器具，而且也是一件艺术水平甚高的大型铁铸文物。

二、岳阳楼南宋铁桶

湖南岳阳市的岳阳楼，是江南三大名楼之一。在岳阳楼前面的平台上，放置一对大铁桶，桶高1.2米，上口直径为0.96米，重一千斤。其中一只铁桶，是南宋淳祐五年（1245年）铸造的原物，如图80所示。另一只铁桶，因南宋铸的原物已毁，故是1979年仿铸的铁桶。铁桶的两侧铸有铺首，并衔铁环。下有三足，置于圆形石座之上。桶身中部铸有铭文："淳祐五年十二月吉日，孟府十位，铸到铁捎，壹样贰只，各重千斤。"铭文中的"铁捎"，因实无此"捎"字，故有些书籍将其说成是"铁梢"或"铁镬"，实属误传。实际应为"铁桶"。铭文中的"孟府"，据考是指当时荆湖安抚制置使孟珙府，是孟珙出资铸造铁桶一对，献给君山崇胜寺的。所以，铁桶一直为洞庭湖君山岛上的崇胜寺所有。平时桶内存贮清水，既做贮水防火之用，又可以为僧人洗面、明目之用。据载，桶内清凉之水，"掬而洗之，令人目明"。因而，这一对南宋铁桶，就成为崇胜寺之宝。后来，崇胜寺毁，铁桶才移到岳阳楼公园内保存。现置于著名的岳阳楼前，使这一名楼更添光彩。

图80　湖南岳阳市岳阳楼南宋铁桶

第五节　明、清时期大铁缸

明代留存下来的大铁缸共有50多口，主要集中在北京故宫内。此外，在陕西西安骊山老母殿内也有一口铸于明万历十六年（1588年）的大铁缸，口径为1.1米。北京天坛斋宫内的寝宫前面也有4口明代大铁缸。而清代铸造的大铁缸，据初步统计，现存的共有24口，都是铸于清乾隆年间（1736—1795年），包括：北京雍和宫法轮殿前的2只大铁缸、河北承德市普陀宗乘之庙的10只大铁缸、河北承德市须弥福寿之庙的10只大铁缸、山西太原市山西省博物馆所藏的大铁桶、广东广州市五仙观的大铁缸等。

一、故宫明代大铁缸

北京故宫各宫殿前都置有大缸，用以贮水防火，称作"门海"。古人相信"门前大海"就不怕闹火灾，因此大缸也被称为"吉祥缸"。大缸有铜铸和铁铸两种。故宫内以大铜缸为主，而保存下来的大铁缸也有50多口，为明朝所铸。其中大多置于太和

殿前广场的四周，共38口。另外，在故宫太和门前两侧、景云门内两侧、隆宗门内两侧，也都设置2口大铁缸。而箭亭的前、后，则有4口大铁缸。在衍祺门内也有2口大铁缸，等等。大铁缸的口径大多有1.6米，但也有些大铁缸的口径只有1.3米。

太和殿前的明代大铁缸，如图81所示。大铁缸的口径为1.6米，高为1.15米，中间鼓出，可储水2立方米。铁缸外表素面，既无纹饰，亦无铭文。铁缸两侧各有两个铁环。整个铁缸置于石圈座上。一共38口大铁缸，均匀分布在太和门和太和殿之间广场的四周，是明、清两代为了皇宫最大宫殿的防火贮水用缸。大铁缸的制作，比起大铜缸来要粗糙些。铁缸的外壁，范缝明显，显然没有打磨过，但清楚表明是采用传统的泥型法铸造的。而且，故宫内的这些大铁缸，是明代留存至今的数量最多的一批大型铁铸文物，应该得到很好的重视。

图81 北京故宫明代大铁缸

故宫内所有的大铁缸以及大铜缸全都置放在特别的石圈座上面，目的是便于冬季在大缸底下放置通红的木炭，以防止天冷结冰。按清朝规定，所有大缸都必须将水灌满，每天有专人负责轮流添水。据资料[55, 56]介绍，每年小雪，即十一月二十二日左右，严寒的冬天即将来临时，在每一个大缸外边套上一层棉外套，并在大缸上面安设缸盖。缸盖里装设铁屉，铁屉上贮火保暖。缸底下面放置烧红的木炭，昼夜不熄，保证大缸内的水天冻也不结冰。这是故宫蓄水防火的重要措施之一。直到次年惊蛰时，即三月六日左右，天气已转暖，才停止保暖，撤出缸盖铁屉，年年如此，保证了大缸在冬天也能蓄水。当然，现在再也不用这种原始的办法作为故宫的消防措施了，所以大缸就变成故宫的一种陈列品、装饰品，成为国内外游客欣赏的大型金属文物了。

二、雍和宫清代大铁缸

北京雍和宫的清代大铁缸，陈列在雍和宫法轮殿前两侧（见图82），大铁缸高为1.1米，口径为1.56米，贮水量约1.7立方米，从上口到缸腹，直径几乎相同。缸

图82 北京雍和宫清代大铁缸

腹往下，直径明显收小。缸的两侧有素耳铁环。外壁范缝明显，铸造得比较粗糙，但可明显看出，大铁缸是用我国传统的泥范法铸造的。雍和宫大铁缸虽然比故宫大铁缸的尺寸要小些，质量也比不上故宫的大铁缸，但能用大铁缸作为贮水防火的一个工具，在古代寺庙中也是较少见到的。清代大铁缸在全国还有一些，就不再一一叙述了。

第六节　大铁锅和大铁缸的铸造

古代的大铁锅和大铁缸，都是大型的凹圆形铸件，其口径多在1米以上。其中的雁荡山能仁寺宋代大铁锅、韶关曲江区南华寺元代大铁锅、衡山九龙庵明代大铁锅、肇庆市庆云寺清代大铁锅的口径还都超过2米。尤以能仁寺宋代大铁锅为大，其口径达到2.7米，深度达1.65米，是现存最大的古代大铁锅。这些古代大铁锅和大铁缸铸造时，都要造一个很大的泥芯，这是它们的共同特点，也是铸造时必须考虑的重要问题。古代的大铁锅和大铁缸，是采用我国传统的泥型法铸造的。外面的铸型都是由若干泥制外范块组合而成，这从现存的古代大铁锅和大铁缸的外形上都留有明显的范缝痕迹，就可以得到证明。而内范因为是一个很大的泥芯，铸造时泥芯的固定就成了首先要考虑的重要问题。基于此，古代的大铁锅和大铁缸在铸造时，会采用如图83所示的铸造工艺方案，才能保证内范（泥芯）的稳固。但这样一来，就会引起另一个大的铸造问题：浇注时，泥芯的出气会否造成铸件出现气孔。为了保证铸件的质量，避免出现气孔，泥芯的烘干、烘透，就成了解决问题的关键所在。同时，外范也要干透。另外，

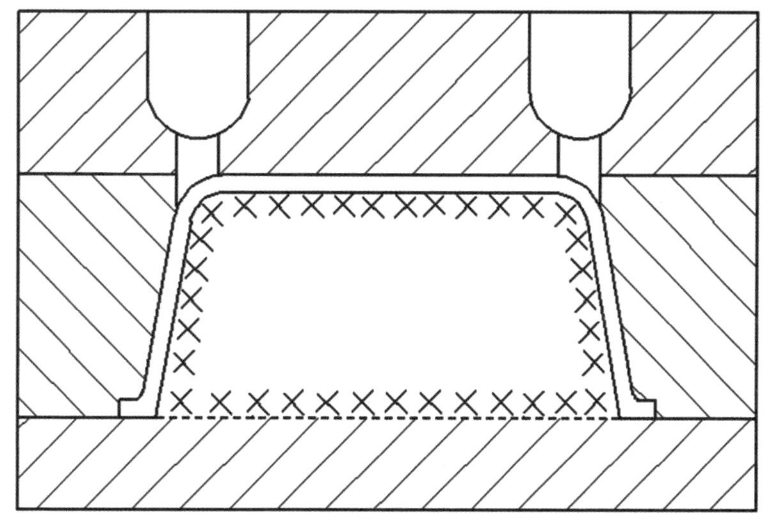

图83　古代大铁锅、大铁缸的铸造工艺方案

古代熔铁炉的容积比较小，应采用多个熔炉同时化铁。为了提高铁水质量，在用生铁熔化时，最好再加一些破铁锅等再生铁投炉熔化。这样可减少杂质，延长炉料渗碳时间，有利于铁水质量的提高。在浇注时，铁水从铸件上部的多处浇口同时注入，也有利于铸件质量的提高。

明代大科学家宋应星的《天工开物》“冶铸”篇“釜”条，对明代泥范铸造铁锅的工艺已有记述：铁锅“常用者，径口二尺为率，厚约二分，小者径口半之，厚薄不减。其模内外为两层，先塑其内，俟久日干燥，合釜形分寸于上，然后，塑外层盖模。此塑匠最精，差之毫厘则无用。模既成，就干燥。然后……”。宋应星记述的主要是人民生活中常用的中小型铁釜（锅）的铸造，但最后也谈到了大寺庙中使用的“千僧锅”：“海内丛林大处，铸有千僧锅者，煮糜受米二石，此真痴物也”。虽然文内没有对“千僧锅”这样的大锅的铸造做进一步叙述，但前述的铁（釜）锅铸造技术显然可用来参考。

第十章

古代大型铁塔和古塔的大型铁塔刹

第一节 概况

一、塔的来源

塔原是保存或埋葬佛教创始人释迦牟尼的舍利所用的建筑物，梵文为Stupa，音译名为“窣堵波”。至公元前3世纪，印度孔雀王朝的阿育王立佛教为国教，下令在他统治下的八万四千个小邦国中，都要建立寺塔。这就是佛教史上盛赞的“阿育王八万四千宝塔”，使建塔的风气达到了高潮。西汉末，佛教经西域传入我国。这种坟冢式的塔也同时传到了我国。不过，当时印度北方正是贵霜帝国时期，佛塔已经出现贵霜式的多层塔形式。所以传入我国的可能已是改进型的佛塔。之后，又和汉朝的楼阁式木构建筑结合起来，形成了中国风格的多层宝塔。

早期中国的宝塔多为四方形木塔。到隋、唐、两宋时期，佛塔的建造达到空前繁荣的程度，出现大量楼阁式、密檐式以及亭阁式的佛塔，并由木塔为主转为砖塔、石塔为主，同时还出现铁塔、铜塔和琉璃塔等。塔的平面也从四方形逐渐演变为六角形和八角形。随着佛教在我国的广泛传布，塔在全国各地到处开花。在中国保留下来大大小小的古塔多达三千多座，也有说达一万座以上，远远超过佛塔发祥地印度，成为世界上最大的宝塔王国[57]。在众多的古塔中，绝大多数是砖塔、石塔、砖木结构塔，也有少量木塔和琉璃塔，金属塔的数量较少，特别是大型铁塔，就更少了。

二、我国古代铁塔的现况

我国铁塔最早出现于唐代。据《古清凉传》所载：唐贞观年间（627—649年），忻州道僧俗为五台山造铁浮图一座，高丈余。铁浮图即铁塔，这是有史籍可查的最早铁塔，可惜早已不存。据查，我国古代所造铁塔并不多，而且有一些铁塔还被损毁。四川阆中市铁塔寺的唐代铁塔在“文化大革命”中被毁。山东济南西关铁塔街上的一座古代铁塔在塌毁后，于清乾隆九年（1744年）重建的七层铁塔，在1958年“大炼钢铁”时也被拆去炼铁了。陕西府谷县孤山铁塔，高5米多，铸于明代，铁塔塔身上铸有很多精美的佛像，可惜也在“文化大革命”中被毁。故我国现存的古代大型铁塔并不多，据笔者初步统计，包括已部分损坏的古代铁塔在内，还有13座，计有：后周广顺二年（952年）铸的浙江义乌佛堂镇双林寺铁塔、南汉大宝六年（963年）铸的广州光孝寺西铁塔、南汉大宝八年（965年）铸的广东梅州修慧寺铁塔、南汉大宝十年（967年）铸的广州光孝寺东铁塔、宋嘉祐六年（1061年）铸的湖北当阳市玉泉寺铁塔、宋元丰元年（1078年）铸的江苏镇江市北固山甘露寺铁塔、宋崇宁四年（1105年）铸的山东济宁市崇觉寺铁塔、北宋晚期铸的山东聊城市东关隆兴寺铁塔、明嘉靖十二年（1533年）铸的山东泰安市岱庙铁塔、明万历三十一年（1603年）铸的山西左云城东破虎堡铁塔、明万历三十八年（1610年）铸的陕西咸阳北杜镇福昌寺铁塔、清雍正五年（1727年）铸的广东韶关市南华寺铁塔、清雍正九年（1731年）铸造的广东佛山市祖庙内的径堂寺铁塔等。其中双林寺铁塔、光孝寺西铁塔、甘露寺铁塔和岱庙铁塔等4座铁塔已明显残缺，只剩铁塔基座和部分塔身。现存最高的铁塔是陕西咸阳北杜镇福昌寺的明代铁塔，高18.2米，连砖座则通高为21.5米。而最著名、最美观的古代铁塔，则是湖北当阳市的玉泉寺铁塔，高度为16.95米。铁塔作为佛塔的一种类型，在13座现存的古代大型铁塔身上都铸有精美的佛像，这成了我国古代铁塔的一个显著特点。

三、我国古塔的大型铁塔刹

我国现存三千多座大大小小的古代宝塔，不论是木塔、砖塔、石塔、琉璃塔还是金属塔，也不管是楼阁式塔、密檐式塔、亭阁式塔、花塔还是覆钵式塔，都要在塔身之上设一个顶子，称作塔刹。也就是说，塔是由塔基座、塔身和塔刹三部分组成。塔刹作为塔的最为崇高的部分，冠表全塔，至为重要，不仅在建筑结构上有防漏等实用价值，而且可收到建筑艺术处理上的优美效果。塔顶用了佛教中的“刹”字来命名，这对佛教来说还有更深的含义，不论塔有多高，最后都要用塔刹来结束，以表示佛法到了极界。塔身所聚集的种种功德，最后也都归总到最高的刹顶上。塔刹这种升腾向上的动势，充分表现了佛教徒对佛国的向往。为了取得既美观又耐用的优良效果，多数大、中型的木塔、砖塔和石塔，也都采用金属塔刹。实际上，塔刹本身也是一个小塔，反映了佛教的特征。它的结构明显地分为刹座、刹身、刹顶三个部分，内用刹杆直贯串联而成。我们将大部分由生铁铸成的塔刹，称为铁塔刹。大型古塔上的铁塔刹，重量可达千斤以上，其高度也长达数米。这些大型铁塔刹，大致可分成两个类型。第一类大型铁塔刹高大挺拔。刹身的相轮常采用5个、7个或9个扁圆形的铁铸圆环。刹顶直刺青天，其高度一般在6米以上，甚至超过10米，远看雄伟美观、挺拔俊秀，故可称其为刺天式塔刹。第二类大型铁塔刹高度要比第一类的低许多，但至少也在2米左右或2米以上。塔刹的刹身只用1到3个大圆球作为相轮，加上刹顶的宝珠，看起来就像个葫芦，故可称其为葫芦形铁塔刹。这类塔刹虽不及第一类塔刹高大挺拔，但很稳固。因为有了塔刹，使得整座宝塔有雄伟美观之感。

我国现存最早的大型金属塔刹，是云南大理下关佛图寺塔的唐代塔刹，塔刹高为6.8米，不过是采用铜铸的。目前已知的最早大型铁塔刹，则是江苏苏州市罗汉院双塔的铁塔刹，铸于北宋太平兴国七年（982年）。塔刹高达8米，几乎占到全塔总高度的四分之一，使罗汉院双塔看起来非常美观。而著名的山西应县佛宫寺释迦塔（应县木塔）、山东长清灵岩寺辟支塔、江苏苏州市报恩寺塔（北寺塔）、江苏常熟市崇教兴福寺塔和浙江宁波市天封塔等古塔，其塔顶都有一个大型铁塔刹。这些大型铁塔刹，都

属于第一类刺天式塔刹。一般说来，刺天式塔刹大多采用铁铸，而第二类葫芦形塔刹，则大部分是铜铸的，铁铸葫芦形塔刹较少。此外，还有不少是采用部分铁铸件和部分铜铸件组成的金属塔刹。例如：福建泉州开元寺的仁寿塔和镇国塔，以及江苏丹阳市万寿塔等古塔，其大型铁塔刹的刹顶，却是个铜铸宝顶。而我国第一高塔，著名的河北定州市开元寺塔（料敌塔），其塔刹由高1.6米的铁铸承露盘和高2.8米的青铜宝珠等组成[58]；河北景县开福寺塔，即著名的景州塔，其塔刹则由高3.2米的锥形铁框和其上的2.05米铜铸葫芦组成。料敌塔的铁铸承露盘和景州塔的锥形铁框本身，也已经是一件古代大型铁铸文物了。由于大型金属塔刹体大量重，又处在高大塔身的顶部，故不少现存的古塔在千百年岁月中，已失去原有的大型塔刹。有不少古塔，顶部装的却是现代的大塔刹，如著名的上海龙华寺塔，建于北宋太平兴国三年（978年），其上8米高的铁塔刹，就是1984年新装上的。据笔者不完全统计，在现存大型古塔中，还保有古代大型铁塔刹（包括含有少量铜件的铁塔刹）的，只有20多座了。

第二节　五代十国时期的铁塔

在现存的古代大铁塔中，最早的就是五代十国时期的铁塔了，据查共有4座，即浙江义乌市佛堂镇双林寺铁塔、广州市光孝寺西铁塔、广东梅州市修慧寺铁塔、广州市光孝寺东铁塔。其中，广东梅州修慧寺铁塔铸于南汉大宝八年（965年），和广州光孝寺的铁塔类似，就不详细叙述了。

一、双林寺铁塔

浙江义乌市佛堂镇的双林寺，始建于南朝梁武帝大同六年（540年），到五代十国时期，不晚于后周广顺二年（952年），建造了2座铁塔，都为八角五层宝塔，立于双林寺的山门两侧。但是，随着岁月的流逝，佛寺和铁塔都已圮塌。中华人民共和国成立后，经义乌县文化馆工作人员的收集和整理，终于保存了其中一座铁塔的部分塔身。现在文化馆已将此残存的铁塔全部归还给了双林寺，并安置于双林寺旁湖边的塔亭内，如图84所示。

图84　浙江义乌市双林寺后周铁塔

从全国现存的铁塔来看，双林寺铁塔应是现存最早的铁塔。由于铁塔没有铸出纪年铭文，过去一直认为我国现存最早的铁塔是广州市光孝寺西铁塔。后来根据《双林寺铁浮图考》《铁罗汉像记》等资料，推算铁塔的铸造时间，认为不晚于后周广顺二年（952年）[59]。所以双林寺铁塔最少要比光孝寺西铁塔早建11年。现存的塔座是铁塔的最大构件，由三层组成，其宽度达2.26米。在塔座上的一层塔身上，铸有佛像浮雕36尊。相间的四面则各设一门。转角处铸有盘龙一条。塔身上的塔檐仍在，保存完好。再上面的一层塔身上，铸的佛像更多，共计达到96尊，并有盘龙8条。加上最上面的铸铁宝顶，整座铁塔的残高为2.4米。铁塔历经千年，虽有部分锈蚀，但大部分仍乌黑发亮，其上的纹饰和图像仍比较清晰。铁塔的建筑形制、装饰手法与五代吴越时期的建筑形制、装饰手法相一致，对研究当时的历史、建筑、冶金和铸造等情况，都有一定参考价值。

二、光孝寺西铁塔

广东广州市光孝寺是岭南著名古刹，始建于三国时期，是全国重点文物保护单位。该寺大雄宝殿后，有2座千年铁塔。西面露天放置的称“西铁塔”（见图85），铸于南汉大宝六年（963年）。原为方形7层宝塔，但上面4层塔身及其上的塔刹已损毁，仅剩3层塔身和铸铁基座，残高2.8米，加上石座，通高3.7米。

图85　广东广州市光孝寺南汉西铁塔

现存的西铁塔，露天放置在院内的石刻须弥座上。虽然只剩铸铁基座和三层塔身，但保存了所铸的纪年铭文：“上柱国龚澄枢同女弟子邓三十二娘，以大宝六年岁次癸亥，五月壬子朔十七日辰铸造，永祀供养。”故知，西铁塔是南汉国太监龚澄枢和他的女弟子联名捐铸的。铸铁基座分为上下两层，两层之间的4个角上，各铸有一个力士。粗看起来，似乎是4个力士在顶住上面的莲花铁座。而莲花铁座的上面，则有3层铸铁塔身。每层塔身的4个面上，都铸满了佛像。除了正中佛龛中的佛像较大外，四周皆有小佛。据统计，第一层有208尊佛像，第二层有208尊佛像，第三层有132尊佛像，共计548尊佛像。如果计及上部已损毁的4层塔身上的佛像，估计应有1 000尊佛像。所以，西铁塔应是我国古代千佛铁塔。

三、光孝寺东铁塔

图 86　广东广州市光孝寺南汉东铁塔

广州市光孝寺内的东铁塔，如图86所示，比西铁塔晚铸四年，是南汉皇帝刘鋹在大宝十年（967年）捐铸的，实为仿西铁塔之作。曾全身贴金，有“涂金千佛塔”之称。千佛铁塔原放在潮州开元寺。宋端平年间（1234—1236年），住持僧绍喜将塔移到光孝寺内，并建殿覆之。东铁塔为一座方形七层宝塔，高6.35米，放置在高1.34米的石刻须弥座上，通高7.69米。铁塔由铁铸莲花塔座、七层塔身和塔刹组成。铁座的4个面上，分别铸有“行龙火珠”“升龙、降龙”“火焰三宝珠”等图案，并铸有铭文：“大汉皇帝，以大宝十年丁卯岁，敕有司，用乌金铸造千佛宝塔壹所，七层，并相轮莲花座，高二丈二尺。保龙躬有庆，祈凤历无疆，万方咸底于清平，八表永承于交泰。然后善资三有福被四恩，以四月乾德节设斋。庆攒谨记。”在铁座四面的边侧，还铸有佛寺大法师和工部尚书等监造的铭文。有些铭文已不清晰。在莲花铁座之上，有7层塔身。每层塔身的四面上都铸满佛像。塔身每个面的正中有一佛龛，中坐一尊弥勒佛。四周铸满小佛像。全塔共铸有1 024尊佛像，故称“千佛塔”。每层塔身四角飘出稍有弧度的塔檐。塔檐上还铸有飞天、飞鹤、飞凤等图像。塔身上的贴金早已脱落，呈现出铁塔之原貌，但仍显得庄重、美观。

广东地区在南汉时期，曾铸造过4座大型铁塔，而东铁塔保存得最为完整。该铁塔的设计合理，外形美观，铸造工艺较复杂，反映了当年岭南地区已具有和中原地区同样高度的冶铸工艺水平。

第三节　宋代的铁塔

一、玉泉寺铁塔

湖北当阳市玉泉寺铁塔（见图87），于北宋嘉祐六年（1061年）铸成，为仿木构楼阁式铁塔，八角十三层，外为铁壳，内为砖衬，塔心中空。原测高度为17.9米。1993

年大修后，测量高度为16.945米。玉泉寺铁塔是我国最美的古代铁塔，过去曾被认为是最高的铁塔。铁塔置于特别的青砖塔基之上，塔基正中有一地宫。塔基上面的铁塔由铁座、13层铸铁塔身和铜铸塔刹三大部分组成。原名佛牙舍利宝塔，因塔身上铸有2 000多尊佛像，也被称为“千佛塔”。

铸铁塔座为双层须弥座。下层铸满山纹、海水波纹，波涛浪尖上铸有8尊仙人，构成八仙过海浮雕铸像。最上层铸有二龙戏珠图案。两层之间的八个角上，各铸一个托塔金刚力士，披甲载胄，脚踏仙山，体格刚建，威武雄壮，参见图88。塔座之上，共有13层铸铁塔身，每层均设腰檐平座，并作斗拱出檐。其相对的四个面上，各设一个莲瓣形门龛，各层交叉设置。其余四面塑有形态各异的小型佛像。13层塔身各个面上的佛像，总共有2 279尊之多。现存2 260尊，故有“千佛塔”之称。在第二层塔身上，铸有“大宋嘉祐六年辛丑岁次八月十五日”以及铸塔事迹和工匠姓名等铭文，并标明铁塔名为“佛牙舍利宝塔”，塔重为“七万六千六百斤”等。铭文共计1 397字。塔刹在清代毁坏，清道光十五年（1835年）用铜补铸，其余均为宋代铁铸原物。

铁塔上雕铸的众多佛像，其种类和形象各异。在第一层塔身的四面墙壁上，就铸有四组释迦牟尼及其弟子的雕像。在最高的第十三层塔身的东北部墙壁上，亦铸有佛祖释迦牟尼及其弟子的雕像。在第三层塔身的墙壁上，各铸有两组普贤菩萨骑象浮雕和两组文殊菩萨骑狮浮雕像。在各层门龛的两侧，则铸有门侍菩萨雕像，共104尊。除了塔座上的8尊托塔金刚力士像外，铁塔上还铸有104尊戗脊金刚圆雕像，

图87 湖北当阳市玉泉寺宋代铁塔

图88 湖北当阳市玉泉寺宋代铁塔座

但现存只有85尊。在第四层和第五层塔身的墙壁上，各铸有四幅十六罗汉组像。铁塔上还铸有韦驮像和仙人像。而小型坐佛像则共有1 824尊。所以，该塔被称为“中国式的铁铸佛国世界图”[60]。塔的外形轮廓纤巧玲珑，挺拔秀丽。在每层角梁飞檐前端，还铸出凌空的龙头，悬挂风铃，使叮当之声迎风而至。每当夕阳斜照，铁塔的棱棱角角宛若披上一层金箔，紫气金霞，交相辉映，形成“铁塔棱金”之奇观，故又有“棱金铁塔”之称谓，成为全国最有名、最美观的古代铁塔，也使玉泉寺更加出名，成为民众必看的景点。1982年，该塔就被国务院公布为全国重点文物保护单位。

过去，铁塔的上部曾微微向北倾斜。曾流行一种说法——这是古人施工中故意做成的，目的是抵御冬季强劲的北风对铁塔的冲击影响，并认为这正是古人建筑施工中的超人之处。但是1993年，当时的当阳县文化局对铁塔进行了检查，认为铁塔东北基础下陷38毫米，轴心向东北方向倾斜55′01″，铁塔构件中有损坏和裂纹的地方共129处，且表面已有锈蚀。于是决定从1993年10月开始对铁塔进行解体、拆卸和维修，其维修业绩已刻石记载于现场。据称，曾先后对全部54件构件进行除尘、去锈、检测、喷涂封护剂等处理，并对部分构件进行修补，在进行综合检验后，按原样重新安装。修整后的铁塔整体倾斜度小于等于3毫米，层级水平小于等于5毫米，应变应力安全系数大于3.5，并重新测定了铁塔的高度和重量，确定玉泉寺铁塔的高度为16.945米，重量为26 472千克。这次检测和维修的成果是明显的：一方面使原先微向东北倾斜的铁塔成为完全直立的铁塔；另一方面使千年铁塔有了一个经科学测定的正确高度和重量——高度由过去所说的17.9米修正为16.945米，重量则差别很大。过去铁塔的重量是根据《当阳县志》中“铁塔高七丈，十三级，重十万六千六百斤”的记载，将铁塔重量定为53吨。也有一些书刊则根据铁塔铭文所载的“七万六千六百斤”定为塔重38.3吨。现在，根据科学测量，塔重为26.472吨。由此可知，《当阳县志》的记载是错误的。而铁塔铭文的记载很可能是用铁“七万六千六百斤”，而后人将“用铁量”就作为“塔重”，因此造成错误。至于检修铁塔的第三个成绩，即除锈、防锈的成绩，则值得商榷。当阳县文化局认为原铁塔构件表面有锈蚀，因而对铁塔每个构件都进行除锈，并进行喷涂XH—1室外文物封护剂，从而认为保护了古代文物。对此，笔者认为：称作“棱金铁塔”的玉泉寺古塔，历经九百多年，其锈蚀现象并不严重，而且处于“稳定”状态，就像也是北宋时期铸造的“中岳庙铁人”和“晋祠金人台西南面铁人”以及常德铁幢一样，都是木炭生铁铸造的精美大型铸铁件，不除锈更好。经过除锈后的新表层，反而更易生锈。虽然涂上XH—1室外文物封护剂，但笔者于1999年10月观察该塔时发现，经过除锈、涂封护剂后，仅仅5年多，原“棱金铁塔”的乌亮晶莹之貌，因涂封护剂之故已不再呈现，而且不少地方已出现新的黄色的铁锈。由此看来，古代大型铁铸文物的保护并没有完全解决，仍需我们高度重视。

二、甘露寺铁塔

江苏镇江市北固山的甘露寺内，在唐朝时原建有石塔一座，名“卫公塔”，唐末倾塌。北宋熙宁九年（1076年），富豪焦紫出资欲建一座铁塔。于元丰元年（1078年），在唐代“卫公塔”的基础上建成一座八角九层铁塔。由于建铁塔时将原石塔内的藏物埋藏其内，故人们习惯上仍将铁塔称为“卫公塔”。在明万历十年（1582年），铁塔被大风刮倒，由僧人募款重修。清道光四十二年（1842年）中英鸦片战争期间，英军侵占镇江时，破坏了塔顶。清光绪十二年（1886年），铁塔又遭大风和雷击的侵袭而倒塌。现仅存铸铁基座和两层塔身。中华人民共和国成立后，对铁塔进行维修，清理了地宫，并将存放在甘露寺内明代补配的第三和第四层塔身安装上去，就形成了现今的甘露寺铁塔，如图89所示。

图89 江苏镇江市甘露寺宋代铁塔

铁塔是仿木构楼阁式塔，现存铁塔置于高0.75米的石质基座之上，由宋铸铁座和第一、二层塔身以及明铸第三、四层塔身组成，残高6.25米，加上石座通高7米。铁塔的铸铁塔座是须弥宝座式，其上雕铸着如意水纹、卷浪等纹饰，其束腰处雕铸有壶门和佛像。在每层塔身上，皆有八面四门，塔身上还铸有飞天、莲座、坐佛、立佛等图案。在第二层塔身上，还铸有“国界安宁”等铭文。塔身的塔檐也颇有特色，完全按宋代木构建筑形制，铸出柱、枋、椽子、瓦垄，在塔檐上做成了勾头滴水式的屋面。所以，铁塔的外观美丽，很有气势。江苏省人民政府已将甘露寺铁塔定为江苏省重点文物保护单位。如果宋代原铸铁塔能完整保存至今，则也可和玉泉寺铁塔相媲美。

三、崇觉寺铁塔

山东济宁市的崇觉寺铁塔，建于北宋崇宁四年（1105年），原为八角七层，但没有收顶。在明万历九年（1581年），济宁道台龚勉又集资增建二级，并安装铜制塔刹。铁塔内部装填砖体，是一座铁壳砖心的楼阁式铁塔（见图90），

图90 山东济宁市崇觉寺宋代铁塔

九层铁塔的高度为15.6米。铁塔是建在巨大的砖砌八角形基座之上，通高为23.8米，为我国现存古代铁塔中的最高者。如果按铁塔本身高度计，则为我国古代第三高铁塔。崇觉寺铁塔1977年12月被列为山东省重点文物保护单位，1988年1月被国务院公布为全国重点文物保护单位。

铁塔每层均由勾栏平座、塔身、回檐三部分叠筑而成。塔檐和平座下均施斗拱，是仿木构建筑的楼阁式铁塔。在第一、第二层塔身上，铸有“皇帝万岁”“众臣千秋”“大宋崇宁乙酉常氏还夫徐永安愿谨铸”等铭文，表明了铁塔的明确铸造年代。在每层塔身上，均铸有四个长方形假门，面对东、西、南、北四个方向，共有36扇假门。其余四面设佛龛，各铸佛像两尊，盘膝而坐。由于上部两层佛像或缺，铁塔只有佛像56尊。铁塔的每层是分开铸造，成单独构件，再靠榫卯扣合，叠合成整座铁塔。铁塔的塔刹为攒尖式铜铸宝瓶。整座铁塔的造型美观大方，耸立在古城之中，显得挺拔雄伟，被国务院定为第三批全国重点文物保护单位，成为济宁市著名的名胜古迹，吸引了全国不少游客。

四、隆兴寺铁塔

山东聊城市东关，在原隆兴寺旧址内，有一座北宋晚期建造的铁塔，为八角十三层楼阁式铁塔。铁塔是分层铸造后，逐层叠装而成。铁塔中空，内填满碎石、砖瓦。在明朝永乐年间（1403—1424年），铁塔倒塌。直到明成化二年（1466年）三月，才重新立起铁塔。之后，由于年久失修，寺庙废圮，铁塔也大部分倾倒，仅存底部5层。为了保护文物，当地政府和人民决定重修铁塔。从1973年3月开始，先从地下挖掘出倒塌的铁塔塔身和塔顶部分，并对铁塔整修、复原，于当年12月竣工，使隆兴寺铁塔重新耸立于聊城的东关。不过，因为只找到7层塔身，还有一层塔身始终没有找到，故原来是13层的铁塔就变成现在的12层铁塔了。塔顶的葫芦宝瓶式塔刹也非原物，是现在重新铸造的[61]。

图91　山东聊城市隆兴寺宋代铁塔

修复后的铁塔如图91所示，为仿木结构的楼阁式宝塔，八角12层，高12.8米，置于须弥石座之上。石座高为3米，铁塔通高为15.8米。石质须弥座中间的束腰处，四面均有浮雕，分别雕刻着神龙、仙凤和鸟、兽，以及打击乐器和翩翩起舞的伎乐人物等精美图案。石座上面的铁塔，第一层铸铁塔身的8个面上，分别有4个假门和假窗，东、西两门作半掩状，假窗的窗棂历历可数。每层塔身都设有腰檐平台，并铸有飞檐、瓦垄、水槽、栏杆、斗拱、倚柱等装饰。有几层塔身上的栏杆已残缺。塔身逐层收分，层次清晰，精巧细致，古朴挺秀。加上塔顶的仰莲、葫芦宝瓶铁塔刹，更增加了铁塔的美观。现在，这座耸立在聊城古运河畔的铁塔，因为美观大方，雄伟挺拔，加上岸边摇摆的杨柳作为陪衬，已经成为聊城市的一大景观。

第四节　明清时期的大铁塔

一、岱庙铁塔

山东泰安岱庙后花园西侧，有一座铁塔，如图92所示。该铁塔原置于泰安城西门外天书观内，为八角十三层铁塔，铸于明嘉靖十二年（1533年）。抗日战争中，由于日军飞机轰炸，天书观被毁，铁塔也遭到很大破坏，残缺不全的铁塔也被埋没，后经发掘，仅存底部4层，残高2.85米，于1973年移入岱庙，安置在后花园石质基座之上。石座高1.05米，故铁塔通高3.9米。

图92　山东泰安市岱庙明代铁塔

铁塔的下部三层塔身上，每个面上都铸满了捐资者的姓名，主要是明代开封府、怀庆府各县的信士，至今字迹仍然清晰。塔身上铸有“怀庆府河内县清上乡李封村张庆”等6位金火匠人的姓名，表明铁塔确是河南人士捐资并由河南金火匠人铸造的。塔上还铸有“泉侧铁浮图十三级，明嘉靖十二年造”的纪年铭文。残塔的最上一层塔身，在两两相对的四个面上，各开一个拱形门。而其余的四个面上，除了有些铭文外，主要是饰以花卉等图案。铁塔采用传统的泥型法铸造，先将各层塔身分别铸好后，再逐层叠压套装而成。虽然塔身表面不如宋代铁塔精致，但是整座塔的直径较大，造型质朴，则为该古代铁塔的特点。

二、福昌寺铁塔

陕西咸阳市北杜镇，原有一座明代佛教寺庙，名为福昌寺。寺内有一座明代的千佛铁塔，如图93所示。现在寺庙已毁，但铁塔尚存。

图93　陕西咸阳市福昌寺明代铁塔

福昌寺铁塔为八角九层楼阁式宝塔，外用铸铁、内用青砖砌筑而成。铁塔高为18.2米，连同砖砌的基座，通高为21.5米。其始建于明万历三十三年（1605年），竣工于明万历三十八年（1610年），是我国现存最高的古代铁塔。铁塔的每层都有门窗，而且是真门。塔为中空，有砖砌台阶可供人攀登，是我国唯一可以攀登的古代大型铁塔。但由于长期没有维修，砖砌台阶已严重损坏。当人们从砖砌基座的前门或后门进入，可沿着砖砌台阶攀登上铁塔的第一层，并可从第一层铁塔的3个门自由出入。再往上攀登，则因砖砌台阶的严重损坏而困难重重，最多勉强爬上第二层。在铁塔砖砌基座的前门额上，有铁铸匾额一块，正中铸有“千佛塔”3个大字。上款有“镇守湖广等处司礼监管文书房太监杜茂，大学生杜继芳、妻吴氏、男杜维翰”等字，下款铸有“大明万历三十八年岁次庚戌吉日立”的纪年铭文。铁塔的第一层有3个面各开1个门。在其余相对的四个面上各有佛龛1个，内铸乐长天王等4个天王立像，也有人称其为金刚力士。天王像的高度为1.25米，雕铸得雄伟威武，有较高的雕塑艺术水平，冶铸技艺亦佳，参见图94。在天王像的边上，还铸有一些捐资信士的人名和金火匠的姓名。在佛龛和门的旁边，亦都雕铸有各种珍禽、怪兽和奇花、异草的图案。每一层塔身的上面，还铸有仿木结构的斗拱和塔檐。在第二层以上的塔身上，每层开有2个或3个门不等。其余各面上都铸有很多小型佛像。各个面上还装饰有一些花卉和动物图像。估计9层塔身上的佛像应有千尊之多，因而被命名为“千佛塔”。整座铁塔基本上保存完好，但塔檐已有多处破损。顶上的塔刹，因受清嘉庆二十五年（1820年）地震的影响，已向南倾斜。塔身上的佛像和各种图饰仍然清晰、精美。该塔塔身的直径宽大，铸造工艺水平较高，是明代不可多得的大型铁铸文物，1956年8月被定为陕西省第一批重点文物保护单位。

图94　陕西咸阳市福昌寺明代铁塔下层天王像

三、南华寺铁塔

广东韶关市曲江区南华寺内，原有一座五代时期南汉国铸造的铁塔，名叫“降龙铁塔”，后来不幸损毁。到清雍正五年（1727年）时，寺庙的掌门人在佛山重新铸造了一座五层铁塔，运至南华寺后，安置在南汉铁塔的塔基之上，这就是现存的南华寺铁塔（见图95）。

图95　广东韶关市南华寺清代铁塔

铁塔为方形五层仿木构宝塔，安置在南华寺鼓楼的底层。铁塔由莲花铁座、五层塔身和葫芦形塔刹组成，高4.2米，连石座通高为5.1米。铁铸的莲花基座为南汉时铸造，其上的五层塔身，是在清雍正时期仿南汉铁塔的型式铸造的。每层塔身四个面的正中都有一个佛龛，内铸坐佛一尊，其周围全是小型佛像，五层共有1 000尊佛像，故亦称作“千佛铁塔”。所铸佛像形态端庄，面目清晰。第一层塔身，除铸有佛像外，还铸有塔铭，对了解南华寺铁塔的来历很有帮助。在每层塔身上都铸有塔檐，檐下有蔓草纹饰以增加美观。铁塔上面的佛像、纹饰和铭文都清晰如新，反映了清代佛山冶铸技术的高超水平。

四、经堂寺铁塔

在广东佛山市的经堂寺内，有一座铁塔，是清雍正九年（1731年）铸造的。塔内藏有舍利和佛教法物，是经堂寺的镇寺之宝。清咸丰四年（1854年）清兵镇压当地三合会起义时，将经堂寺焚毁，所幸铁塔尚存。在“文化大革命”期间，铁塔被砸坏。为了保护文物，1985年，佛山市博物馆派出工作人员，到经堂寺遗址，细致地整理残塔，并按照原貌将铁塔修复。之后，又将铁塔移至佛山祖庙大院内，安置在新建的石质基座之上（见图96）。

图96　广东佛山市经堂寺清代铁塔

经堂寺铁塔与国内其他古代铁塔的型式不同，是一座阿育王式铁塔，而且是国内唯一的一座古代阿育王式大型铁塔。铁塔高4.6米，重约3.5吨，加上石座，通高为6米。铁塔亦由塔座、塔身和塔刹

三部分组成，但塔身只有一层，为四方形。其四个面的正中，都铸有一个佛龛，里面端坐一尊释迦牟尼铜铸佛像，龛上铸有“释迦文佛”四个大字。塔刹则由五层相轮和宝珠组成。整座铁塔造型端庄、美观，在绿色树林衬托下，成为佛山祖庙大院内的一大景观，确实是一座难得的古代大型阿育王式铁塔。

第五节　刺天式铁塔刹

我国古代很多大中型木塔、砖塔和石塔的塔刹，都采用铁、铜等金属塔刹，使宝塔非常美观。但大型的铁塔刹并不很多，能留存至今的更少了。据笔者不完全统计，在众多的现存古塔上，保存下来的古代大型铁塔刹（包括含有少量铜件的铁塔刹）的只有20多个，其中大多数是大型刺天式铁塔刹，例如：北宋的江苏苏州罗汉院双塔（舍利塔和功德塔）、广东南雄三影塔、山东长清灵岩寺辟支塔、上海松江兴圣教寺方塔、江苏昆山千灯镇秦峰塔，辽代的山西应县佛宫寺释迦塔（应县木塔）、山西灵丘县觉山寺塔，南宋的福建泉州开元寺双塔（仁寿塔和镇国塔）、江苏常熟崇教兴福寺塔，元代的浙江宁波市天封塔，明代的江苏丹阳万寿塔等古塔，都还保存了古代的大型刺天式铁塔刹。有些古塔上原建的大型铁塔刹虽然已不存，但在明、清时重铸的大型刺天式铁塔刹仍在。例如：宋代的江苏吴江震泽镇慈云寺塔仍保存了明万历五年（1577年）铸造的铁塔刹，南宋的江苏苏州报恩寺塔（北寺塔）也保存了明代重铸的大型铁塔刹，明代的江苏扬州文峰塔则保存了清康熙八年（1669年）重铸的大型铁塔刹，等等。现重点介绍几个古代大型刺天式铁塔刹。

一、北宋罗汉院双塔的铁塔刹

江苏苏州市定慧巷的罗汉院内，有一对别具特色的双塔，一座名叫舍利塔，一座名叫功德塔。其上都有一个高大、挺拔的铁塔刹。双塔及其上的铁塔刹，如图97所示。双塔始建于北宋太平兴国七年（982年），高33米，西塔略高于东塔，但建筑形式相同，都是八角七层仿木楼阁式砖塔，玲珑挺拔、美观秀丽。特别是双塔的铁铸塔刹，挺拔秀丽，高约8米，几乎相当于宝塔高度的四分之一，使双塔好似两支插着的笔，直指青天，真是别具风格。

图97　江苏苏州市罗汉院宋代双塔上部的铁塔刹

铁制塔刹由刹座、刹身和刹顶3部分组成。刹身由露盘和7级相轮组成。其上的宝盖、圆光和宝瓶组成刹顶。塔刹由8根铁链固结于宝塔顶层的8个角上，使高大的铁塔刹稳固地装置于塔身之上。罗汉院双塔也因有了挺拔劲秀的铁塔刹而更加出名，曾被很多书刊做过介绍，是姑苏城内一道亮丽的风景线，成为外地游客必到之地。而高大挺拔的铁塔刹本身就是一件古代大型金属文物，其型式和组成被其他宝塔仿效。双塔的铁塔刹可以作为古代刺天式塔刹的典型实例。

二、辽代应县木塔的铁塔刹

山西应县佛宫寺的释迦塔，俗称应县木塔，建于辽代清宁二年（1056年），为八角九层楼阁式木塔（见图98）。塔高67.31米，是我国最古、最高大的木塔。木塔不仅雄伟壮丽，为佛寺增添光彩，而且也为辽军侦察宋军提供了方便。应县木塔是我国现存最著名的宝塔之一。早在1958年，邮电部就为应县木塔出了特种邮票。在1961年，应县木塔被国务院确定为全国重点文物保护单位。

应县木塔不仅因为是我国古代最大的木塔而闻名全国，其上的铁塔刹也很出名。木塔的塔顶作八角攒尖式，上立铁制塔刹。塔刹高达12米，由刹座、刹身和刹顶3部分组成，参见图99。刹座由砖砌的基座和铁铸的仰莲组成。刹身则由铁铸的覆钵和五重相轮组成。而塔刹的刹顶则由铁铸圆光、仰月、宝盖和宝珠等组成，并由铁铸的刹杆将它们串联成一体，组成一个巨大的铁塔刹。刹尖直刺蓝天，是刺天式塔刹的典型。为保持大塔刹的稳固，在铁制仰月下，用8条铁链分别和塔顶各檐角垂脊末端固定，使铁塔刹牢固地耸立在巨大的塔身之上。而这古老的大型木塔，也因为有了这大型铁塔刹，显得更加高大、挺拔、雄伟、壮丽。

图 98　山西应县辽代木塔

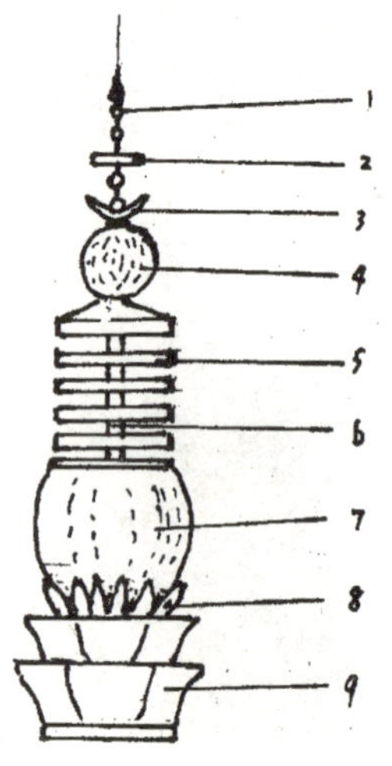

图 99　木塔的塔刹示意图

1- 宝珠 2- 宝盖 3- 仰月
4- 圆光 5- 相轮 6- 刹杆
7- 覆钵 8- 仰莲 9- 基座

三、南宋开元寺双塔的铁塔刹

福建泉州市开元寺是我国著名古刹，寺内原建之木塔，都因失火被焚毁，故在南宋时，用不怕火的石料建成一对宝塔。西塔名仁寿塔，是一座八角五层楼阁式石塔，高44.06米，建于南宋绍定元年（1228年）。东塔名叫镇国塔，亦为八角五层楼阁式石塔，高48.24米，建于南宋嘉熙二年（1238年）。开元寺双塔是我国现存最高的一对古代石塔。这对石塔的上半部以及高耸的铁塔刹，如图100所示。开元寺双塔距今已七八百年，曾经历过多次地震的考验，仍然屹立不动。这一对造型优美、规模宏伟的石塔，就一直是古城泉州的标志。

图 100　福建泉州市开元寺宋代双塔的上部（泉州开元寺提供）

石塔的优美，除了塔身构作优良和石雕艺术优秀之外，其顶部金属塔刹的挺拔俊秀，也起了很大作用。双塔的造型规格基本相同，塔刹也完全类同，其高度都是10米左右。刹身由铁铸的仰莲、七级相轮和宝盘组成。刹顶为鎏金的铜铸宝葫芦，并用铁链系固于塔顶檐角处，使高大的塔刹稳固地立于石质塔身之上，历经多次地震而屹立不动。从图100中，可清楚地看到双塔优美挺秀的金属塔刹。

四、南宋崇教兴福寺塔的铁塔刹

江苏常熟市的崇教兴福寺塔，始建于南宋建炎四年（1130年），重建于南宋咸淳年间（1265—1274年）。清咸丰十年（1860年），“寺毁而塔巍然独存”。但到1963年，古塔由于常年失修，已残破不堪，塔顶4根大梁已朽3根。高大的铁塔刹向西北角倾斜欲倒。塔腰第四、五层损坏深度达2米，处于摇摇欲坠之势。为此进行了大修，并费了大力，终于将倾斜达47厘米、重达15吨的铁塔刹拨正过来，使古塔恢复了青春。

图 101　江苏常熟市崇教兴福寺塔宋代铁塔刹

崇教兴福寺塔为方形塔，高67.14米，是一座四面九层砖木结构的楼阁式宝塔。宝塔的上半部和巨大的铁塔刹如图101所示。方塔的造型清秀，塔角舒展，外廓有柔和曲线。在第七层塔室正中立有刹柱。刹柱穿过七层、八层和九层3层塔身，并冲出塔顶，直刺云霄。刹柱将铁铸覆钵、露盘、相轮、宝盖、宝瓶和宝珠串成一体，形成重达15吨的铁塔刹。在四方形宝盖四隅，有铁链引向塔顶四角，使巨大的铁刹更加稳固。这古老的15吨重的铁铸塔刹能保存至今，当然是一件不可多得的古代大型金属文物了。

五、北寺塔的明代铁塔刹

江苏苏州市报恩寺塔，俗称北寺塔，初建于南北朝时期的梁代，到北宋元丰年间，被大火烧毁，改筑九层宝塔，但在金兵入侵时再度被毁。到了南宋绍兴二十三年（1153年）时，僧人大圆和尚重建宝塔，以后虽历经修治，但仍保持南宋宝塔的基础。北寺塔是一座砖木结构的楼阁式佛塔，八面九层，高76米，是我国南方第一高塔，全国第三高塔。塔的上半部及高大的铁塔刹如图102所示。

图 102　江苏苏州市北寺塔明代铁塔刹

北寺塔的塔顶上有巨大的铁制塔刹，高约11米，是明代铸造的。塔刹由覆钵、七级相轮、宝盖、宝珠等组成，其刹杆还往下贯穿塔的八、九两层。在铁塔刹的宝盖处，有8根铁链将其和塔顶8条垂脊相固结，使塔刹安置得十分牢固。北寺塔美丽、壮观的塔身，各层微微上翘的飞檐，再加上挺拔俊秀的铁制刺天式塔刹，使北寺塔显得非常宏伟、壮丽，被誉为“江南第一塔”。凡是

到苏州来玩的游人，出了火车站，首先映入人们眼帘的，往往就是这高大、美丽的北寺塔，以及其顶上的挺拔俊秀的刺天式铁塔刹。

六、真如塔的铁塔刹

在浙江嘉兴市人民公园内的一个小土山上，耸立着一个古代宝塔的大型铁塔刹（见图103）。据公园工作人员介绍，这是原嘉兴城南真如塔的铁塔刹。真如塔始建于北宋庆元三年（1197年）。后来，真如寺和真如塔几经兴废，在清顺治年间（1644—1661年）重建真如塔，塔高53米。到1959年时，真如塔垂危，就将其上的铁塔刹拆下，移置嘉兴市人民公园内保存。而真如塔在1971年拆毁。故现在真如塔只剩下塔刹。塔刹高9米多，重达5吨。除塔刹尖顶为铜铸外，其余皆为铁铸。塔刹由顶尖的铜铸宝珠和铁铸的宝盖、圆光、七层相轮、仰莲、覆钵以及刹柱等组成。在各相轮上，分别铸有“南无多宝如来”“南无妙色身如来”等铭文。在覆钵上，则铸有募捐者的姓名。但铁塔刹上没有铸上纪年铭文，故只能认为铁塔刹最晚铸于清顺治年间（1644—1661年）。铁塔刹虽然不再是真如塔的一个组成部分，而是单独耸立在嘉兴市人民公园内，但反而使得铁塔刹的形象更为突出，更像一件独立的古代精美大型金属文物，成为嘉兴市人民公园内精彩的景点。

图103　浙江嘉兴市真如塔清代铁塔刹

第六节　葫芦形铁塔刹

我国古塔中，除了保存有古代大型刺天式铁塔刹外，还保存有少量葫芦形铁塔刹。一般来说，宝塔顶上装置有葫芦形塔刹的，大多数是铜铸的。例如：著名的浙江杭州市六和塔，其塔顶上就保存有元代铸造的重达7.5吨的葫芦形铜塔刹。湖北荆州市荆江大堤上的万寿宝塔，其塔顶上则保存有明代铸造的鎏金的葫芦形铜塔刹。山西太原市永祚寺双塔和陕西泾阳县铁佛寺崇文塔等，也都保存有明代铸造的葫芦形铜塔刹。江西南昌市绳金塔和河北承德市避暑山庄永佑寺塔等，则都保存有清代铸造的葫芦形铜塔刹。至于塔顶装有铁铸葫芦形塔刹的古塔则很少，只有建于北宋明道二年（1033年）

的河南商水县寿圣寺塔，建于南宋淳祐年间（1241—1252年）的湖南岳阳市慈氏塔，建于明万历十三年（1585年）的广东潮州市凤凰塔，建于清乾隆四十九年（1784年）的山西新绛县龙兴寺塔等。其塔顶上保存的，才是古代葫芦形铁塔刹。而江苏苏州市灵岩山寺内的多宝佛塔，虽然换上了新铸成的刺天式铁塔刹，但没有将换下来的旧塔刹丢弃，而是将其完整地保存在佛寺的大院内，使得南宋绍兴十七年（1147年）铸造的葫芦形铁塔刹，成为现在已很难见到的古代大型铁葫芦塔刹的宝贵实物资料。

江苏苏州市灵岩山寺内的宝塔，名为多宝佛塔，初建于南北朝时期的梁天监二年（503年），在南宋绍兴十七年（1147年）时重建。重建的佛塔为六角七层的楼阁式砖塔，高34米。其塔刹为砖砌刹座上的铁葫芦。到1990年时，灵岩山寺全面重修多宝佛塔，遂将南宋铸的铁葫芦塔刹拆下，换上新制的刺天式铁塔刹。而南宋铸造的铁葫芦形塔刹，则放置于院内作为寺院的文物供游人参观。

图104　江苏苏州市多宝佛塔的南宋铁塔刹

灵岩山寺多宝佛塔的铁葫芦形塔刹（见图104）铸于南宋绍兴十七年（1147年），高2.3米，底径1.7米。其原安置在多宝佛塔顶上砖砌的刹座之上，由铁铸覆体、相轮和葫芦等组成，基本上保持了较完整的原貌。放置塔顶时，其形状似乎较小。现在放置在地面上再看时，显然也是一件大型铁铸文物。

第七节　古代铁塔的铸造

用生铁铸造佛塔，是我国首创。大多数古代铁塔是仿木构的楼阁式铁塔，其每层塔身和基座等，都可自成一个独立的构件。所以古代铁塔是分别铸出各个构件，然后将铸成的构件逐层叠装，由大而小。有的铁塔靠构件榫扣相接，有的铁塔通体不施榫扣，不加焊接，逐件叠压，自重以固。铁塔各构件之间的缝隙，则常用铁片来垫实。这样的装配工艺，使一些古代大型铁塔能历经千百年仍然屹立不动，不愧为我国古代建筑技巧和冶铸技术中的不朽之作。

在铸造铁塔之前，先要根据铁塔的大小和形状，来确定分成多少构件，制定出各个构件的铸造工艺方案。据查，现存完好的古代铁塔，每个塔最少也有十几个构件。有的大型复杂的铁塔，其组成的构件多达几十个。例如：广东广州市光孝寺东铁塔就

由17个构件组成。而湖北当阳市玉泉寺铁塔则由54个构件组成。每一层塔身往往又分成塔体和塔檐二个构件来进行铸造。但塔檐下的斗拱，则和塔檐整体浇注而成。所有的古代铁塔，其每一层的塔体构件的形状都类似，所以其采用的铸造工艺基本上是相同的，都是采用我国传统的泥型法铸造。其铸造工艺示意图如图105所示。如果铁塔的塔身为八角形，其外范则由8块范组成。内范为一个整体泥芯。再加上顶范和底范，就组成塔体的铸型。在相当于外范一边中间位置的顶范上，对称地设置2个浇口。在外范上反刻好铭文和各种纹饰、图案，特别是佛像，以保证塔身上铸出清晰的纹饰和铭文，又有美丽的佛像。铸出的这样一个塔身铸件，往往就有千斤之重。而铁塔的基座，一般来说，又比每层的塔身构件要重。所以大型铁塔虽然不是整铸的，只是很多生铁构件的大型组合件，但因其大多数构件本身就是一件大型铸铁件，因而铁塔当然是名副其实的古代大型铁铸文物了。

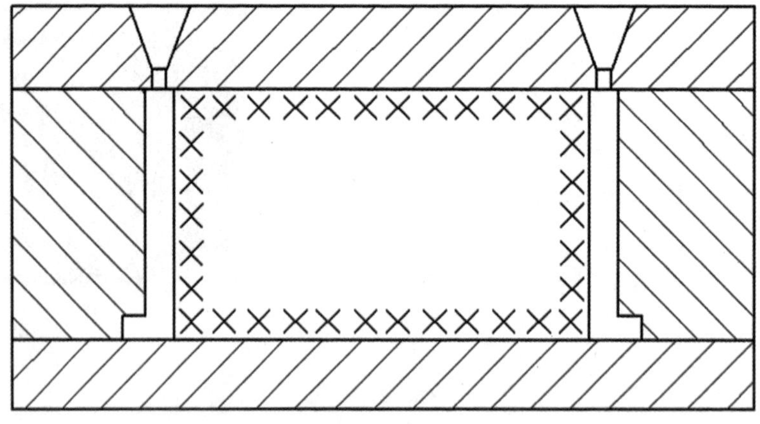

图105　铁塔构件铸造工艺简图

关于我国古代铁塔的材质，经过现代学者对一些古代铁塔的测试，得到了铁塔构件的化学成分和金相组织数据。例如：广东广州市光孝寺铁塔构件的化学成分为3.4%C，0.002%Si，0.15%Mn，0.40%P，0.019%S，其组织为珠光体和莱氏体，故知其材质为亚共晶白口铸铁[62]。而湖北当阳市玉泉寺铁塔构件的化学成分为3.66%C，0.05%Si，0.05%Mn，0.29%P，0.022%S，其组织除珠光体和渗碳体外，还可见到石墨组织，故知其材质为麻口铸铁[63]。由此可见，上述古代铁塔都是采用木炭生铁冶铸而成的。由于铁塔的材质是白口铸铁或麻口铸铁，故其耐腐蚀性高。因而，古代铁塔虽历经千百年，遭受长期风、霜、雨、雪的侵袭，依然乌亮晶莹，其中一些铁塔堪称我国珍贵的大型金属文物。

第十一章

古代铁旗杆

第一节　古代铁旗杆的现状

我国古时用来祭祀的坛庙，在大门前都竖有旗杆，挂着旗幡，以显示威仪。我国道教的宫、观继承了这一传统，其山门前也都有旗杆、旗幡。印度佛教没有这种建旗制度。传入中国后，受到我国传统的影响，也有很多佛教寺庙的山门前竖立起旗杆。旗杆也称旗竿，当然是用竹或木做成。而用铁旗杆来代替竹旗杆和木旗杆，可能是清初才有，因为现存的铁旗杆都是清代留存的。据查，现存最早的铁旗杆为山西解州关帝庙的一对铁旗杆，是清雍正五年（1727年）铸造的。铁旗杆是我国古代特有的大型金属文物。《中国名胜词典》[64]中就介绍过3对铁旗杆：河南周口关帝庙铁旗杆、河南潢川三义观铁旗杆和河北安国县药王庙铁旗杆。资料[65]也只介绍上述3对铁旗杆。但笔者实地调查过12对清代铁旗杆，其中9对在1840年前铸造，属清代早期和中期。还有3对铁旗杆是在1840年后的清代后期铸造的。那么，还有没有其他现存的铁旗杆？据资料[66]介绍，先说到“据统计，现存古代铁旗杆49对”，后面又说“清代至少铸有铁旗杆49对”“除河南北舞渡山陕会馆”等10处铁旗杆已经被毁外，其余大部分尚存，前后说法有矛盾，故只做参考。笔者经进一步调查了解，清代铁旗杆被毁的还不少，远超过10对。但现存的也要多一些，除了已提到的12对现存铁旗杆外，至少还存有3对铁旗杆，即清嘉庆十六年（1811年）铸造的湖北随州历山镇山陕会馆铁旗杆，清嘉庆年间铸造的山西襄汾县花庙铁旗杆，清同治元年（1862年）铸造的内蒙古托克托县河口镇龙王庙铁旗杆。

对于笔者实地调查的12对清代铁旗杆，除了铸于清雍正时期的山西解州关帝庙的铁旗杆是山西冶铸工匠铸造的外，其他铁旗杆，不管是在陕西还是在河北、河南、安徽、甘肃等省的铁旗杆，全部都是陕西金火匠人铸造的。所以，铁旗杆的结构形式，只有山西式和陕西式两种。山西匠人铸造的解州关帝庙铁旗杆，结构简单，旗杆的直径较细，行龙仅仅是浅浅地雕铸在杆身上。而其他11对陕西匠人铸造的铁旗杆，结构形式大致相同。杆身上都环绕着两条张牙舞爪的行龙浮雕，并和杆身上的三个铸铁云斗相互隔开，再加上杆顶上的凤鸟雕像，使铁旗杆的艺术水平远比山西铁旗杆高出很多。在这11对陕西匠人铸造的铁旗杆中，绝大多数铁旗杆都有纪年铭文。唯有陕西铜川市耀州区药王庙铁旗杆，其铭文中只有“大清国”三字，而无年号。故笔者对其具体铸造年代作如下推测：因为耀州区药王庙铁旗杆和河南唐河县源潭乡陕西会馆的一对铁旗杆极其相似，旗杆断面都呈六角形，直径相同，高度相差无几，行龙、云斗等造型相似，而且都是穿铁狮座而过，故其铸造的时间应该相近。唐河县陕西会馆铁旗杆铸于清乾隆四十六年（1781年），是这一类有纪年铭文铁旗杆中最早者。而陕西省又是这类铁旗杆的首创地。所以陕西铜川市耀州区药王庙铁旗杆的铸造时间应早于河南唐河县陕西会馆铁旗杆。换句话说，陕西铜川市耀州区药王庙铁旗杆的铸造匠人，是这类由行龙、云斗、凤鸟、对联等组成的铁旗杆的最先创造者。其后的铁旗杆都只是模仿而已。当然，后期铁旗杆的艺术水平和冶铸质量，大多比清初的铁旗杆有了很大提高。其中河南社旗县山陕会馆的一对铁旗杆，又高又重，最为壮观，可以说是我国古代铁旗杆的典型代表。这些铁旗杆大多是清代陕西、山西两省的商人集资捐造的。其目的，一方面是表示对药王或者关公（关帝）的崇敬，另一方面，则是祈求关公或者药王以及其他道教诸神的庇护，“永保十方平安”。同时，由于铁旗杆挺拔、俊秀，耸立在庙门之前，非常壮观，使关帝庙、药王庙或城隍庙大为增色。尤其是铁旗杆上两条飞舞的行龙，张牙舞爪、生动活泼，再加上杆顶的凤凰展翅，形成龙飞凤舞的艺术效果，使铁旗杆成为我国古代一种大型金属工艺品，而且还是我国特有的大型艺术铸铁文物。

此外，和12对清代铁旗杆类似的古代大型细长铁杆还有2根。一根是重庆市涂山上的明代铁铸的“桅杆”，高达15米。另一根是四川射洪县金华观清代铁“灯杆”，高11米。这些古代大型细长铁杆，因其外形和高度与铁旗杆非常类似，故附在本章中一起叙述。

第二节　清代前期铸造的铁旗杆

一、解州关帝庙铁旗杆

山西运城市解州关帝庙，是我国武圣人关公的老家，庙内的主殿名叫崇宁殿。在大殿前的大院内，保存有不少古代铁铸文物。其中有一对清代初期铸造的铁旗杆，分立在甬道的两侧。在铁旗杆的附近，还有铁狮、铁人等铁铸文物，如图106所示。

图106　山西运城市解州关帝庙清代铁旗杆

铁旗杆在地面以上的高度约10米，旗杆的直径为11厘米，铸于清雍正五年（1727年）。铁旗杆的造型较为简单，是一根圆形光杆。杆身上雕铸有浅浅的3条行龙图案，并铸有铭文：“清雍正五年岁次丁未年三月日造”和“蒲州金火匠赵某、范某”等。在铁旗杆的顶部有一方斗，而铁旗杆的底部则固定在砖石砌筑的基座之中。基座上还有一尊铁象，象身中央有一圆孔，以使铁旗杆从中穿过。铁象虽不大，但造型朴实憨厚，与铁旗

杆相配，增色不少。这对铁旗杆杆径较细，造型比较简单，但保存完好，是我国现存最早的一对古代铁旗杆，值得重视。

二、耀州药王庙铁旗杆

陕西铜川市耀州区城东的药王山，是唐代名医孙思邈隐栖之地。孙思邈由于医术高明，对中药的研究亦有极大成就，被尊称为“药王”。明代时，人们在药王山上为孙思邈建药王庙（或称药王祠），以祭祀纪念。清代前期，又在药王庙大殿前的“一天门”两侧，耸立起一对铁旗杆（见图107），使药王庙更加巍峨壮观。

图 107　陕西铜川市耀州区药王庙清代铁旗杆

铁旗杆的高度从地面算起为12.5米，杆身断面呈六角形，外径18厘米，铸于清代初期。杆上环绕着两条造型优美的行龙，行龙和杆身铸成一体。每条行龙的上面，都铸有一个云斗。在旗杆的杆顶，铸有一只美丽的凤鸟。在行龙下面的杆身上，焊着铁牌一块。两根铁旗杆上的铁牌，都铸有铭文。合起来，正好构成对联一副：

铁杆铜条耸碧霄，千年不朽

铅烧汞炼点丹药，一匕回春

这一副对联高度颂扬了药王孙思邈的医德之高尚和医术水平之高超。

铁旗杆固定在1米高的石座中并深入地下。石座上有铁狮，铁旗杆则穿狮而过。铁狮已有部分残缺，但铁狮上所铸铭文仍清晰可辨：“大清国陕西西安府耀州留凤乡五台山太元洞前一天门下，创建旗杆一对，二万五千斤”和“富平县油典村金火匠人李春全，廷加、廷福、启德、李思发”。由于铭文中只有“大清国”三字，而无年号，笔者经过对现存12对铁旗杆的全面调查研究后，推测药王庙铁旗杆的具体铸造时间，应早于河南唐河县源潭乡陕西会馆铁旗杆的铸造时间，是陕西式铁旗杆的最先创造者，亦即应在清乾隆四十六年（1781年）之前。耸立在药王庙“一天门”前的这对铁旗杆不但高大挺拔，而且造型非常优美。旗杆上环绕的两条行龙，张牙舞爪，生动活泼，似乎要腾空飞翔；又有云斗相间，再和杆顶上展翅翱翔的凤凰相配，形成龙飞凤舞的优美造型。这比解州关帝庙铁旗杆的艺术水平高了很多，而且还有纪念性对联一副，的确是铁旗杆制造上的一大创新。

三、唐河县陕西会馆铁旗杆

图 108　河南唐河县清代铁旗杆

在河南唐河县源潭乡原清代陕西会馆的旧址（现为唐河县第二中学）内，有一对清代铁旗杆，如图108所示。铁旗杆的高度据传有17米高，但从地面算起，高度还不到13米。杆身断面呈六角形，外径18厘米，铸于清乾隆四十六年（1781年）。

这对铁旗杆和陕西铜川市耀州区药王庙铁旗杆极其相似：旗杆断面都呈六角形，杆身外径相同，高度相差无几，行龙、云斗等造型相似，在石质底座上都有一铁狮，铁旗杆都是穿铁狮而过，而且都是陕西金火匠人所铸。不过，两者也有差别。耀州区药王庙铁旗杆上铸有2条行龙、3个云斗，而唐河县陕西会馆的铁旗杆上只铸有1条行龙、2个云斗、其下部各分段的结合点，则铸成由两个善财童子合抱的结点。而且，药王庙铁旗杆只在铁狮上铸有铭文，而唐河县陕西会馆两根铁旗杆的下部杆身上，都铸有铭文："大清乾隆岁次辛丑荀月初一日，陕西同州府韩城金火匠人薛大银造"，"陕西同州府韩城县木厂弟子，正兴、金昇、兴盛、万利、永兴、永盛、世兴、增盛、畏发、聚盛、大川号公立"等。铭文清楚地表明，铁旗杆是在清乾隆四十六年（1781年），由陕西同州府韩城县各木材商号出资，请陕西韩城县金火匠人铸造的。露天置放的这对铁旗杆，虽已历经两百多年风、雪、雨、霜的侵蚀，但铁旗杆的表面仍然乌亮光滑，所铸铭文也很清晰。杆身上那条张牙舞爪的行龙和善财童子的浮雕，都雕铸得很有艺术水平。而底座上的铁狮，更增加了铁旗杆的威武。铁旗杆现在虽位于唐河县第二中学的职工宿舍区内，但必须将其作为古代重要的大型金属文物来进行保护。

第三节　清代中期铸造的铁旗杆

现存的清代中期铸造的铁旗杆共有6对。除陕西佳县白云山庙真武殿前的铁旗杆（高8米，直径12厘米，铸于清道光四年）较小外，其他铁旗杆都很高大，又非常精美，为现存铁旗杆中最精美的。

一、周口关帝庙铁旗杆

清朝初期，河南周口镇已成为豫东商业的重要集散地，故众多陕西商人云集于此。这批陕西商人曾集资在周口兴建关帝庙一座。清嘉庆二年（1797年）再次修建关帝庙时，陕西同州府众商人又敬献铁旗杆一对，分立庙门之前，使关帝庙更加雄伟、壮观。1996年12月，周口关帝庙成为第四批全国重点文物保护单位。

周口关帝庙的铁旗杆，如图109所示。关于铁旗杆的高度，根据资料[64, 65, 67]的介绍，都说是“高21.5米”。但是笔者在现场实际测量，从地面算起，铁旗杆的高度约16米。铁旗杆的截面则为圆形，直径24厘米。铁旗杆的下部安装在六角形须弥式铸铁座和青石底座之中。铸铁座的每一立面上，分别铸有铭文和山水、花卉、龙、凤、鸟兽等图案。除了铸有纪年铭文“清嘉庆二年春，铸造铁旗杆一对，重三万余斤”外，铭文还表明：铁旗杆是由“陕西同州府大荔县、朝邑县、澄城县天平会众商敬献”的。铸造铁旗杆之目的，是求“关圣帝君永保十方平安，吉庆有余”。从铭文中还可知道，铁旗杆是由“陕西同州府蒲城县、华阴县金火匠人徐福长及其侄忠孝、秉德和李世贞”等人共同铸造的。旗杆上有两条蟠龙环绕杆身，中间隔有云斗，杆身上的云斗共有3个。旗杆的下部杆身上，原来铸焊有对联的铁牌，杆身上部原铸焊有“大义”“参天”四个大字，以及顶部原有的飞凤等，均已缺失。不过，铸在旗杆中部的两条蟠龙，则仍然完好无损。铁龙的造型生动活泼、张牙舞爪，似欲腾空飞升。而且，铸铁底座上雕铸的各种动物和花卉的美丽图像，也仍然清晰。铁旗杆各部分的表面，乌黑光亮，甚少锈迹。这些都表明金火匠人的雕塑艺术和冶铸技术水平的高超。这一对高耸挺拔的铁旗杆，已成为周口关帝庙重要的标志。

图109　河南周口市关帝庙清代铁旗杆

二、潢川三义观铁旗杆

河南潢川县南城小南海湖畔，原建有一座三义观。其大门前竖立一对铁旗杆，成为潢川县小南海的一景。现在三义观已经不存，但铁旗杆仍耸立在原地（见图110）。铁旗杆的周围虽然已全为民居，但是铁旗杆仍受到当地居民的保护，外地游客也能入内观看。

三义观的铁旗杆保存得较好，杆身上的蟠龙、云斗、铁牌和杆顶的凤鸟都保存完好。铁旗杆高出地面16米，圆形杆身，直径24厘米，重3.5万斤，铸于清嘉庆十四年（1809年）。据《光州志》记载，当时河南光州当铺掌柜刘万昌曾联合陕西四家烟商，集资为三义观铸造铁旗杆。不过，东铁旗杆座上所铸的铭文为："陕西同州府朝邑、大荔县常烟会众商仝叩"，而且是"新成王号、天成王号、公盛高记、正顺合号"等18家商号之名，西铁旗杆座上所铸的铭文则是"首事人正顺合号、亿盛雷记、乾盛德号、兴盛孙记仝叩"，可见，捐资的商号是很多的。这些商人敬铸一对铁旗杆的目的，是"颂关圣大帝之真德""永保风调雨顺、国泰民安、诸商兴旺"。两根铁旗杆都铸有纪年铭文"大清嘉庆十四年岁次己巳吉日铸造"，还铸有"陕西同州府蒲城、华阴县金火匠人徐福长，男秉文、秉建，侄秉德、秉魁、忠孝"和"李世贞、白法珍同造"的铭文。这说明潢川县三义观的铁旗杆和周口关帝庙的铁旗杆，其铸造时间虽然相隔十二年，却是由同一批金火匠人所铸造。所以其形制和大小几乎都相同，但三义观铁旗杆比周口关帝庙铁旗杆保存得更完整，其石质底座也更为漂亮。作为高1.32米的六角形石座，各面上雕刻的龙、马、鹿等动物浮雕都很精致。石座上面为旗杆的铸铁座，亦为六角形，各面上铸有铭文和鸟兽、花卉、瑟、琶等图案，都很清晰，而且很精致。杆身下部焊有铁牌一块，仍保存完好，上面铸字。两根旗杆铁牌上的铭文，合成对联一副：

图110　河南潢川县三义观清代铁旗杆

铁竿颂德高千尺

铜柱表诚灿九霄

对联的用意，是为了歌颂关圣大帝（关公）的功德，并表明众商人的一片诚心，以求得关帝的保佑。

铁旗杆上所铸的两条蟠龙，张牙舞爪，似欲腾飞，非常生动，加上三个方形云斗，以及顶上展翅欲飞的凤凰等，形成"凤凰展翅""日月相映"图案，连同旗杆基座上的精美图案，使铁旗杆的艺术性大为提高。所以也可把这一对铁旗杆看成是保存完好的古代大型金属工艺品。这些都表明，这一对铸工精湛、结构巧妙、气势不凡的铁旗杆，在未来的潢川县小南湖风景区中，必将成为一个旅游亮点。

三、社旗山陕会馆铁旗杆

河南社旗县的山陕会馆是一处雄伟壮观的古代建筑群，又名"山陕庙""关公祠"，在1988年1月被国务院定为第三批全国重点文物保护单位。在山陕会馆前院的悬

鉴楼前，高耸着一对清代铁旗杆，如图111所示。据资料[68]介绍：“铁旗杆一对，立于前院两侧，高28米，重五万余斤”。不过，笔者在现场实测，从地面算起，铁旗杆的高度，不超过18米，相差甚大。当然，这很有可能是因为铁旗杆深入地下很深。铁旗杆的截面为圆形，直径24厘米，两杆相距10.5米，耸立在宏伟的悬鉴楼前，的确非常威风。当然，铁旗杆“重五万余斤”，则可得到铁狮座上的铭文证实。同时，从纪年铭文“嘉庆二十二年岁次丁丑”可知道，铁旗杆铸于清嘉庆二十二年（1817年）。铁旗杆固定于青石须弥座内，石座上面立有铁狮，旗杆则穿狮而过，参见图112。铁狮身躯硕健，昂首挺胸，狮尾上竖，再向水平折转。这一对雄健的铁狮，亦为铁旗杆增色不少。

图111　河南社旗县山陕会馆清代铁旗杆

铁旗杆在铁狮以上的杆身，从外表看，可以分成5段。各段之间由莲花台和3个云斗分隔。在最下面的一段杆身上，焊有一块铁牌，上铸文字。两块铁牌上的铭文合成一副颂扬关公的对联：

浩气千秋照日月

英灵万古震纲常

图112　河南社旗县山陕会馆清代铁旗杆下部铁狮

可惜，这两块铁牌在“文化大革命”中被毁，现在已经看不到了。杆身的第二、第三段，则铸有环绕铁旗杆的蟠龙两条，生动活泼，遒劲飞腾。第四段分挂“大义”和“参天”。第五段杆身则是光的。在杆顶上，立有一只凤鸟，展翅引颈高鸣，和杆上的蟠龙合成“龙飞凤舞”的优美造型。旗杆上的三个方形云斗，各有四个风铃，云斗的四角插旗。其中下云斗最大，上雕“寿”和“卍”字；上云斗最小，则镂作古钱形，表达敬铸者希冀财源广进之愿。铁旗杆下部的两尊铁狮，不仅使铁旗杆更加雄伟，而且狮身上铸的“永保合会平安”“吉祥如意”等铭文，表明了铁旗杆的铸造目的。铭文还表明：铁旗杆是“陕西同州府”的“胶坊”“毡坊”“皮坊”等众商捐资，由“同州府朝邑县金火匠人索武功、索福魁、徐忠孝”等五人共同铸造的。其中徐忠孝曾参与过周口关帝庙铁旗杆和潢川三义观铁旗杆的铸造工作。所以这三地的铁旗杆的形制基本相同，可以说是一脉相承的；只是社旗山陕会馆铁旗杆的铸造时间要晚些，而重量、高度都增加了，铸造的难度更高了。这对铁旗杆是我国现存古代铁旗杆中最为壮观的一对，成了全国重点文物保护单位社旗山陕会馆中最重要的文物之一。

四、亳州花戏楼铁旗杆

安徽亳州市北关的花戏楼为清初所建，是一座演戏用的舞台。花戏楼坐落在大关帝庙内，是亳州大关帝庙建筑群中的主要组成部分。因其集砖雕、木雕、铁铸艺术之大成，凸显舞台建筑之珍品，被定为全国重点文物保护单位。花戏楼与山门连为一体。山门外两侧竖立着一对铁旗杆，如图113所示。

图113　安徽亳州市花戏楼清代铁旗杆

铁旗杆高出地面14米，圆形截面，杆径20厘米，一对共重2.4万斤，铸于清道光元年（1821年）。从旗杆铁座上的铭文可知，铁旗杆是陕西众药商捐资铸造的，敬献给关圣帝君，以求关帝“永保十方平安、吉庆有余”。而铸造者亦是陕西同州府华阴县的金火匠人徐福长一家，是徐福长同其子徐秉健，而且还有其孙徐永庆一起参加铸造的。因而其形制与周口关帝庙等的铁旗杆是相同的，但规模要小些。

铁旗杆固于石座和铸铁座之中，并深入地下。基座以上的杆身被莲花台和三个云斗分隔成五段。第一段原来挂有铁铸对联一副，上、下联分别为：

铁杆颂德高千尺

金柱铭勋参九霄

可惜现已不存。第二、第三段各铸有云龙一条，张牙舞爪，意欲腾飞。第四段铸有“大义”“参天”四字。第五段铸八卦图。在云斗的四角插铁旗四面。杆顶铸丹凤一对，可惜今只存一只。花戏楼铁旗杆相对于周口关帝庙、潢川三义观和社旗山陕会馆的铁旗杆，无论从大小、气派还是铸造质量来看，似乎稍逊一筹，但仍不失为一对重要的古代大型金属文物。

五、安国药王庙铁旗杆

河北安国市南关的药王庙，始建于北宋，明嘉靖年间和清乾隆二十年（1755年）都进行过重修，是为了祭祀东汉开国功臣邳彤。邳彤精通医理，医术高明，治愈多起疑难病症，被称为“药王”。安国市古称祁州，一直是我国重要的药材集散地，故药

王庙香火鼎盛。清道光九年（1829年），来安国经商的陕西帮、山东帮、山西帮、关东帮等药商集资，并请陕西同州府华阴县的金火匠人徐秉魁、徐秉健、李天贵等4人铸造铁旗杆一对，敬献于药王庙。

图114　河北安国市药王庙清代铁旗杆

铁旗杆耸立在安国药王庙山门前两侧，雄伟、壮观，如图114所示。铁旗杆插入石座之内。在石座上面，有旗杆的铸铁座。铸铁座的每个面上，都铸有铭文，既有捐资商行和住持道人的姓名，也有金火匠人的姓名和铸造日期等铭文。其中有“大清道光九年吉月吉日，铸造旗杆一对，重六万有余。永保四方平安，吉庆有余”的纪年和祝贺铭文，表明铁旗杆铸于清道光九年（1829年）。而金火匠人中的徐秉魁、徐秉健，则参加过周口关帝庙、潢川县三义观等铁旗杆的铸造。所以，安国药王庙铁旗杆，其结构形式和前述铁旗杆类似，但重量要大，其高度则说法不一。据《安国县志》载：“药王庙铁旗杆高24米，每根重约15吨，系采用屯土浇铸法，历时三载，于清道光十二年（1832年）铸成”[69]，但资料[64, 65]则称：“药王庙铁旗杆高27米”。而笔者在现场根据旗杆影长的测量，得出从地面算起的旗杆高度，约为18米，加上地下的杆身长度，则旗杆高度最少为24米。而旗杆的杆径为24厘米，但最下部的直径加粗到30厘米。在铸铁基座以上的杆身，可分为5段，其形制和周口关帝庙铁旗杆相同，第一段杆身上的两块铁牌，其上所铸的字，合成一副歌颂“药王”邳彤的对联：

铁树双旗光射斗

神庥普荫德参天

第二、第三段杆身上，各铸蟠龙一条，生动活泼，遒劲飞腾，参见图115。蟠龙和杆顶上展翅的凤凰，构成龙飞凤舞之美丽图案。旗杆上还有三个方形云斗，下挂风铃，上插铁旗。高大挺拔的铁旗杆和华丽庄严的山门相配，再加上山门两侧所挂的大红灯笼，以及山门前的一对石狮子，构成了一幅中国古代庙宇极具代表性的门景图，的确非常漂亮。

图115　河北安国市药王庙清代铁旗杆上的铁蟠龙

第四节　清代后期铸造的铁旗杆

1840年中英鸦片战争后的清代，已进入后期。在此期间，随着国力的衰落，铸造的大型金属物日益减少。但在陕甘地区，却还存有3对铁旗杆，即清道光二十六年（1846年）铸造的甘肃正宁县罗川镇铁旗杆，清咸丰三年（1853年）铸造的陕西三原县城隍庙铁旗杆，清光绪二十一年（1895年）铸造的陕西宝鸡金台观铁旗杆。

在甘肃正宁县罗川镇，原城隍庙的大门前，仍保存着一对清道光二十六年（1846年）铸造的铁旗杆（见图116）。从图中可看到，在高大挺拔的铁旗杆旁边，还有4座石牌坊，是明万历四十二年（1614年）竖立的“清官坊”“天官坊”等石牌坊，当地人称“赵氏石坊”。这古色古香的铁旗杆和石牌坊耸立在宁静的古城街道上，给人们一种肃静、庄严的古城气息，让人流连忘返。

图116　甘肃正宁县罗川镇清代铁旗杆

罗川铁旗杆的高度，据称达16米。但从地面算起，实测高度还不到11米。杆身截面为圆形，直径为16厘米。铁旗杆是清代甘肃庆阳府正宁县的彭碧霄、赵元礼等首事人，敬献给罗川城隍庙的。为此，专门从陕西省富平县请“复兴炉金火匠李福来”等到罗川来铸造。因此，铁旗杆的造型，和前面介绍的陕西式铁旗杆的造型完全类似，杆身上铸有两条张牙舞爪的蟠龙，杆顶上亦立有展翅的凤鸟。但杆身只有四段，故云斗也只有两个。插入石座中的铁旗杆也是穿铁狮而过。铁狮上铸有敬献者和金火匠人的姓名，还铸有“大清道光二十六年岁次”的纪年铭文。两根铁旗杆的下段，原来也焊有两块铁牌，铁牌上的字构成对联一副：“社荐鸡豚留永白，旗翻熊虎待灵风。”可惜铁牌现已不存。但铁旗杆上的蟠龙、凤鸟、云斗、小旗以及铁狮等，都保存完好，故在1979年就被正宁县政府公布为县重点文物保护单位。

陕西三原县城隍庙山门前影壁的两侧，也竖立着一对铁旗杆，是清咸丰三年（1853年）铸造的。从地面算起，高近13米，杆身较粗，圆形截面的直径达24厘米，“旗杆一对重二万余斤”，是“咸丰三年孟秋塑日谷旦泾邑北关金火匠人玉兴炉院”铸造的，铸造质量上乘。杆身上亦铸有2条飞龙缠绕，3个云斗相间，旗杆下段原来也有两块铁牌，上书“畿察动先，念知幽处”。

陕西宝鸡金台观的玉皇阁前竖立的一对铁旗杆，是清光绪二十一年（1895年）铸造的。其造型和其他陕西式铁旗杆的造型完全相似。杆身上铸有蟠龙、云斗，杆顶立有凤鸟，但杆身较细，六角形截面的外径只有14厘米。其从地面算起的高度约8.5米，“一对共重八千余斤”，是“宝鸡县高里村金火匠人”和“陈村镇和盛炉院金火匠人”铸造的。

第五节　铁旗杆的铸造

笔者实地考察的我国现存古代铁旗杆以及铁“桅杆”、铁“灯杆”等大型细长的铸铁件，共有26根。其初期产物，如明代涂山铁桅杆和清初解州关帝庙铁旗杆，基本上只是一根细长的铸有少量文字和图饰的柱状铸件，后来发展成为铁杆上铸有蟠龙、云斗并加上飞凤、铁牌（对联）等附饰物，使铁旗杆成为一件地地道道的艺术铸铁件。这种艺术化的铁旗杆在清代乾隆年间已出现，到清代嘉庆年间发展到鼎盛期，出现了一批非常精美的铁旗杆。其中陕西华阴县金火匠人徐福长做出了杰出的贡献，他不仅亲自参与并主持周口关帝庙铁旗杆、潢川县三义观铁旗杆、亳州市花戏楼铁旗杆的铸造，而且培养了他的儿子、侄子和孙子以及其他徒弟。他虽然没有参加社旗县山陕会馆铁旗杆和安国药王庙铁旗杆的铸造，但他的侄子和儿子参加了铸造。可以说，现存清代最主要、最华丽的铁旗杆的铸造成功，都有他这一“铸造世家”的功劳。

古代铁旗杆是如何铸造出来的呢？笼统地说，当然是采用传统的泥型铸造法在当地铸造出来的。但旗杆高达10米以上，甚至20多米，还和蟠龙、云斗铸成一体，其具体的铸造方法到底是怎样呢？这确是一个值得一提的问题。1999年10月出版的《社旗山陕会馆》一书中说，铁旗杆是“分节堆土法铸造而成”。而《安国县志》[69]也说铁旗杆“系采用屯土浇铸法”铸造而成。这说法对吗？古代高大的铸件，的确常常采用分层造型堆土后垂直浇铸的办法，把一件高大的铸件整体铸造出来。但是铁旗杆很高，而直径较细，是细长类铸件，采用堆土法浇铸显然是劳民伤财的办法，是行不通的。从对铁旗杆的实际观察和研究后，笔者发现，各地铁旗杆的圆形或六角形杆身，其铸造时的分型方法，都是沿着旗杆纵截面中心，将杆身分为上、下型，可参见图117中所示的分型面。而且上面的一半杆身，每隔30～50厘米（以40厘米左右为最多）有一范缝。而下面的一半杆身则通体光滑无范缝。而两条腾飞的蟠龙正好在分型面上展开。所以笔者认为，铁旗杆的杆身是采用地面分段造型多浇口水平浇铸的办法，将铁旗杆整体铸造出来。杆身具体的造型和铸造方法，可参见如图117所示的铸造示意图。蟠龙和方形云斗是和杆身一起整铸出来。而铸铁底座是单独铸造的，和杆身铸造无关。

杆顶的凤凰以及铁牌、小铁旗、风铃等附饰，当然也是分开铸造出来后，再和杆身铸焊、装配成一体。由于杆身重达数吨到十几吨，必须同时开动多个熔炉来熔化铁水，并采用多点浇注，才能一气呵成。当然，这看法是否符合实际，还可进一步讨论。不过细长类铸件铸造时有个大问题，就是变形。因为铸件在长度方向，会受到浇注温度差异和凝固先后等影响，使直杆变形弯曲。在笔者实地考察的26根古代细长铁杆中，重庆市明代涂山铁桅杆的长杆不平直，肉眼就可看到铁桅杆有明显变形弯曲。清代初期铸造的山西解州关帝庙铁旗杆，也可看到一些弯曲变形。而清代中后期铸造的铁旗杆，则细长杆身很平直，值得我们去进一步了解这些匠人的成功铸造经验。

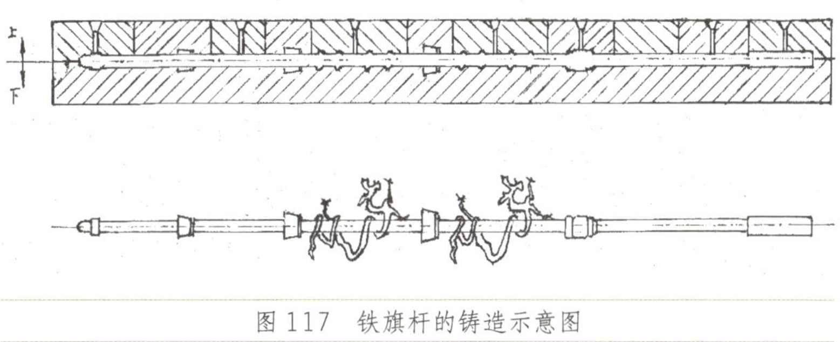

图117　铁旗杆的铸造示意图

第六节　铁桅杆和铁灯杆

在我国古代，还铸有若干和铁旗杆类似的大型细长铁杆。现存的有重庆市涂山明代铸造的铁桅杆，四川射洪县金华观内清代铸造的铁灯杆。

一、重庆市涂山铁桅杆

重庆市南岸区涂山的山顶上，原有一座明代的澄鉴亭。亭前有一根明代铸造的很高的铸铁杆（见图118），人称“铁桅杆”。现在澄鉴亭虽已不存，但铁桅杆仍在。1992年3月，重庆市人民政府将涂山铁桅杆审定为市级文物保护单位。

图118　重庆涂山明代铁桅杆

铁桅杆铸于明万历二十三年（1595年）。从地面算起，其高达15米左右，杆身为圆形，直径为16.5厘米，固定在1米高的石质基座之内，并深埋地下。铁桅杆几乎是一根光杆，杆身上没有图案和纹饰，只铸有少量不很整齐的铭文。其冶铸技术水平，只能算是一般。表面较粗糙，铸造时留下的披缝很明显，甚至浇口痕迹也未去除。整根铁杆铸得不是很平直，有些弯曲变形。铁杆上所铸的铭文，字迹虽欠工整，但记年明确，是明代“万历二十三年三月”，“新兴铺”商人“费大元、刘氏”一家出资铸造的。铭文中还有祈求“长寿”之意。由于涂山靠近长江，在涂山上竖立一根高约15米的铁杆，似江中船上的桅杆一样，受人注目，故重庆人称其为“铁桅杆”。铁桅杆耸立在涂山之上，亦已400多年，是明代留存至今的唯一一根大型细长铁杆，确实也是一件不可多得的古代大型金属文物。

二、射洪县金华观的铁灯杆

四川射洪县金华观的祖师殿前，竖立着一根大型细长铁杆，俗称“铁灯杆”（见图119）。铁灯杆从地面算起，高约11米，圆形杆身，直径为20厘米，铸于清嘉庆元年（1796年）。为什么要在金华观内竖立这根铁灯杆呢？据说是为了治红眼病。相传，在清乾隆五十九年（1794年）时，县城所在地的金华镇及其周围村庄，有很多老百姓得了红眼病。因而当地的道教信徒就向金华观住持道会司杨宗周会长建议，在金华山塑造“眼光神仙”像一尊，以保一方信众的眼睛平安。于是，杨宗周会长和当地道众领袖张维邦等商量后，带头出资并募化资金，从成都请来金火匠人李述美、龙柱等，在清乾隆六十年（1795年）十二月开始铸造铁灯杆。除了杆的顶部可挂灯笼外，特在铁灯杆的下段杆身上铸出一个小孔，孔内铸有“眼光神仙”铁像一尊。到清嘉庆元年（1796年）二月，“铁灯杆”铸成并竖立在金华观的祖师殿前。铁灯杆高出地面三十三尺，埋入地下十八尺，在杆顶上，有一个大灯笼，在晚上可照大地，其含意是“上照三十三重云霄，下镇十八层地狱”，用以祈祷三十六洞神仙的保佑，下镇妖魔鬼怪，永保百姓眼睛清亮。据传，如果老百姓的眼睛得病，可在铁灯杆前的功德箱内，放一枚铜钱，用手擦“铁灯杆”下段小孔内的“眼光神仙”像，再用手擦一下眼睛，眼病就好，眼睛从此清亮。据说还很灵验。从此，金华一方眼病全无。这当然是传说而已，但铁灯杆的铸造时间和目的是确实的，这可从杆上铸的纪年铭文“大清嘉庆元年丙辰岁二月上旬敬”，以及神像和“紫气东来”铭文等，得到证实。

图119　四川射洪县金华观清代铁灯杆

第十二章

古代大铁柱

在古代中国，建筑物的柱、梁，一般都采用木料或石料做成，但也有一些特殊建筑物，采用铜柱、铜梁，或铁柱、铁梁。此外，我国还铸造过不少其他的柱状金属物件，其中有相当部分是大型金属柱，但留存至今的物件，已不多见。唐代曾出过一位我国古代唯一的女皇帝——武则天。为了纪念她的丰功伟绩，在延载元年（694年），武则天命人在洛阳用铜、铁铸“天枢”。天册万岁元年（695年），“天枢”成，高105尺，共耗铜、铁达两百万斤。那么，这庞大的“天枢”，是什么样的东西呢？在资料[28]的“古代大型铸件”篇中，是这样描述的：“所谓‘天枢’，就是一根巨大的铁柱，上面铸刻着颂词和歌颂者的姓氏，有点像拿破仑时代巴黎的凯旋柱，印度德里的大铁柱，不过它的规模更大，年代更早。”但查唐史发现，“天枢”实际上不是大铁柱，而是一根巨大的“八棱铜柱”，上设铜承露盘，下为一座周长170尺的铁山[70]。这根巨大的纪念铜柱，是我国古代最著名的金属柱，可惜在唐玄宗开元二年（714年）时就被拆毁[71]。在唐朝的景龙元年（707年），御史唐九征平息吐蕃及姚州之乱，收复滇西北和今川西地区后，亦曾在当地建纪功大铁柱，现今也早已不存。在现存的古代大型金属柱中，除了一些铜殿中保存的铜柱、铜梁，定陵地宫大门的铜梁和著名的“溪州铜柱”外，多数还是一些保存至今的大型铁柱。如唐代的蒲津桥铁柱、明代的兰州黄河浮桥铁柱和梧州桂江浮桥铁柱等古代大型浮桥、铁索桥所用的铁柱，还有著名的“南昭铁柱”“鄂尔泰铁柱”等纪念性大铁柱，等等。湖南常德市乾明寺的铁铸“经幢”，是宋代铸造的大型圆柱形铁铸文物，与大铁柱近似，故收入本章一起叙述。至于10米以上的铁旗杆、铁桅杆等古代大型细长形铁柱，则已在前面一章中叙述过了，此处不再重复。另外，还有一些特殊意义的铁柱，如河南鹿邑县太清宫前的铁柱，是作为老子“柱下吏”的标志；江西南昌万寿宫的铁柱，据传是晋代许逊天师用以镇压蛟蟠的；湖北武当山磨针井老姆亭前的铁杆，则是隐喻“铁杵磨成针”的成语故事；山西解州关帝庙端门前，交叉斜竖着三根铁柱，俗称“门挡”或“挡众”，则表示关帝圣庙的威严，凡朝圣者，不管文官、武官，到达“门挡”前，都得下轿、下马之意。这些古代铁柱的高度，只有1米到2米长，而且直径也比较细，故还不是大铁柱，本书不作详述。

我国现存的古代大铁柱，虽然不太多，但从世界范围来看，却是保存古代大铁柱最多的国家。我国古代大铁柱都是铸造而成的，而西亚、南亚和欧洲各国在古代时，只发展了锻铁技术，用来锻造铁兵器、铁农具，但要锻造成大铁柱，技术难度较大。故在古代世界，锻成的大铁柱很少，最著名的是印度新德里的“库吐伯大铁柱”[72]，高7米，就是将一块块铁煅烧后，再焊接成一根大铁柱的。这和我国古代用铸造法制造的大铁柱有很大的区别。古代欧洲直到14世纪才开始生产高温液态生铁，故也没有留存什么大的铁柱。但到18世纪中叶，英国开始工业革命后，生铁产量突飞猛进。到1850年时，英国的生铁产量不仅早已超过我国，也比德、法等其他资本主义国家为高，占到世界生铁产量的51%。在1851年英国伦敦举办的第一届世界博览会的会场，主要就是用铸铁和玻璃建筑而成，被称为“水晶宫”。整座大厦共用了2 300根铸铁做的大型梁柱，重达3 500吨[73]。但这已是近代工业创造的奇迹，不属于古代了。而且，这一辉煌建筑物在1936年时被一场大火吞没了。所以，我国现存的古代大铁柱，数量虽不太多，却值得重视。

第一节　唐代大铁柱

唐代虽然铸造过一些大型的铁柱，如建筑用的大铁柱、纪念性的大铁柱等，但留存至今的已很少了。据调查了解，现存的只有唐代建的蒲津桥所用的几根铁柱，以及云南弥渡县的“南诏铁柱”。

一、古蒲津桥铁柱

1989年7月，在山西省永济县（今永济市）的黄河边上，考古工作者对唐代蒲津桥遗址的发掘，不仅出土了著名的唐铁牛、铁人，而且还出土了“七星柱”。所谓“七星柱”，就是仿天上的北斗七星布置在铁牛旁的7根铁柱，如图120所示。为什么这样布置呢？按古人的意思，铁柱仿北斗星的布局，可代表天；而铁牛为土，代表地。这样天地就全有了，蒲津桥就可得到天地的保护，长存于世。至于“七星柱”的实际作用，据考察，是作为拴船的桩，与铁牛、铁山、铁人等融为一体，作为蒲津浮桥的地锚，承担桥的重量，保持了浮桥的稳固。所以，大铁柱在浮桥建筑工程中，亦起着重要的作用。

图 120　山西永济市唐代蒲津桥七星铁柱

古蒲津桥边的“七星铁柱”，是由7根竖立在地面上的大铁柱合成，其每一根铁柱都是实心的，铸造于唐开元十二年（724年）。其中有5根铁柱，是单独地垂直竖立在地上的。每一根铁柱的高度为6米，直径为0.4米，重量达5吨多，铁柱上部的圆顶下有一圈凹槽，可用来拴绳。此外，还有2根竖立的铁柱，则是和一根横向的短铁柱装配组成H形物件，竖立在地上，如图121所示。故“七星铁柱”实际上是由8根铁柱组合而成。“七星铁柱”的总重量约40吨，当然是大型铁铸文物了。“七星铁柱”作为唐代伟大的蒲津桥工程的一个组成部分，既含有“天空北斗星”的象征性意义，又有实际的工程作用，年代又久，是我国现存最早的大型铁柱，的确是一组难得的古代大型金属文物。

图 121　山西永济市唐代蒲津桥 H 形铁柱

二、南诏铁柱

在云南弥渡县太花镇蔡庄，有一座铁柱庙，坐西朝东。其大殿正中，立有一根南诏国时期铸造的大铁柱，如图122所示。大铁柱名叫“天尊柱”，俗称“南诏铁柱”。这根大铁柱是一实心圆柱体，高3.3米，直径0.34米，立于高1.25米的石质台基正中。大铁柱上铸有汉字铭文：“维建极十三年岁次，壬辰四月庚子朔十四日癸丑建立”。据查，“建极”即是南诏国景庄王蒙世隆的年号，“建极十三年”，相当于唐懿宗咸通十三年（872年）。故知铁柱为南诏国蒙氏第十一代国王蒙世隆当政时所建，距今已1140多年了。

图122 云南弥渡县铁柱庙唐代南诏铁柱

“天尊柱”是南诏国的一种特殊崇拜物。古时，云南少数民族就盛行祭柱的祭祀形式。佛教传入后，人们将祭柱和庙祀结合起来。“天尊”代表至高无上的尊者，“天尊柱”就成为当地民众崇信佛教的尊贵纪念柱了。从此，每逢农历正月十五，当地的彝族、白族群众，必到铁柱庙祭祖，在铁柱前烧香、祭祀。这种祭祀南诏铁柱之风俗，一直遗留至今。

南诏铁柱采用泥型法铸造而成，但其分段较为特殊：柱身沿轴向进行分型，一半柱身分成三段，另一半柱身分成四段，接口交错。铁柱铸得很结实。柱顶呈Y字形岔口。据说，岔口上原有三条木雕龙头，上覆铁锅一口，锅上有金翅鸟，后毁。现在已经重新在铁柱顶上装上铁锅及金色的龙头，以恢复祭祀铁柱的原貌。南诏国是云南白族和彝族等先民在唐代时期建立的国家，但和唐王朝以及汉人有着密切关系，铁柱上铸有22个正书汉字铭文就是证明。南诏国当时能铸出这样重的铸铁件，说明其冶铁技术也已相当发达。这根铁柱不仅是研究南诏国冶铸技术的重要实物资料，更是研究南诏国历史和宗教祭祀等情况的重要文物，有很高的历史文物价值，因此在1965年就被列为云南省重点文物保护单位，1988年更被国务院列为第三批全国重点文物保护单位。

第二节　宋代大铁柱

一、铁铸圆柱形经幢

在湖南常德市滨湖公园内，有一座宋代铸造的大型圆柱形铁铸文物，非常精美，如图123所示。这根圆截面不等的宋代大铁柱，原来是常德市德山乾明寺的铁铸经幢。因寺庙已毁，1979年1月，将铁经幢迁置于常德市滨湖公园内保存。铁经幢是一座由多层圆柱体组合而成的佛教文物，其底部的圆柱体最大，直径为0.9米，由下向上，逐层收小。整座铁经幢的高度为4.335米，重1.52吨，置于六角形石座之上。据查，铁经幢铸造于北宋时期（960—1127年），是我国现存唯一的铁铸经幢。这一铁铸文物铸造得非常精美，又有重要的历史文化价值，所以在1982年就被国务院列为第二批全国重点文物保护单位。

图123　湖南常德市乾明寺宋代铁幢

一般寺庙的经幢都为石幢，铁幢似属孤例。因铸造时要符合冶铸工艺，外观又要挺拔俊秀，故铁幢与一般石制经幢的风格又有些不同。铁幢为圆柱形仿木结构，共有20层，铸出的每一层配合严密，并用石灰相黏结。第一层铸有8尊金刚力士半身像和金刚杵花纹。第二层的下部铸有神龙、狮子等雕像，中部雕铸有10尊释迦牟尼佛像，上部为莲花状纹饰。精美的雕像如图124所示。第三到第五层，有《般若波罗蜜多心经》的经文和捐资者、铸造者的姓名以及州、府地方官职等铭文。第六层铸有拱门，中设佛龛。第七层铸有五个象征东南西北中的五方法轮。第八层和第十一层的上部俱有出檐，八面挑角，每个角都有一个圆形孔，过去曾挂有铜铃。铁幢距今已近千年，又是露天放置，历经风霜雨露以及南方潮湿天气的侵袭，其上的图像和纹饰仍保持清晰，幢身光洁美观，基本上看不到锈迹，反映了宋代冶铸技术的高超水平。矗立在石座上的宋代铁幢已成为常德市滨湖公园的旅游亮点，但是有一件事不能忘记：当铁幢迁至滨湖公园后，于1979年10月1日起正式对外开放。有10名游客违反规定，竟然爬到铁幢上照相，致使其受压过重，失去平衡而倒塌了12层。其中有4层摔成散块，使铁幢受到破坏。后来，经过博物馆专家和红光机械厂工作人员的共同努力，用特殊的焊接方法将铁幢修复，恢复原状。但在焊接处，有时还会有锈水渗出。这一严重教训，值得每一名游客永远记住，一定要爱护公物，爱护文物，尤其是全国重点保护的古代文物，不允许遭到任何破坏。我们要永远记住：古代文物一旦损毁，无法再生。

图124　湖南常德市乾明寺宋代铁幢局部

二、铁锁关铁柱

举世闻名的长江三峡有很多名胜古迹，其中有一处“铁锁关”遗址，位于重庆市奉节县境内的瞿塘峡夔门。此处地势险要，为兵家必争之地。在古代，只要有一索横江，便可将川东咽喉严密封锁。在南宋景定五年（1264年），宋朝的守关大将军徐宗武为阻蒙古军队，“于白帝城下岩穴，设拦江锁七条，长二百七十七丈五尺，五千一十股，又有铁柱，各六尺七寸”，以封锁长江夔门，故此处被称为“铁锁关”。据传，这七条又粗又长的铁链，在长江南岸，是系在当年凿石穿孔的巨石之中；在北岸，是连接在所立的大铁柱上。“铁锁关”的拦江铁索早已不存，但在三峡大坝蓄水之前，在该处近江北岸，有一方大石盘，上面还留存有两根大铁柱，高出地面2.3米，就是南宋末年遗留之物，如图125所示。这两根铁柱兀立在长江之中已七百多年，铁柱面上已锈迹斑驳，但基本保存完好。其虽然已不再有“锁江”的实际功能，但这是著名的“铁锁关”最明显的遗迹，故称为“铁锁关”铁柱，也叫作“夔门铁柱”。

图125 重庆奉节县瞿塘峡夔门宋代铁锁关铁柱（网络照片）

第三节 明代大铁柱

一、将军柱

在甘肃兰州市的黄河上，有一座著名的中山铁桥。铁桥南端有一块纪念场地，内有一根明代大铁柱（见图126），人称“将军柱”。大铁柱高5.8米，其底部连着长方形基座，长、宽分别为1.2米和0.81米，座高0.3米，已被砌入纪念场地的石质台座内。在台座上的大铁柱为实心圆柱体，直径0.61米，其顶部为出檐式圆锥体。铁柱上部铸有铭文：“洪武九年，岁次丙辰，八月吉日，总兵官卫国公建斯柱于浮桥之南，系铁缆壹百贰拾丈。”故知铁柱为明洪武九年（1376年）所铸。由于该铁柱是明代总兵官卫国公邓愈监铸的，所以称为“将军柱”。

据史载，明洪武五年（1372年），宋国公冯胜为征伐河西的元兵残余势力，在兰州城西的黄河上始建浮桥，“师还，遂撤”。明洪武九年（1376年），卫国公邓愈帅明军征战河西，在兰州城西5公里处的黄河上重建一座浮桥，名为“镇远桥”。洪武十八年（1385年），兰州卫指挥佥事杨廉在“询问父老”后，将浮桥改置于“河水少缓”“近且易守”的城北白塔山下，在两岸各竖两根铁柱，以缆铁索，运用24艘大木船浮荡在黄河水面上，顺加木梁，横铺木板，旁狭红栏，由铁索、大绳连成浮桥。在历史上，这“镇远浮桥”不仅有军事用途，而且长期对兰州地区的交通运输和经济发展起到了重要作用，还是古代兰州八景之一，名为“降龙锁蛟”。可惜，后来浮桥毁坠。到清末，我国黄河上第一座现代化铁桥——兰州铁桥（后命名为中山铁桥）建成后，浮桥的铁柱就被完全废弃，并沉入河底。后来4根铁柱重被发现，其中一根在1958年大炼钢铁中被毁，两根至今仍埋在黄河岸边的泥沙之中，只有这根铁柱被完好保存。1981年9月，兰州市人民政府将“镇远桥铁柱”列为省级文物保护单位。1982年10月，兰州市人民政府拨款，在中山铁桥南端建造一块“将军柱”纪念场地，使“镇远桥铁柱”重新竖立在黄河之滨。其旁边还立有一块“重竖镇远桥将军柱”石碑。“将军柱”是现存古代浮桥铁柱中最重的一根金属柱，是一件具有实用工程价值的古代大铁柱，又是佐证兰州历史的实物资料，值得我们重视。

图126　甘肃兰州市明代将军柱

二、桂江浮桥铁柱

广西梧州市内，在桂江的“铁柱码头”附近，于明代成化年间，曾建有浮桥一座，以便于两岸的交通运输。浮桥的建成促进了人员和物资的交流，繁荣了经济。后来浮桥毁坠，只剩下岸边的铁柱。两岸各有铁柱2根，每根铁柱的长度均在7米以上，柱的直径为0.28米，铸于明成化十年（1474年）。为了保护古代文物，在1972年，梧州市文物部门决定，将4根大铁柱由桂江边移到中山公园内，放置在中山纪念堂前保存。这样一来，既有利于保护文物，又使中山公园内多了一个旅游景点，如图127所示。

图127　广西梧州市桂江明代浮桥铁柱

铁柱呈圆柱形，顶部铸有神兽浮雕，其下有一长方形穿孔，用以固缆。整根铁柱虽高达7米多，但垂直度很好，表面也较光滑。铁柱虽长期处于南方的潮湿环

境中，并不时受到风雨的侵蚀，但锈迹并不太多。这4根铁柱的总重量应在10吨以上，再加上铁索的重量，就可看出当时建桥工程之浩大。所以，明代桂江浮桥铁柱，不仅是研究当时建桥工程的宝贵实物资料，而且可对五百年前梧州地区的冶金和铸造生产技术的了解及研究有很大的帮助。

三、都江堰“卧铁”

四川成都平原的都江堰，是我国古代最伟大的水利工程，今已成为著名的世界文化遗产。现在，当游客进入都江堰景区大门后，沿着公园大道走，在一个圆形区域的中央，可看到横躺着4根称作“卧铁”的大铁柱，其上的铭文标明铁柱是分别铸于明、清、民国和中华人民共和国成立后4个时期。但这4根“卧铁”，实际上是近年的仿制品。那么，“卧铁”的原物放在何处？它们在都江堰水利工程中起什么作用呢？据载，在战国时期，即秦昭襄王五十年（前256年）时，秦国的蜀郡太守李冰为了治理岷江水害，亲自主持设计和施工，前后用了八年时间，在岷江上修建了举世闻名的都江堰水利工程。都江堰建成之后，使成都平原实现了自流灌溉，两千多年来，一直造福于当地人民，使成都平原成为旱涝保收的“天府之国”。为什么两千多年来，都江堰水利工程能青春常在？除了设计科学外，还有赖于历代的治理和维护，并总结出“深淘滩，低作堰”六字诀的治理经验。何谓“深淘滩”？就是在水利工程使用一段时间后，要将内江河床淤积的沙石淘挖掉。而“卧铁”就是埋在内江右侧都江堰伏龙潭凤栖窝河床的下面，用以规定“深淘滩”时，清淘河沙深浅的标准线。2002年11月，都江堰又一次进行大型的维修工程，用了7台抽水机，经过10多天时间，终于将伏龙潭水抽干。在清淘完沙石后，就可看到河床底部的4根“卧铁”。这4根“卧铁”，分别铸于明代万历四年（1576年），清代同治三年（1864年），民国三年（1913年）和1994年。这最后一根“卧铁”是在1994年3月，为了庆祝都江堰水利工程实灌1 000万亩之际，由水利部和四川省人民政府共同铸造并埋入的，可参见图128所示[74]。图中饰有红布的铁柱，就是1994年刚埋入河床底部的那一根新“卧铁”。而另一端的那根“卧铁”，则是明万历四年（1576年）铸造的，铁柱长3.4米，直径0.18米，是4根中最古老的“卧铁”。它说明在明代时，都江堰工程就已经采用“卧铁”作为清淘河沙深浅的标柱。明代“卧铁”虽然在水下已经躺了四百多年，但锈蚀并不严重，其上的铭文还清晰可见，说明当年的冶炼和铸造质量水平都很高。现在，这根古老的“卧铁”就

图128　四川成都市都江堰卧铁，最右端者铸于明代

成了明代遗存的又一根大型实用的铁铸文物。铁柱上除了铸有“明万历四年造”的纪年铭文外，还铸有“永锁普济之柱”6字铭文，表明了当年安置铁柱者的期望。

第四节 清代大铁柱

一、泸定桥铁“龙桩”

四川康定县大渡河上的泸定桥，建于清康熙四十五年（1706年）。其由于建在水流湍急的大渡河天险之上，早已闻名于世。特别是在举世闻名的红军长征途中，1935年5月29日，红军十八勇士“飞夺泸定桥”，更使泸定桥成为我国最著名的铁索桥，并在1961年被国务院定为全国重点文物保护单位。

泸定桥是用13根铁索连成的大桥，桥长104米，13根铁索的总重量达到21吨。那么，这13根铁索是怎么系牢在桥的两端的？原来，泸定桥两端建有东、西两个高20米的桥台。桥台内有落井，井底安有“龙桩”和桩锚。每个井有8根铁“龙桩”，这13根铁索就分别铆接在两端铁“龙桩”上。所以，铁“龙桩”和石砌桥台就承受了铁索桥全部重量产生的拉力。这16根铁“龙桩”，就是清代初期留存至今的实用大铁柱。每根铁柱重达900千克，铸于清康熙四十四年（1705年），这可由铸在铁“龙桩”上的铭文来印证。铁“龙桩”虽然已有300多年的历史，但至今其上的铭文仍很清晰：“康熙四十四年岁次乙酉八月造”“康熙四十四年岁次乙酉九月造”，以及“陕西汉中府金火匠马之常铸桩，重一千八百斤”[75]。这些铁柱成了至今仍在实际使用的桥梁配件文物，真是少见。

二、鄂尔泰铁柱和额勒登保铁柱

贵州东部、南部地区一向是苗族人民的聚居地区。清雍正四年（1726年），清廷实行“改土归流”后，委派满、汉文武官吏加强封建统治，加深了对苗族人民的政治压迫和经济剥削，引发了苗族人民的反抗和起义。清雍正十年（1732年），云贵总督鄂尔泰率部镇压了古州（今榕江）的苗族起义。为了纪念其功绩，铸造了铁柱，以作为鄂尔泰开古州的“铭勋”。清乾隆六十年（1795年）正月，贵州的松桃厅（今松桃苗族自治县）地区发生了以石柳邓为首的苗民起义。很快，湘西各地的苗民也纷纷举行起义。苗民大起义震撼了清廷，清政府调集川、滇、黔、湘四省的兵力来镇压苗民起义，遭到了起义军的有力反击，使清军多次失败。直到嘉庆元年（1796年）十月，清军侍卫额勒登保的大军，攻破了起义军的重要据点平隆。十二月，起义军领袖石柳邓战死，

清军才将这次苗民大起义镇压下去，并于清嘉庆二年（1797年）三月“班师”。额勒登保为了纪念其平定苗民起义的功劳，在清嘉庆二年（1797年）也铸造了根铁柱。这两根铁柱，原来都置于贵阳市的“南郭胜景”甲秀楼前。大铁柱高出地面3米多，表面铸有很多铭文，无非是吹捧他们镇压苗民起义的功绩。当然，这只是清朝统治者的一面之词，并不反映历史的全貌。但作为一件文物，大铁柱仍然具有一定的历史价值和文物价值，也反映了贵州地区当时的冶金铸造水平。现在，这两根铁柱已不再置于甲秀楼前，而是存藏于贵州省博物馆内。

上述现存的唐、宋、明、清各代的大铁柱共有37根，其中有些大铁柱的历史文物价值很高，其经历也很不平凡。这些古代大铁柱都是用泥型法铸造而成。其铸造工艺可参考铁旗杆的铸造工艺，在本章不再重复。

第十三章

古代大铁炮

第一节　概述

一、火炮的应用与发展

火药是我国古代四大发明之一。火药的发明导致火器的应用，使战争工具出现了划时代的变化。宋开宝三年（970年），兵部令史冯继升向宋朝皇帝赵光胤献火箭法。到开宝八年（975年）宋军攻南唐时，已有火箭2万只以及火炮等物，说明宋朝已开始用火药正式制造武器，并将火器用于战争了。宋仁宗时，曾公亮、丁度等人奉命编写《武经总要》一书，并于宋庆历四年（1044年）刊印，首次用文字收集了世界上最早的3个火药配方以及火球、火药箭、火炮等十几种火器[76]。以后，由于通商以及宋金战争、金蒙战争、蒙宋战争和蒙古军队远征欧洲、阿拉伯等一系列战争，使火药、火器从宋传给金，再传给蒙古，并进一步传到阿拉伯和欧洲各国，使火药、火器获得进一步发展，还出现了金属制的小型火炮。在我国元朝，就已经制造了不少小型铜火炮。收藏于中国历史博物馆的元至顺三年（1332年）铜火铳，长35.3厘米，口径10.5厘米，重6.94千克，被资料[28，77]认为是世界上现存的最早火炮。该火炮被称作“盏口铳”，也有人将其称作“碗口铳”。而中国军事博物馆所藏的元至正十一年（1351年）铜手铳，以及20世纪70年代初出土的阿城铳、通县铳、黑城铳、西安铳等铜手铳，也都是元代的铜铸火器，属铜火枪之列，可见元代的铜火器已有不少，只是都还属于小型火器。2004年2月，内蒙古蒙元文化博物馆邀请有关专家、学者，对该馆征集、收藏的一件铜火铳进行考察、研究。该铜铳为碗口铳（或称盏口铳），全长34.7厘米，口径10.2厘米，重6.21千克。铳身刻有八思巴字铭文，译成汉文为：“大德二年于迭额列数整八十”。“大德”是元成宗的年号，元成宗大德二年即公元1298年，是该炮的制造时间，说明比元至顺三年（1332年）铜火铳早了34年。因此，该铜铳成为目前已知的中国和世界上最早的火炮[78]。“数整八十”，应为火铳的编号。可见当时火铳的制造和使用，已经有了一定的规模。明代初期，火器获得进一步发展，除大量制造铜手铳外，还出现新型的碗口铳等铜铸火炮和铁铸火炮。从此，火炮获得更快的发展。

二、铁炮的发展

元代有没有制造过铁火炮，还没有文字或实物证明，但明代初期确已出现铁铸火炮。现存明洪武五年（1372年）铸造的铁火炮，长36.5厘米，口径11.7厘米，重15.75千克，是现已发现的最早铁炮，存藏于中国军事博物馆。而洪武十年（1377年）铸造的铁炮，长达1米，口径21厘米，藏于山西省博物馆。到明永乐八年（1410年）时，明朝已建立起世界上最早的全用火器装备的神机营，比西班牙在16世纪初创建的欧洲最早的火炮兵还要早一个世纪，因此可以说，在当时世界上，处于领先地位[79]。此后，明朝在大型火炮方面虽仍有一定发展，制作了“将军炮”等大型铳炮，但并无重大革新。直到明嘉靖年间（1522—1566年），明朝仿制并改进了葡萄牙的“佛朗机炮”，使大炮的性能有了提高。特别是在明崇祯年间（1628—1644年），仿制了英国人的早期加农炮。该炮是当时世界上的先进武器，明朝将它称为“红夷炮”，从而使明朝大炮的性能有了显著的提高。“红夷炮”的来历，有一段故事。明代后期，朝廷腐败，各地人民武装起义蜂起。加上后金的崛起，特别是明万历四十七年（1619年），后金在辽东萨尔浒地区大败明军，使明廷大震。因而，明廷从澳门葡萄牙人处先后购进30门西洋大铁炮，明朝称作“红夷炮”。天启六年（1626年），装备有“红夷炮”的明朝宁远（今辽宁兴县）守军首次大败攻城的后金兵，被称为“宁远大捷”。明廷看到了“红夷炮”的威力，就开始大量仿制“红夷炮”。朝廷曾委派徐光启等组织仿制了大量“红夷炮”[79]。此外，广东、福建、山东、山西等地方官员，也曾大量制造“红夷炮”，至今还留存少量带铭文的明代“红夷炮”[80]。清军在入关前，也因“红夷炮”的威力大，已开始仿制“红衣炮”（即明朝所称的“红夷炮”），并在清天聪五年，亦即明代崇祯四年（1631年），就已经仿制成第一门“红衣炮”。清朝初期，由于战争的需要，“红衣炮”的制造曾得到较大发展。仅仅在康熙十三年到二十六年期间（1674—1687年），就铸造了大炮500门[79]，这些大炮在康熙平定“三藩之乱”和中俄“雅克萨之战”中都发挥了作用。黑龙江省现存有一门清“神威无敌大将军炮”，全长2.48米，口径11厘米，重2 000多斤，铸于清康熙十五年（1676年），是1975年在黑龙江省齐齐哈尔市发现的。据查，就是当年收复雅克萨之战中使用过的攻城炮[81]。康熙之后，一直到道光年间发生第一次鸦片战争时为止，一百多年来，清代的火器制造处于衰落阶段。尽管在1840年鸦片战争前后，清朝曾铸造过大量火炮，但和明末的红夷炮、清初的红衣炮相比，并没有多少改进。有些大铁炮的质量反而更差了。在清朝道光十五年（1835年）九月到十二月，进行了5次新炮试射，结果炸了10门、坏了3门，占59门试射新炮的22%[79]。可见当时粗制滥造大炮已相当严重。所以，鸦片战争期间，尽管部署在沿海地区的清军达数十万，大炮1 000多门，仍然打不过仅仅一万多人的英国远征军。当然，由于部分清军官兵的英勇战斗，不少大炮在抗英战争中发挥了一定的威力，也杀伤了不少英国侵略军。至今在虎门炮台等处，还保存了几门“抗英功劳炮”。综观从明朝到鸦片战争期间铸造的大炮，都是前装滑膛炮。但在中英第一次鸦片战争之后不久，德国就发明了更先进的后装线膛炮，而且是大钢炮。从此，我国古代的前装滑膛大铁炮更加落后了，终于退出历史舞台。

三、古代大铁炮的现存情况

中国国家博物馆（原中国历史博物馆）、中国军事博物馆和各地方的博物馆等单

位，都非常注意收集和保藏明、清时期的各种大铁炮。特别是中国历史博物馆，早在20世纪20—40年代，就已经广泛努力，收藏了大量明、清时期的各种铜炮、铁炮。可惜在抗日战争中，遭到侵华日军的大肆劫掠，损失千余门。不过，我国古代最重要的大炮中，仍有一些保存到现在。在北京故宫博物院大门前的广场上，就陈列有中国国家博物馆（原中国历史博物馆）存藏的16门明、清大炮。除了少量是铜炮或铁心铜体大炮外，大多数是铁炮。除博物馆收藏外，各地的古炮台也存留一些清代的大铁炮。据初步统计，我国现存的明初大铁炮和明代“大将军铁炮”共7门。据资料[80]统计，现存的明代后期“红夷铁炮”共有16门。其中，长度在1.5米以上的大铁炮有13门。但根据笔者的初步统计，至少还存有18门。清代康熙、乾隆和嘉庆时期铸造的大铁炮，大多数也早已损毁。但据笔者的初步统计，现存还有16门。在中英鸦片战争前后，清朝曾大量铸造过大铁炮。不仅数量多，大炮的重量也很重。除了重达几千斤的大铁炮外，还有重上万斤的大铁炮。据资料[79]统计，在中英鸦片战争时，光是部署在广东虎门炮台到天津大沽口炮台等沿海地区的8大炮台里的大炮就有1 283门。如果再计及其他炮台的大炮，以及战争期间铸造的大炮，则数量就更多了。但由于战争的破坏和其他的人为损毁，现存的也已不多了。据笔者的初步统计，从清道光元年（1821年）到道光二十三年（1843年）铸造的千斤以上（或长度在2米以上）的大铁炮还存留有56门。这些大铁炮是虎门各炮台、广州城防各炮台、厦门胡里山炮台、上海吴淞炮台、山东蓬莱老北山炮台和辽宁金州炮台等处遗留下来的。其中尤以虎门炮台和胡里山炮台遗留下来的为多。

除了铸有元、明、清各朝代年号的大炮外，还有一种炮身上铸有“周”年号铭文的大炮，名为“周炮”。在湖南长沙市、江苏南京市、南通市和太仓市的博物馆内，都还保存了一门到数门“周炮”。在这些铁炮的炮身上，铸有“周一年造”到“周五年造”的铭文，其重量在350斤到650斤之间，长度都只有1米多。在资料[79, 82]中，也都有提到。过去有人认为，“周炮”是元末张士诚铸造的火炮，显然是错误的。“周炮”是吴三桂于清康熙十二年（1673年）十一月反叛清朝后，在康熙十三年（1674年）自称“周王”后所铸的大炮。所以“周炮”应是清朝初期的大炮。从1674—1679年，在湖南岳州（今岳阳市）地区，清军和吴三桂军鏖战近六年。直到20世纪50年代初，在岳阳城北金鹗山、九龙堤等处战壕里，还残存一些锈迹斑斑的铁炮。最大的铁炮长4米，口径15厘米，重2.5吨，炮身上还铸有“周二年造”字样。周二年即康熙十四年（1675年）。可惜1958年“大炼钢铁”时，都回炉熔化了[83]。现存于岳阳楼北侧的一门“周炮”，是20世纪80年代初从原九龙堤出土后移送来的，炮长为1.42米，口径8厘米。可见，“周炮”中亦曾有大型的铁炮。但现存的“周炮”，长度都只有1.5米左右，属中型铁炮，故只在这里提及，没有统计到本书收集的古代大铁炮的数量之中。

第二节　明初铁炮和大将军炮

一、明初的铁炮

明朝初年，由于战争的需要，火炮有了很大的发展。除了大量制造铜手铳外，还铸造了不少铜铳炮和铁铳炮。北京中国军事博物馆保存的一门明初的铁炮，长36.5厘米，重15.75千克，是明洪武五年（1372年）制造的，是目前发现的我国最早的铁炮。山西省博物馆存藏的一门明初大铁炮，长度近1米，而且口径很大，达21厘米，整体宽度也很宽大，通宽为0.64米。炮身上还铸有铭文，表明大铁炮铸于“大明洪武十年”，即公元1377年，是由“平阳卫”铸造的，如图129所示。炮身上的“平阳卫”铭文，说明大铁炮是由山西平阳府冶铁所铸造的。据资料[27]记述，在明洪武年间，全国共设立13个冶铁所，山西平阳府就占了2个（富阳冶铁所和丰国冶铁所）。所以，由平阳府冶铁所首先铸出一批我国早期铁炮并不奇怪，在山西省博物馆内就存藏了2门明代“平阳卫”铸造的铁炮。据《大明会典》载，明洪武二十六年，100名士兵中有10名“铳手”，说明在明洪武年间（1368—1398年），明军所装备的火器和冷兵器之比，已经达到1：9。到明永乐年间（1403—1424年），为了进行征伐蒙古军的漠北战争，建立了“神机营”，这是世界上最早用枪炮等火器装备的新兵种。明永乐十二年（1414年），永乐皇帝朱棣亲自统率50万大军，进行第二次漠北之战。作战开始，“神机营”的枪炮齐射蒙军，使蒙古军队混乱，明军趁势击溃蒙军[79]。明永乐年间，还发生了举世闻名的郑和下西洋的事件。在郑和率领的船队上，也都配有很多火炮和其他火器。可以说，明代前期是我国制造和使用火器的盛期。可惜的是，至今还没有发现永乐年间遗留下来的大炮。

图129　山西太原市明洪武大铁炮

二、“大将军炮”

据明代《兵录》卷十二记载，明成化元年（1465年），明廷军工部门已铸造了各型“将军炮”300门。明嘉靖年间（1522—1566年），在吸收了葡萄牙的“佛朗机炮”的长处后，对旧式“将军炮”进行改制，制成了“大将军炮”，材质也由铜炮为主改成铁炮为主。“大将军炮”就成为这期间明代主要的铁制重型火器。据史载，明嘉靖三十九年（1506年），辽东的辽阳、金州等地就已配置13门“大将军炮”用来守城，可惜早已不存。现存最早的明代“大将军炮”铸于万历二十年（1592年），由北京中国军事博物馆收藏。山海关城楼上和山西省博物馆内，也都存有一门明代“大将军炮”。日本的游就馆等处也存有明万历二十年（1592年）制造的3门“大将军炮”，而且是浙江杭州同一制造工场铸造的。从其铭文中可知，“天字25号”是五月造的铁炮，而“天字135号”铁炮，则是十月造的。可见，该工场在5个月内，一共造了110门“大将军炮”，说明当时该工场的制炮能力已经很强。这现存的6门“大将军炮”的铸造年代相近，尺寸也相差很小。

北京中国军事博物馆内，陈列着一门明代铁铸“大将军炮”，如图130所示。大炮通长为1.43米，口径为10.5厘米，铸于明万历二十年（1592年）。炮身外表铸有九道箍，好似竹子的节，所以也被称为“竹节炮”，铭文表示该炮为“仁字5号”铁炮。大铁炮保存完好，虽然已经历400多年的风风雨雨，其表面锈迹不重，说明铁炮的冶铸质量甚佳。但若将“大将军炮”和“红夷炮”一比，就可看出两者的明显差距，说明到了明代后期，西方设计和制造的火器性能与质量，均已超过我国，“大将军炮”已落后于“红夷炮”了。

图 130　北京军事博物馆明代大将军炮

第三节　明末的“红夷炮”

明万历四十七年（1619年）三月，在辽东萨尔浒地区，后金兵大败明军。明军在萨尔浒战役的大败，使明廷大为震惊。为此，在明泰昌元年（1620年），朝廷从澳门葡萄牙当局那里试购了4门西洋大炮，明天启二年（1622年）四月，再从澳门新购22门大炮，并聘请23名葡籍炮师，之后又购入4门大炮，前后共购30门西洋大炮。这些大炮经过试射，其威力远大于明朝的“将军炮”“大将军炮”等旧式大炮。明朝称这批西洋大炮为“红夷炮”，是误认为大炮是荷兰人制造的。其实那是英国人制造的早期加农炮，是当时世界上的先进武器。当这批大炮运抵北京后，大部分留做北京城防，另有11门大炮则转运到关外的宁远。明天启六年（1626年）正月，努尔哈赤率领后金军进攻宁远。明朝大将袁崇焕率领明军抗击，大败后金兵。这一仗是明对后金作战以来取得的第一次胜利，史称“宁远大捷”。在获胜原因中，“红夷炮”的威力无疑是重要原因之一。之后，明朝就开始大量仿制“红夷炮”，数量在千门以上，但留存至今的不多。根据笔者的初步统计，还存18门，分别保存在北京的中国国家博物馆（原中国历史博物馆）、中国军事博物馆、首都博物馆、德胜门箭楼、八达岭长城城楼，河北的石家庄市博物馆、山海关城楼、宽城县董家口长城，山西的山西省博物馆、大同市博物馆，广东的广州博物馆等处。其中，明天启六年（1626年）铸造的“红夷炮”是现今发现的明代最早仿制的“红夷炮”，出土于河北宽城县董家口长城脚下。该铁炮长3.03米，口径11.5厘米，重5 000斤。炮身上铸有纪年铭文“天启六年”，是当年明王朝设置在长城董家口的守卫大铁炮[84]。

一、从澳门购入的“红夷炮”

明末，从澳门先后购入的30门西洋大铁炮，被称为“红夷炮”。其中18门“红夷炮”放在北京，留做守卫京师之用，到现在只留存了2门，由北京的中国国家博物馆（原中国历史博物馆）收藏，陈列在北京故宫博物院大门前的广场上，如图131所示。图中前排中间的两门铁炮就是明天启二年（1622年）从澳门购买的22门“红夷炮”中的两门炮，分别为第六门炮和第十四门炮。第六门炮的长度为3.0米，口径12.5厘米米，炮身上铸有英国东印度公司的盾形徽标，并刻有铭文：“天启二年总督两广军门胡，题解红夷铁炮二十二门，第六门”。第十四门炮的长度为3.0米，炮口口径12.0厘米，炮身上仅存有原铸的英国东印度公司的盾形徽标。由此可见，这两门“红夷炮”是两广总督应召从澳门购入，并派人送到北京的。这两门“红夷炮”，还可以看作为

图 131　北京中国国家博物馆藏澳门购入的红夷炮和军门王造红夷炮

从明朝后期到清朝中期所有大铁炮的“鼻祖”。因为在这两百多年中，我国的大炮一直处于“红夷炮”的仿制水平上，没有太大的改进，跟第一批“红夷炮”的仿制水平差不太多。

二、“军门王造红夷炮”

明代末期，崇祯皇帝即位后，对西洋大炮非常重视，在朝廷中命徐光启、汤若望主持铸造了很多“红夷炮”。与此同时，一些地方的军政部门，如两广总督王尊德、福建巡抚熊文灿、山东莱芜巡抚孙元化、宣府大同总督卢象升、五省总督洪承畴等，也都开始仿制“红夷炮”。这些仿制的“红夷炮”数量不少，但留存至今的却不多。中国国家博物馆收藏的“军门王造红夷炮”，见图131中最前列的一门炮，就是明朝地方上最早仿制的“红夷炮”之一。当时，两广总督王尊德借用葡萄牙人的大炮做样品，仿制成300门，并向朝廷献了175门。这门“军门王造红夷炮”就是其中之一，而且是完好地留存至今。大炮全长2.58米，口径14厘米，重2 000斤，铸于明崇祯二年（1629年）。从图中可以看出，“军门王造红夷炮”保存完好，炮身的外表铸有多道宽箍，炮身的前部还铸有铭文和纹饰，纹饰和铭文都很清晰，不仅铸有纪年铭文“崇祯二年吉日，军门王造”，而且还铸有大炮的重量“重二千斤”。大铁炮的质量也较好。但和从澳门购入的“红夷炮”相比，其表面质量显然还不如人家。不过，这一批早期仿制的“红夷炮”数量较多，在我国火器制造史上是占有较重要的地位的。

三、重型“红夷炮”

北京的中国国家博物馆（原中国历史博物馆）还收藏有一门五省总督洪承畴主持仿制的“红夷炮”，长2.96米，口径11厘米，重达5 400斤，由生铁铸造而成，铸于明崇祯十二年（1639年）。该炮是现存明代大炮中最重者，被称作重型“红夷炮”，如图132所示。这门重型“红夷炮”的炮身上除了铸有多道宽箍外，在炮身的前部还铸有铭文“明崇祯十二年仲冬吉日铸造，重伍千四百斤。钦命总督军门洪承畴，钦命总督高起潜，钦差山勇军门朱国栋，钦差总监中府太监刘国玉，……”，至今仍然清晰，可知是由洪承畴、高起潜等主持制造的大炮。从表面上看，该炮和从澳门购进的西洋大炮的原样差不太多，长度、口径也很近似，但壁厚增厚了很多，以致重量增加。其原因就是明代地方上铸炮的生铁材质较差，不如外国，铸造工艺水平也较差，所以将炮身的壁厚增厚了很多。该炮就是这类仿制大炮的实物样品。

图132　北京中国国家博物馆藏明代重型红夷炮

四、神威大将军炮

明代崇祯年间铸造的名叫“神威大将军”的大炮，现存的还有2门。一门陈列于河北山海关的城楼上，是明军仿制的“红夷大炮”，炮身长2.66米，口径10厘米，重5 000斤，是明崇祯十六年（1643年）铸造的大铁炮。该炮是当年明军安置在山海关城楼上，用来抗御清军进攻的守城火炮，至今保存完好。其上铭文为“大明崇祯十六年，仲春吉旦，铸造神威大将军一位，重五千斤”。另一门现存于北京中国国家博物馆（原中国历史博物馆），则是清军仿制的“红衣炮”。因清军对明朝将满族人也称为夷很是不满，故不叫“红夷炮”，改称为“红衣炮”。中国国家博物馆所藏的这门神威大将军炮，外表看来像铜炮，其实是铁心铜体，其长度为2.97米，口径为13厘米，重4 000斤，铸于清崇德八年，亦即明崇祯十六年（1643年）。该炮在辽宁锦州铸造，是清军用来攻城的“红衣炮”（见图133）。图中最前面的一门大炮，就是清军的神威大将军

图133　北京中国国家博物馆藏清代神威大将军炮

炮。在该炮炮身的后部，刻有满、汉两种文字："大清崇德八年十二月日造，重四千斤。"清军的这门神威大将军炮，与我们常见的一般明、清大炮不同，属双金属火炮。炮身的内层为铸铁，外层为铸铜，即采用镶铸法制造，先铸好内层的铸铁筒，然后将其放在铸型内，外面再镶铸一层青铜，等高温的铸铜层冷却收缩后，就紧紧地包住铸铁筒，形成一个整体。这种结构虽然铸造时麻烦一些，但因内部铸铁层耐热、耐磨性能好，外层铸铜韧性较好，所以，这种铁心铜体的炮身能形成坚硬而不脆的特性，按同样条件，可比铜炮射击时间长，又比铁炮吃药量大，可算是一种创新。以上两门同年、同名的大炮，却是当年敌对双方分别铸造的。当时这两门大炮可以说是冤家对头，如今却同为我国难得的大型金属文物，值得一提。

第四节　清朝康熙、乾隆、嘉庆时期的大铁炮

一、康熙、乾隆时期的大铁炮

清朝初期，由于战争的需要，"红衣炮"的制造曾得到很大发展。顺治元年（1644年），清军入关占领北京后不久，多尔衮就命令各旗在北京设立炮厂与火药厂，制造各型火炮。顺治年间，在清军和南明军队之间的战争中，双方都经常使用火炮。在广东的广州博物馆和顺德博物馆以及香港海防博物馆内，都还保存南明永历四年，即清顺治七年（1650年）铸造的铁炮，其长度为1.6～1.7米，口径为6厘米，属中型铁炮。康熙即位后，为了继续和郑成功进行战争，接着又为了平定"三藩之乱"和平定"准噶尔叛乱"，以及进行中俄"雅克萨之战"等，曾大量造炮，在北京就有3个造炮地点。在康熙十三年到二十六年期间（1674—1687年），光是南怀仁督造的大炮，就达500门[79]。这些大炮在战争中都发挥了很大作用。这期间制造的火炮，既有铁炮，又有很多铜炮，但留存至今的大炮很少。其中，现存的清康熙年间造的"神威无敌大将军炮""武城永固大将军炮"就是非常出名的大铜炮。而现存的大铁炮，则是普通的火炮了。例如：广东深圳博物馆收藏的一门清康熙十九年（1680年）铸造的大铁炮，长2米，口径10厘米，就是一门普通的千斤大铁炮。而在香港海防博物馆内，也收藏一门康熙十四年（1675年）铸造的中型铁炮，长1.6米，口径7.5厘米。康熙后期，国内局势日趋稳定，火器的制造大为减少。到乾隆年间（1736—1795年），天下太平，火器制造数量较少，故现存的乾隆时期火炮很少。但在这期间，倒出现一种新的大炮，即将"战炮"改装成的"礼炮"。广东的广州博物馆就存藏一门清乾隆二十七年（1762年）铸造的"礼炮"，亦叫作"演放大铁炮"。该炮身长2.75米，口径11厘米，重2 000斤，如图134所示。在北京午门城墙的两侧，清代时也一直摆放有若干"礼炮"，用于皇室盛大

图 134　广东广州市博物馆藏清乾隆大铁炮

庆典。发炮时，“炮子迸裂四散，为用最猛”，以烘托典礼的气氛。现在中国国家博物馆内，还存藏有3门清代“礼炮”，其炮身的长度在2.5米左右，口径为11厘米，都是重量为2 000斤的大铁炮。

二、嘉庆时期的大铁炮

清朝嘉庆年间（1796—1820年），朝廷造炮不多。据资料[79]的统计，25年间共造炮55门。但朝廷命令广东、福建、浙江等省，自造海岸炮以加强海岸防御。所以，在沿海地区，嘉庆年间的铁炮还有不少留存下来。据笔者调查后的初步统计，清嘉庆年间铸造的一千斤以上的大铁炮，现存的还有16门，分别保存在海南海口市博物馆，香港特别行政区九龙寨城公园，广东省博物馆、广州博物馆、三元里抗英纪念馆，广东东莞市虎门镇鸦片战争博物馆，福建厦门博物馆和厦门市胡里山炮台等处。

1. 海口清代大铁炮

五公祠是海南海口市的著名古迹，现为海口市博物馆所在地。该博物馆内收藏有3门清代嘉庆年间铸造的铁炮，分别为1 000斤大铁炮、1 200斤大铁炮和1 500斤大铁炮，如图135所示。这些大炮是在1993年6月海口市滨海大道扩建道路时，在424医院门前挖地时出土的。由于埋藏地下时间很久，故铁炮的表面锈蚀得较为严重。其中两门炮的铭文尚可辨认，另一门炮的铭文只有“嘉庆”两字尚清，后面的铭文已锈蚀得无法辨认。据史料记载，在大炮出土地点附近，清代曾修建“镇琼炮台”，以防外敌入侵。炮台设有五座炮位，并有清兵常驻。但到后来，炮台被废弃并遭到损毁。现今这3门大铁炮的出土，很有可能是与“镇琼炮台”有关。其中一千斤铁炮，炮身长度为2米，口径为10厘米，铸于清嘉庆元年（1796年），炮上的各个部分保存得较完整；一千五百斤铁炮，其长度为2.35米，口径为10厘米，是清朝嘉庆十四年（1809年）铸造的，大铁炮的双耳已损坏，尾部的铁球亦已损坏，该炮的原长应大于2.35米；至于一千二百斤大铁炮，长度为2.14米，锈蚀最为严重，炮身上的铭文大多已剥蚀掉，但仍能辨认出“嘉庆”两字。在现存古代大型金属文物较少的海南省，这三门清代大铁炮，也可说是海南省较珍贵的文物了。

图135 海南海口市博物馆藏清嘉庆大铁炮

2. 九龙寨城大铁炮

清代嘉庆十五年（1810年），清政府在（香港）九龙寨滩头兴建九龙炮台，安炮8门，驻兵28名。1840年中英鸦片战争以后，清朝将九龙巡检司迁回九龙寨，并在道光二十六年（1846年）修建九龙寨城。在城的东、西、南三面城楼上，共置大炮32门，驻兵120人。到清光绪二十四年（1898年）时，所驻官兵曾增至544人。后来寨城逐渐破败，大炮也无人看管，丢失不少。现在在该地址，香港政府修建了九龙寨城公园，将存留在南城墙上的两门清代守城大炮作为古代文物，放置在公园内原衙门前面的左右两侧。左侧的大铁炮长度为3.4米，口径为13厘米，是一门4 000斤重的大铁炮，于清嘉庆七年（1802年）铸造。大炮保存得基本完好，唯炮身上的点火眼已被堵塞。右侧的大铁炮长度为3.6米，口径为15厘米，是5 000斤大铁炮，亦是清嘉庆七年（1802年）铸造的，如图136所示。该炮保存较好，铭文清晰，炮身上铸有八道宽箍。炮口处特别加厚，炮身表面亦较光滑。九龙寨城的5 000斤大铁炮已有两百多年历史，是我国现存清代嘉庆年间铸造的最大铁炮，也是香港地区保存的最大古代金属文物。

图136 香港九龙寨城清嘉庆大铁炮

3. 广东省博物馆内的大铁炮

在广东省博物馆的草坪南端，陈列着一批清代大炮，共有11门铁炮。其中6门铁炮较小，炮身长度在1.3米左右，属中小型铁炮；5门大铁炮，最大的一门为清道光二十三年（1843年）九月铸造的8 000斤大炮，长为3.7米，口径25厘米。铭文表明，大炮是由两广总督祁、广东水师提督吴等监督、制造，承铸炮位者是庞、陈等炉户。铭文中还有“第五十九号”的大炮编号，表明了当时还铸造了相当数量的重型大炮。而11门铁炮中制造年代最早的，则是两门清嘉庆年间铸造的大铁炮，如图137所示。两门炮都是3 000斤大铁炮，尺寸也几乎相同，炮的长度都为2.9米，口径12.5厘米，但铸造年代不同，分别铸于清嘉庆十四年（1809年）和嘉庆十五年（1810年）。它们原来都被安置在虎门炮台上，参加过鸦片战争，是抗英大炮。清嘉庆十五年铸造的3 000斤大铁炮，炮身上有“番禺县沙湾司，唐四和炉造”的铭文，表明广东除佛山大量铸造过大铁炮外，番禺县等也铸造过大铁炮。

图137　广东省博物馆陈列的清嘉庆大铁炮

第五节　鸦片战争时期的大铁炮

清道光年间，英国政府向中国大量倾销鸦片，以求扭转其贸易逆差，结果中国由长期出超转变为入超，白银开始大量外流。吸食鸦片毒害了中国人的身心健康。于是朝廷任命林则徐为钦差大臣，于清道光十九年（1839年）三月到达广州查办鸦片。从6月3日—25日，林则徐将缴获的鸦片237万多斤，在虎门海滩全部当众销毁。而英国政府则在1840年派侵略军到中国。从清道光二十年到道光二十二年（1840—1842年），中英两国间发生了第一次鸦片战争。从道光元年到道光二十三年（1821—1843年），清朝铸造的大炮非常多，总数应超过2 000门，是参加鸦片战争的主要火力。这些大炮应认为都是参加过鸦片战争，或是为鸦片战争准备的大炮。所以，我们将这期间制造的大铁炮，称为鸦片战争时期铸造的大铁炮。但留存至今的也已不多了。据不完全统计，现存的这时期1 000斤以上的大铁炮共有56门。

一、中国军事博物馆内的有关大铁炮

北京的中国军事博物馆，除陈列有中英鸦片战争的史实外，还在博物馆展览厅大门前两侧的草坪上，陈列了明、清时期的大型火炮8门。其中就有参加过中英鸦片战争的一些大铁炮，如图138所示。在8门炮中，有1门是法国在1834年制造的大铁炮，长3.2米，是法国侵略军遗留在我国山海关地区的。其余7门都是我国自制的大铁炮，大多经受过反侵略战火的洗礼。其中4门大炮是在鸦片战争期间的1841年铸造的，是很有历史意义的。图中广东虎门炮台的大铁炮，炮身长3.6米，口径26厘米，是清道光二十一年（1841年）铸造的8 000斤大铁炮，参加过中英鸦片战争，是虎门炮台现存的最大抗英大炮。“平夷靖寇将军炮”，炮身长为2.7米，口径为11厘米，也铸于清道光二十一年（1841年），则是上海吴淞炮台的抗英大铁炮。该炮在中英鸦片战争期间，清朝江南提督陈化成指挥的吴淞保卫战中，为抗击英军做出了贡献。这些大炮都是鸦片战争中抗英战斗历史的见证。山东蓬莱老北山炮台的大铁炮，炮身长3.2米，口径17.5厘米，是6 000斤大铁炮，也是清道光二十一年（1841年）为了防备英国侵略军而铸造的，后因英军没有到来，就没有直接参与过中英鸦片战争，但在1894年的中日甲午战争中抗击过日军。在抗日战争初期，也曾用过该炮来打击日本侵略军。所以该炮也是一门抗击外国侵略的功劳炮。第四门道光二十一年（1841年）铸造的大铁炮，是辽宁金州炮台的大铁炮。此外，还有一门清道光十六年（1836年）铸造的6 000斤大铁炮，炮身长为3.2米，口径为17.5厘米，也参加过中英鸦片战争。这些大铁炮，已成为反映我国近代反侵略战争历史的重要实物资料。

图138　北京中国军事博物馆陈列的大铁炮

二、鸦片战争博物馆内的有关大铁炮

广东省东莞市虎门镇鸦片战争博物馆，是建在林则徐销毁英、美鸦片的遗址处。博物馆内的两个池塘，就是林则徐在清道光十九年（1839年）六月，将缴获的200多万斤鸦片全部当众销毁的地方。博物馆离虎门炮台也较近，收集了虎门各个炮台遗留下来的26门大小不等的古炮。其中，馆本部藏有17门大炮，沙角炮台管理所、威远炮台管理所等处也有9门大炮。图139展示了馆本部所藏的3门大炮。据史载，鸦片战争前，林则徐为预防英军的侵略，早已在积极备战。他一方面在广东佛山铸造新的大炮，另一方面还派人购置外国大炮，并会同广东水师提督关天培，督促广东水师进行操练，在虎门要塞的11处炮台上，增添大炮至332门，并在虎门海口外新建尖沙咀炮台和官涌山炮台，各安置56门大炮，作为虎门炮台的前哨防线，合起来总共有444门大炮[85]。在鸦片战争期间，当虎门各炮台先后失陷之后，英国侵略军就将炮台里的中国大炮尽量破坏，有的被推落大海，有的被打断炮耳、堵塞点火眼，使之失去功能，并将林则徐购来的绝大部分洋炮抢掠而去。所以，留存至今的古炮已不多。

图139　广东东莞市虎门镇清道光年大铁炮

在博物馆的大院内，露天陈列有12门虎门各炮台遗留下来的大铁炮，其中多数参加过鸦片战争。图139中，从左边起，第一门大铁炮长2.94米，口径20厘米，重6 000斤，是鸦片战争前林则徐从外国购买回来的精制生铁炮，装备于威远炮台，后来被埋入地下。1971年9月，虎门镇北面大队社员发现了这门大炮，由解放军协同挖出，再交由文物部门保管。该铁炮的内外表面都很光滑，与我国同类铁炮相比，显然其铸工更精，质量更好，炮膛口径要大，但该炮身上无铭文。第二门大铁炮，长度为3.2米，口径21厘米，重6 000斤，铸于道光二十二年（1842年），是由佛山铸炮匠人霍亲陞、梁辉秀、冼永盛等铸造的，并送交虎门炮台，成为海防大炮，1957年在太平镇出土。第三门大铁炮，长2.85米，口径15.5厘米，重6 000斤，于道光十五年（1835年）铸造。该炮作为虎门炮台的海防炮，也参加过鸦片战争的抗英战斗。该炮在1957年8月由太平镇贵立街群众挖出。大炮基本完整，保存得较好，表面较光滑，炮身上铭文清晰。所铸铭文为："道光十五年夏日；太子少保头品顶戴兵部尚书两广总督世袭一等轻车都尉卢制；督标中协垣、署督标中协福、署广州协尚监督；署广州协左营都司推陞、福建建宁镇左营游击黄廷彪、署督标右营参将洪发科、署广州协右宫守备刘得升监造；重六千斤，炮食药十五斤，子十五斤；禅山炉户李、陈、霍等制造。"从铭文中可知，该炮的铸造要经过上、下多层的监督，并铸上承造者的姓名，以保证铸造质量。总的说来，从博物馆所藏的鸦片战争时期的大炮质量来看，有的质量较好，为抗击英军做出了贡献；有的就较差。但即使较好的自铸炮和同期的外国炮相比，无论是大炮的材质和制造质量，还是大炮的性能，都已比不上人家了，说明当时我国的铸炮技术，确实已经落后于西方资本主义国家，这些馆藏大炮就是物证。

三、虎门沙角炮台的"抗英功劳炮"

位于珠江口的虎门，是1840年中英鸦片战争时期的重要战场。为抗击英军侵犯，虎门各炮台组成三道防线。其中沙角炮台和大角炮台是虎门的第一重门户，即第一道防线。沙角炮台始建于清嘉庆五年（1800年），配置大小铁炮12门。1840年6月，鸦片战争开始。由于虎门各炮台防守严密，英军的侵犯未能得逞，转而北犯福建、浙江沿海。1841年初，英军再次侵犯广东，1月7日英军攻占沙角炮台。当时战斗非常激烈，

英军曾受到守军大炮的痛击。守军的副将陈连陞父子英勇战死。英国侵略军为了报复守军的顽强抵抗，对沙角炮台进行大肆破坏，大铁炮也遭毁坏，只剩下炮台的基址。1957年5月，在沙角炮台的遗址内，挖出一门大铁炮，炮身长为2.85米，口径为15厘米，重6 000斤，铸造于清道光十五年（1835年），是中英鸦片战争时安置在沙角炮台上的抗英大炮，如图140所示。大铁炮保存基本完整，但点火眼则已被英军堵死。由于该铁炮的冶铸质量较好，虽长期埋于地下，但炮身的锈迹较轻，其上的字迹也能清楚辨认。由于当年的沙角炮台曾给侵犯的英国侵略军以沉重打击，大铁炮曾发挥过很大作用，故命名该炮为“抗英功劳炮”，是留存至今的几十门清代大炮中的佼佼者，成为我国人民进行爱国主义教育的活教材。

图140　广东东莞虎门沙角炮台“抗英功劳炮”

四、广东省各博物馆内的有关大铁炮

在广东省，除东莞市虎门的鸦片战争博物馆收藏较多的鸦片战争时期铸造的大铁炮外，收藏清道光十五年到道光二十三年（1835—1843年）期间铸造的大铁炮的还有：广东省博物馆收藏3门、广州博物馆收藏4门、广州近代史博物馆收藏2门、三元里抗英纪念馆收藏3门和沙面公园内收藏2门、佛山市博物馆收藏2门、新会县崖门炮台收藏3门。此外，还有些大铁炮的纪年铭文已看不清，所以其实际数量还要多些。在这些炮中，有一些是虎门炮台和崖门炮台的海防炮，此处不再叙述。下面只对广州市的城防大炮做介绍。

广州博物馆内共存藏有24门大炮，大多数为广州城防大炮。在1840年中英鸦片战争期间，英国侵略军为了打开中国大门，必然要侵犯广州。因此，当时除了加强广州外围虎门要塞的防卫外，也加强了广州城的城防，设置了众多的城防大炮。当中英鸦片战争刚进入第二年，英国侵略军就在1841年1月7日向虎门要塞发起了进攻，侵占了沙角炮台和大角炮台。到2月26日，横挡、靖远、威远、镇远等炮台也相继被英军攻破，虎门要塞全部失守。2月27日，英军溯珠江北上，在攻占广州外围的第二道防线乌涌炮台后，直逼广州。广州城外，沿珠江护城的西炮台、西固炮台、海珠炮台、东炮台、沙面炮台等，相继被英军攻陷。接着，城北的四方炮台、保极炮台等也被英军占领。所以，这些炮台的大量城防大炮，都被英军破坏了。遗留下的极少量的广州城防大炮，就成了这段历史的见证。

广州博物馆现存的广州城防大炮中，最早的是一门明崇祯十七年（1644年）铸造的城防大铁炮，重2 000斤。其次是一门清嘉庆十四年（1809年）铸造的城防大铁炮，重1 000斤。而清道光年间铸造的有铭文的城防大炮则有4门，如图141所示。图141

中，从右算起，第一门大铁炮是清道光二十一年（1841年）铸造的，炮身长为2.12米，口径为14厘米，重2 000斤，是参加过第一次鸦片战争的广州城防大炮。第二门大铁炮铸于道光二十二年（1842年），炮身长为2.85米，口径为16厘米，重5 000斤。第四门大铁炮也是铸于道光二十二年（1842年），长2米，口径为10厘米，重1 000斤。这两门炮原来都是置于广州大北门城墙上。在第二次鸦片战争期间，英、法侵略军于清咸丰七年（1857年）进犯广州城北门时，这两门炮都曾打击过英、法侵略军。而第三门大铁炮，则是清道光二十一年（1841年）铸造的，炮身长为2.52米，口径为14厘米，重3 000斤，原置于广州越秀山顶的炮台上，也是参加过鸦片战争的广州城防大炮。广州博物馆内的其他12门铁炮，7门是中、小型铁炮，5门为长2.1米左右的大铁炮，但炮身表面锈迹太重，看不出铭文，不知其铸造年月和来历。此外，广州博物馆内还有5门洋炮。最大的一门洋炮，是鸦片战争后购置的广州黄埔蟹山炮台的城防大炮。该炮的口径为22厘米，重达7 938千克，是德国克虏伯工厂1867年生产的线膛后装炮。该炮已和古代的前装滑膛大铁炮大不一样了，是先进的近代大钢炮。

图141　广东广州市清道光年造的广州城防大炮

除广州博物馆外，保存有道光年间铸造的广州城防大铁炮的，还有广州市三元里抗英纪念馆（3门）、广州市沙面公园内（2门）、广州近代史博物馆（2门）。这些大铁炮当时分别部署在广州沙面炮台、保极炮台和四方炮台等处，是重3 000斤到8 000斤不等的广州城防大铁炮。它们和虎门的海防大炮一样，都是广东佛山铸造的，经历过第一次鸦片战争或第二次鸦片战争的战火洗礼。它们虽然遗留下来了，但是点火眼都已被侵略军堵死了，其炮耳中的一只或两只也被侵略军打掉了。不过，这些不光彩的遗迹，或许也可变成好事，那就是令我们中华儿女在看到当年中国落后挨打的物证后，树立雄心，奋发图强，增强国力，为中华民族的伟大复兴而努力奋斗。这些带有耻辱意味的清代大铁炮，应作为我们进行爱国主义教育的活教材而好好保存。

五、福建厦门市胡里山炮台的有关大铁炮

在中英鸦片战争过程中，福建厦门港炮台亦是一处重要战场。清道光二十年（1840年）六月，英国侵略军在广州碰壁后，率舰队北上，进攻福建厦门时被打败。但到道光二十一年（1841年）八月，英国侵略军再次进攻福建厦门。经过激烈争夺，炮台被英军攻克，厦门陷落。清军安置在各炮台上的100多门大炮全被推入海中。1994年2月，厦门市厦禾路拓宽浮屿施工区时，在半年时间内，先后出土清代铁炮33门。这些铁炮现在都存放在厦门市胡里山炮台的露天场地上展示，如图142所示。这33门

铁炮大多是1 000斤到6 000斤重的大铁炮。由于长期浸泡在海水之中，表面锈蚀非常严重，大部分铭文已看不清楚。但考虑到这些大炮都参加过中英鸦片战争，可以认为其中多数铁炮是在清道光年间铸造的。至于现存胡里山炮台内的一门清代海防大炮，则是在清光绪年间从德国买进的克虏伯大炮，全长13.98米，口径28厘米，重达59.88吨，有84条膛线，最大射程可达到10 460米，是我国现存最大的大炮。

图 142 福建厦门市清代大铁炮

六、南京博物院内的有关大铁炮

1841年英国侵略军侵犯福建、浙江之后，于1842年6月攻陷吴淞口炮台，然后沿着长江，于7月21日进攻江苏镇江。经过激烈战斗后，英军占领了镇江。现今镇江的焦山炮台内，还存有一门清代铁炮，炮身长1.8米，口径10厘米。英国侵略军占领了镇江后，于8月5日到达南京下关，终于逼迫满清政府在8月29日签订了丧权辱国的《南京条约》。经此大辱，江苏炮局在次年铸造了一批重型大炮来装备南京各炮台，以防外国再次入侵。现在，南京博物院院内的东侧，还陈列着这一年铸造的两门重型大铁炮，如图143所示。一门大铁炮的长度为3.5米，口径为19厘米，称作“耀威大将军”炮；另一门大铁炮的长度为3.7米，口径为27厘米，称“万斤大铁炮”。它们都铸于清道光二十三年（1843年）。耀威大将军炮的炮身上铸有铭文。由铭文可知，该炮是由清朝“两江布政司江苏理炮局监铸”，大炮“计重一万斤。吃药二百四十两，配弹四百八十两”。炮身上的铭文还表明，大炮是由“炉头曹巨军，梅在田，毛文治、许鑑堂”等铸造的。大铁炮的体型庞大，保存完好，表面光滑，但有较多的气孔等缺陷。江南地区并不出铁，能铸造出这样大型的铁炮，可反映当时江苏地区的铸铁技术水平，也已达到较高的程度。

图 143 江苏南京市清道光年大铁炮

第六节 古代大铁炮的铸造

我国古代火炮的制造，虽然从宋代时就已经开始，但是现存最早的金属火炮是元代的。根据最新发现和研究，内蒙古蒙元文化博物馆征集和收藏的一件元大德二年（1298年）制造的铜火铳，即重6.21千克的盏口铳，是目前已知的中国和世界上最早的火炮。该铜铳比过去公认的最早的铜炮，即元至顺三年（1332年）制造的铜火铳还早了34年。而现存最早的铁炮，则是明洪武五年（1372年）铸造的铁火炮，重15.75千克。从元代、明代直到清代中期的鸦片战争时期为止，共有五百多年时间，我国的火炮，从小型铜炮发展到上万斤大铁炮，应该说，也算取得了很大的成就。但是如果和同时期欧洲各国的大炮发展历史相比较，就可看出，我国的发展速度远不如欧洲各国快。从元代到明代前期，我国大炮的制造水平一直处于世界领先地位。而欧洲各国从我国学到了火药和火炮的知识与技术后，由于资本主义经济的发展，发生了工业革命，火器的制造获得了快速发展。从明代中期到清代中期的300多年时间里，欧洲各国的火器制造业不仅赶上我国，而且大大超过了我国。到1840年中英发生鸦片战争时，因为英国大炮的材质和设计、制造的技术水平都比我国强，其射程、射速、机动性和命中率等都已超过我国，英国侵略者就凭借“船坚炮利”，打败了庞大而腐朽的清帝国。这个教训，不仅值得我们认真吸取，而且必须深思和改正。

我国古代大炮的制造，基本上有3种方法：

（1）传统的泥型铸造方法。泥型法的造型工艺大致有4道工序：先按设计图规定的形状和尺寸制造出泥炮。泥炮要阴干，并低温烘干透。然后以泥炮为模，分段翻制出两开或多瓣的泥型（外范）。泥型必须充分阴干，时间长达半个月以上。之后还要烘干，并在其上雕刻铭文和图案。同时要制泥芯（内范），面料要非常细，以求炮膛表面光滑。泥芯务必烘干透，干后涂刷烟子，再干透。最后，可进行合型，即将炮身的铸型装配好，并固定好浇口杯。一定要将铸型紧紧扣合。在铸型造好后，熔化铁水，并将铁水浇注入铸型。通常采用立浇，以得到合格的大炮。资料[28]对泥型铸炮工艺亦有较详细叙述，可参阅。

（2）明代采用的欧洲铸炮法。明代后期，随着西洋大炮的传入，在大量仿制“红夷大炮”的同时，欧洲铸造大炮的方法也被介绍进来，并在朝廷的铸炮工场得到应用。明末著名火器理论家焦勖根据德国传教士汤若望的口授，写成了《火攻挈要》一书。其中关于“造作铳模诸法”所介绍的外范制作方法，与我国传统的泥范制作法不同。首先是用风干已久不会变形的楠木或杉木做材料，在镟架上镟出炮身；再将炮耳、炮箍及各种需要铸于炮身上的模型活块安装好。之后，再用按比例混好的沙泥，逐次均

匀涂在炮身木模上，每次约1寸厚，至口径的1.6倍时为止，并用铁丝、铁条等加固泥范。箍好后，外表再涂泥抹平。经2～4个月风干后，将木模心取出，并用炭火在泥型内微烧，将型内的木制炮耳、炮箍以及其附件全部炭化成灰，并将外壳烘干，即得到大炮的外范。由此可见，该法得到的外范和我国传统的两开法泥型（外范）不同。其合型、浇注后得到的大炮，整体性好，表面光滑，没有范缝，坚固耐用，但造价和铸造时间都要增加[86]。

（3）铁模铸炮法。1840年6月，中英鸦片战争正式爆发。英军原准备侵袭我国南大门，因以林则徐为首的抵抗派早已做了充分准备，英军无机可乘，就北上窜犯福建和浙江沿海地带。7月5日，英军攻陷浙江定海，震惊朝廷。9月，浙江嘉兴县令龚振麟调到省城铸炮局。为解决海防急需的火炮，龚振麟创造了铁模铸炮新技术，并取得成功，改变了用泥型铸造大炮周期长的局面。过去，用传统的泥型法铸造大炮需一个月以上到几个月时间。而用铁模法来铸炮，只要能将铁模先制备好，则铸一门大炮只需两三日即成。而且一个铁模可反复使用数百次之多，节省了成本，即“铁模用一工之费而收数百工之利也”，满足了抗英战争的需要。在道光二十一年（1841年）九月，英国侵略军再次侵犯浙江沿海地带的前夕，龚振麟已用铁模铸炮法铸成120多门新型火炮。之后龚振麟将此经验总结成《铁模铸炮图说》一书，对制造铁模的方法和用铁模铸炮的方法都做了详细记述，并配以详图说明，资料[28]亦有较详细转载，可参阅。现今在北京的首都博物馆内，还存藏有一门铸有龚振麟名的大炮：“大清道光二十二年岁次壬寅仲春吉日，嘉兴县丞龚振麟，……”。该炮长1.4米，口径12厘米，属中型铁炮。

我国古代在铸造大炮方面，共采用过上述三种方法。但从收集到的现存古代大炮来看，绝大多数炮身上的范缝都很明显，显然仍是采用我国传统的泥型铸造方法。可见，我国传统的泥型铸造法，是三种铸炮法中最常用的。

第十四章

其他古代大型铁铸文物

前面各章已分别将大铁佛、大铁人（神）、大铁狮、大铁牛、其他大型动物铁像、大铁钟、大铁炉、大铁缸、大铁锅、大铁塔、铁旗杆、大铁柱、大铁炮等13类古代大型铁铸文物比较详细地进行了介绍。除此以外，我国古代还有些特殊的大型铁铸文物，例如铁“枷”、铁碑、巨型铁剑、桥梁用大型铸铁板等，由于现存的数量很少，不单独设章节叙述，而集中到本章，专称为其他古代大型铁铸文物，一并介绍。据初步统计，现存的我国古代其他大型铁铸文物共25件，分别介绍如下。

第一节　唐代桥梁用大型铸铁板

唐代大诗人杜甫的名诗《兵车行》中有一句：“爷娘妻子走相送，尘埃不见咸阳桥。”句中所提到的“咸阳桥”，就是指唐代京城长安西北的“西渭桥”，是长安通向西域和巴蜀的交通要道。唐太宗与突厥颡利可汗曾在此桥会盟，故西渭桥是一座唐代著名的桥梁。但到唐朝天宝十五年（756年）时，因发生安禄山叛乱，唐玄宗弃京奔蜀。当唐玄宗离开长安后，杨国忠就派人放火烧毁了西渭桥。到了唐末，该桥被完全废弃。1986年，在咸阳市西南秦都区钓台乡资村西南沙河的河道上，发现了唐代西渭桥的遗址。考古人员在该处挖掘出木桥桥桩16排，145根。由此可知，当年的西渭桥长约500米，桥面宽度约达到16米，是古代一座很大的桥。在桥址南端附近，还出土了8件巨型槽形铁板，铁板长达6～7米，宽1～1.1米。每一件槽形铁板都是由三块大小相近的矩形铸铁板相接铸成[64]。铁板的厚度为3厘米，故每件槽形铁板的重量可达千斤以上。大型铸铁板作为唐代桥梁的构件，还是首次发现。该铁板的铸造时间肯定在唐天宝十五年（756年）之前，距今已1 200多年。用金属作为建筑构件，在先秦时期就已出现，历代遗物中亦能见到。但是，如此大尺寸的铁铸建筑构件，在古代是罕见的。故这些唐代西渭桥用的铸铁构件，作为我国古代大型实用金属文物的实物资料，是非常宝贵的，亦是我国古代一种珍贵的大型建筑用铸铁文物。

第二节　大型铁枷

湖南省岳阳市的岳阳楼，雄踞岳阳古城西门之上。岳阳楼前有宽广的洞庭湖，气势壮阔，构制雄伟，是我国古代江南三大名楼之一，又是国家重点文物保护单位。在岳阳楼下，有原东吴大将鲁肃的点将台遗址。在遗址左侧的坪台上，陈列着一具古代

图 144　湖南岳阳市岳阳楼铁“枷”

铁“枷”，如图144所示。铁枷之命名，是因其外形类似于古代囚犯的枷具。但在过去的府志和县志中，除铁枷之名外，此物还有“铁钮”“铁械”等名字。铁枷的造型十分别致：两头呈燕尾形，其中有两个燕尾的端部上有一个小圆孔。中部近似于方形，有两个凸楞，将中部和两端分隔开。中部正中有一圆孔，是三个圆孔中最大者，孔径为26厘米。铁“枷”的轮廓尺寸分别为：长2.6米，宽1.88米，厚34厘米，重量达3.5吨。所以，“铁枷”是一具名副其实的古代大型铸铁件。

据介绍，在1980年5月，正值洞庭湖水较浅时，岳阳楼的管理人员发现在点将台下的湖滩上有三具铁“枷”。于是想法将其中一具铁“枷”打捞上来。而据清《巴陵县志》所载，“铁械”（即“铁枷”）共有五具。至于铁“枷”的铸造时间及其作用，历来说法不一。北宋范致明所写的《岳阳风土记》，内有“铁枷”的最早记载：“江岸沙碛中，有冶铁数枚，俗谓铁枷，重千斤。古人铸铁，如燕尾相向，中有大窍，径尺许，不知何用也。或云以此压胜，辟蛟蜃之患；或以为矴石，疑其太重，非舟人所能举也；或以为置木其内，编以为栅，以御风涛，皆不可知。”这说明铁枷在北宋以前就已有了。而其用途，北宋人也不能确定，说法有好几种[83]。南宋时，张世南的《游宦纪闻》中也有记载：“岳阳沙上数枚，人以为厌胜铁枷，或以为湖贼王幺矴石，或云昔人拒敌锁江之具，图经皆疑其非，或有附会者曰：晋太康六年，大举伐吴。二月戊午，王濬、唐彬，击破丹阳监，吴人于江碛要害处，并以铁锁横截之。以为必此物。今观弋阳所出，可名之锁江之具乎？以此验彼，厌胜之物明矣。”即张世南认为是镇压湖怪的“厌胜铁枷”。明代、清代也都有各种说法，没有一致认识，现在也难以正确裁定。但是，铁枷与洞庭湖、岳阳楼有关，这一点可以肯定。而且，其铸造时间至少近千年，也可以确定。因此，可以认为，这一具大型铁铸件在水中已经浸泡了1 000年了。但是查看铁“枷”全身，锈蚀程度很轻。这足以证明我国古代冶铸技术水平之高，的确非同一般。

在南京博物院的草坪上，也陈列有一具两头呈燕尾形的古代铁枷，如图145所示。该铁枷的外形和岳阳楼前的铁枷相类似，但中部稍有不同，铸有2个小圆孔，而且是分别位于2个凸楞之外。其外形尺寸比岳阳铁枷小，长度为2米，宽度为0.9米，厚度是25厘米，故其重量也要

图 145　江苏南京博物院的铁“枷”

比岳阳铁“枷”轻，但仍是一件古代大型铸铁件。其虽然长期浸泡水中，现在又露天置放，但外表锈迹不多，锈蚀程度轻，铸造质量甚佳。不过，这古代铁枷的铸造年代和目的，现在还不清楚。只能参考岳阳楼前铁枷的有关情况，做大体判断。

关于铁枷的铸造，当然是采用我国传统的泥型法铸造的。由于铸件重达几千斤，又是整体铸造出来的，而且还要铸出好几件，则非有很多熔炉同时化铁不可，铸造的难度是比较大的。由此可以推断，此铸件一定非常重要，古人才会这样做。古人在洞庭湖旁铸造多个铁枷，并将它们都放入湖水之中，决不仅仅是为了“镇压湖怪”，而是有很重要的实际用途的。所以，南宋人张世南的“厌胜铁枷”之说，也很难成立。

第三节　明代铁铸匾额

古代的匾额绝大多数是木制，一般人几乎不知道还有采用铁铸的匾额。白云观是北京著名的道观。在白云观的山门上悬挂着一块匾额，上书“敕建白云观”5个大字，如图146所示。由于匾额的外表都已刷上油漆，和一般木制匾额没有什么两样，所以并没有引起一般人的注意。但实际上，这块匾额却与众不同，它是用生铁铸造的大型匾额，而且还是明朝皇帝赏赐的。匾额的长度为2.1米，高度为0.5米，是在明代正统年间（1436—1449年），由明朝英宗皇帝赐给白云观的，从此大大提高了北京白云观的社会地位。那么，这匾额为何用生铁来铸造呢？据说其寓意是：企望白云观能像铁铸的一般坚固持久。因此，在社会上遂有“铁打的白云观”之传言，而这正是对白云观的美好赞誉。这一块铁铸的匾额表面质量很好，冶铸技术水平一流，所铸的五个大字不仅非常清晰，还具有相当的书法艺术水平，是现存唯一的古代大型铁铸匾额。

图146　北京白云观明代铁铸匾额

第四节　明代铁碑

众所周知，我国古代的碑，一般是用石头制成的。但在山西交城县卦山的天宁寺内，至今还保存有一块明代的铁碑，名为《铸成铁佛之记》碑，如图147所示。铁碑铸于明代正德十三年（1518年），高1.83米。铁碑上的碑文是由当时交城知县崔志仁撰文，再由山西匠人翻铸而成。铸出的字迹，至今仍然非常清晰。碑文记载了交城县为天宁寺铸造三尊大铁佛的始末，对了解当时的历史和宗教情况很有参考价值。至于碑文中记述的明代3尊大铁佛，曾一直供奉在天宁寺的千佛阁中，可惜在1965年时被人为砸毁，但铁碑却保存下来了。铁碑上共有碑文五百多字。在碑文四周的边上，铸有清晰的纹饰。碑头铸有二龙戏珠浮雕图案。而在碑座上，则铸有吉祥花卉图饰。铁碑上所铸的各种图饰，造型美观，工艺精致，具有较高的艺术水平。铁碑的铸成，反映了明代山西地方在生铁冶炼和铸造技术方面的确有很高的水平。

图147　山西交城卦山天宁寺明代铁碑

铁碑的碑身和碑座，是用传统的泥型铸造工艺分块造型整体铸成，是当时请山西平遥县的金火匠人张公义、张明皋、张增等人来铸造的，至今已经有500年之久。铁碑所铸的铭文和图饰，仍然清晰如新，毫无锈迹，是一件珍贵的金属文物。笔者在全国各地的调查中发现，石碑到处可见，即使是大型的古代石碑也有成百上千，而金属铸造的碑则非常罕见。据初步统计，全国现存的大型古铜碑共7块，都是很重要的大型文物。而铁碑一共只发现2块。北京保存的铁碑是民国十二年（1923年）铸造的，并非古碑。所以说迄今为止，在现存古碑中，天宁寺碑是我国古代留存下来的唯一一块大型铁碑。

第五节　明代大型铁花瓶

四川梓潼县的文昌宫俗称七曲山大庙，是我国最大的文昌宫，为全国重点文物保护单位。大庙内不仅保存有明代铸造的文昌帝等大型铁像，而且在桂香殿中还存有一对明代大型铁花瓶（见图148），都保存完好。在佛寺、道观的佛像或神像之前的供桌上，通常除了摆有香炉外，还会摆上烛台和花瓶等法器。大的庙宇所供的大型法器也会摆到佛（神）像前的地上。大型寺庙将所摆的一个香炉、一对烛台、一对花瓶等五样法器，称为“大五供”。所以特别要指出的就是，所供的花瓶一定是成对的。文昌宫桂香殿中这两尊大型铁花瓶就是文昌帝铁像前的供器，它们的形状和大小都完全相

同。每个铁花瓶都由三部分组成：底部为六角形铁基座，中为带有两个把的铁花瓶，上部是一束盛开的铁花，通高达到2.1米。铁花瓶和上部的铁花铸造得很漂亮。尤其是铁花，虽然铸造的难度较大，但铸造得非常成功，将镂空的花絮都铸造得很清晰。应该说，这一对明代大型铁花瓶在古代铁铸文物中，其艺术水平和质量都是比较高的。

在四川都江堰市的都江堰景区公园内，有一座纪念李冰父子的二王庙。在二王庙的文物陈列室内，保存了一对明代大型铁花瓶。放置在圆形铁座上的铁花瓶，通高为1.45米（见图149）。两尊大型铁花瓶的形状和大小完全相同。每一尊铁花瓶的浑身上下，都铸满了各种花纹图饰。在圆形铁座的面上，还铸有八卦符号的图形。这两尊大型铁花瓶原来也都是供在神像前的大型法器，现在就成为陈列的文物了。此外，在河北正定县的隆兴寺内也保存有一对古代大型铁花瓶，高为1.5米。这六尊铁花瓶是目前发现的仅存的3对明代大型铁花瓶。

图148　四川梓潼县文昌宫明代铁花瓶

图149　四川成都市都江堰二王庙明代铁花瓶

第六节　明代大型铁铸栅格

我国古代有些城市的水关，设有铁栅栏式水闸，例如：北京德胜门西，北护城河入积水潭处，明代洪武年间设置水关，俗称“铁棂闸”。铁棂闸全长约八丈，宽丈二余。其实，控制水关水量的还是木制闸板，铁棂格只用作盖闸口，以防人之出入。安徽省滁州市的西涧河上，宋嘉定十年（1217年），也设置上、下水关，实为桥式建筑。水关长22米，宽11.9米，下有三个大孔，其拱圈半径都相等。在明朝嘉靖十三年（1534年）重修水关时，增置了铁栅栏。而山东省的蓬莱水城，始建于宋代。在明洪武九年（1376年），改建为水城。在清顺治年间（1644—1661年）建成的水城之水闸，是铁栅栏式水闸。铁栅栏设在水道两侧门垛的凹槽中，并能沿凹槽升降。无事悬之，“舟航不阻”。有事则下之，可保卫水城。而海潮仍可往还如常，又能“杜奸宄之窥窃”。以上这些铁栅栏，现在均已不存。虽然已测不到它们的具体尺寸，但显然都是古代大型铁铸件，表明了在我国古代确实有过大型铁栅栏。其实这种铁栅栏或铁棂格的铸铁件，早在唐代长安城的下水道中已有应用。中国历史博物馆就保存有西安出土的唐代下水道中铁栅格闸门的照片。当然，唐代下水道铁闸的尺寸还比较小。至于现存的古代铁栅栏实例，则可参考河南开封市延庆观玉皇阁的栅格式铁窗。在玉皇阁大门两旁的墙壁中，各设置有一扇铁窗，高1米，宽0.9米，呈栅格状。这栅格式铁窗铸于明嘉靖二十八年（1549年），可算是现存古代栅格式铁铸件的实物资料。

第七节　交泰殿清代铁牌

北京故宫的交泰殿内，仍保留一块“宦官不许干预朝政”的铁牌，是清顺治十二年（1655年）铸造的。这种铁牌原来一共铸造了3块，其余2块已残断，只有交泰殿内的铁牌仍完好，并斜置于木座之上。铁牌高1.34米，宽0.7米，是清朝顺治皇帝对皇宫内宦官的警示牌。其上铭文为：“皇帝敕谕：中官之设，虽自古不废，然任使失宜，逐胎祸乱。近如明朝王振、汪直、曹吉祥、刘谨、魏忠贤等，专擅威权，干预朝政，开厂缉事，狂杀无辜，出镇典兵，流毒边境。甚至谋为不轨，陷害忠良，煽引党类，称功颂德，以致国事日非，覆败相寻，足为鉴戒。朕今裁定，内官衙门及员数职掌，法制甚明。以后但有犯法干政，窃权纳贿，嘱托内外衙门，交结满汉官员，越分

擅奏外事，上言官吏贤否者，即行凌迟处死，定不姑贷。特立铁牌，世世遵守。顺治十二年六月二十八日。”这块铁牌所铸字迹端正、清晰，制作亦还精良。这是清朝统治者为避免重蹈明王朝之覆辙，特意竖立的警示铁牌，是很有历史价值的，亦不失为一件重要的铁铸文物。

第八节　清代巨型铁剑

山东兖州市博物馆内，陈列着一柄巨型铸铁宝剑，如图150所示。该剑名为“镇水宝剑”，其长度达7.5米，宽27厘米，重量为1.54吨，铸于清代康熙五十六年（1717年）。铁剑的形体巨大，无论是重量还是长度，与古代的任何宝剑相比，都要大出很多。如果进行排比，在古代的所有宝剑中，是名副其实的第一名，故有“天下第一剑”之称。

图150　山东兖州市博物馆清代巨型“镇水宝剑”

1988年春天，兖州城南的泗水河因处于枯水期，没有水流，有不少人在干涸的河底挖沙。这时在南大桥下的河道中，有人挖到了沉于河底的古代大铁剑。文物工作者闻讯赶到现场，终于将大铁剑全部挖出，并运到兖州市博物馆保存。铁剑长达7.5米，剑柄上铸有文字和图案。剑的吞口为一个怪兽头形状，名叫“睚眦”。传说它是龙王九个儿子中的第二个儿子，凶猛好斗，故作了剑身上的装饰。铁剑上所铸铭文很清晰，为：“康熙丁酉二月知兖州府事山阴金一凤置”。虽然只有17个大字，却清楚说明了大铁剑的来历。那么，兖州知府金一凤为何要在康熙五十六年（1717年）铸造这一柄大铁剑呢？据《滋阳县志》记载：在清朝康熙五十一年（1712年）的夏天，泗水河洪水暴涨，冲毁了大桥中间的三个桥孔。当时，南大桥是全国著名的二十四桥之一。故在事后，兖州知府金一凤就组织人们捐资修桥。南大桥修好后，为了防备水害，金一凤又在康熙五十六年（1717年）二月铸造巨剑一把，“铸铁剑三丈，树中洞以镇之”，故该剑被称作“镇水剑”。在我国古代，一般都用铁牛来镇水。金一凤为什么用铁剑来镇水呢？据资料[88]的考察，在我国古代，人们认为“蛟”是造成洪灾的水怪。斩除水“蛟”就能消除洪灾。而铁剑可斩妖除魔。特别是道教，常派出道士用宝剑来驱杀妖魔鬼怪，在民间影响极大。故金一凤也采用铁剑来镇压水怪。该资料还进一步推测大铁剑的用途，认为大铁剑不仅用来镇水，还是南大桥河面的水位测量器。不过，用铁剑做水位测量器，其依据尚不够充分，故只是推测而已。

第九节　棂星门铁梁

山东曲阜的孔庙，是我国祭祀古代伟大的思想家、教育家孔子的庙宇，为全国最大的孔庙。庙内建有宫殿式的建筑群，非常壮观，是全国重点文物保护单位。孔庙的第一道大门称作棂星门，建于明代永乐十三年（1415年），原为木栋、木梁。清朝的乾隆皇帝为了表示对圣人孔子的敬仰，在清乾隆十九年（1754年）时，将棂星门改成石栋、铁梁，如图151所示。铁梁共3根：中门上面的铁梁长为4米，两边侧门上面的铁梁各长3.6米。其截面都是长方形，长30厘米，宽26厘米。在每根铁梁上，都铸有4个星形圆柱头，称作“龙头阀阅”，共计有12个。铁梁的两端嵌入石柱内，并在铁梁底部铸出大门门轴的轴孔，故成为门之枢纽。这三根铁梁既是实用的建筑构件，又是留存至今的清初大型铁铸文物。

图151　山东曲阜市孔庙棂星门清代铁梁

参考文献

[1] 孔令平，冯国正.铁器的起源问题［J］. 考古，1988(6)：542–546.

[2] 朱龙华. 世界历史：上古部分［M］.北京：北京大学出版社，1991.

[3] 唐际根. 中国冶铁术的起源问题［J］. 考古，1993(6)：556–565，553.

[4] 杨宽. 战国史［M］. 2版. 上海：上海人民出版社，1980.

[5] 张文彬，孟凡人. 试以考古材料简论战国、西汉时期冶铁业的发展［J］. 郑州大学学报（社会科学版），1980(1)：33–41，97–101.

[6] 华觉明. 中国古代金属技术［M］. 郑州：大象出版社，1999.

[7] 班固. 汉书食货志［M］. 颜师古，注. 北京：中华书局，1985.

[8] 中国科学院考古研究所满城发掘队. 满城汉墓发掘纪要［J］. 考古，1972(1)：8–18，28，65–71.

[9] 河南省博物馆，石景山钢铁公司炼铁厂，《中国冶金史》编写组. 河南汉代冶铁技术初探［J］. 考古学报，1978(1)：1–24，138–139.

[10] 李京华，汤文兴. 河南冶金考古主要收获［J］. 史学月刊，1980(3)：42–45.

[11] 郑同修. 山东发现的汉代铁器及相关问题［J］. 中原文物，1998(4)：67–73.

[12] 东北博物馆. 辽阳三道壕西汉村落遗址［J］. 考古学报，1957(1)：119–126，238–243.

[13] 云南省博物馆考古发掘工作组. 云南晋宁石寨山古遗址及墓葬［J］. 考古学报，1956(1)：43–63，146–155.

[14] 云南省博物馆. 云南江川李家山古墓群发掘报告［J］. 考古学报，1975(2)：97–156，192–215.

[15] 吕烈丹. 南越王墓与南越王国［M］. 广州：广州文化出版社，1990.

[16] 渑池县文化馆，河南省博物馆. 渑池县发现的古代窖藏铁器［J］. 文物，1976(8)：45–51.

[17] 薛用弼. 集异记［M］. 北京：中华书局，1985.

[18] 旺林，茂林，篷筚. 唐铁牛与铁人考究（内部资料）. 1991.

[19] 祝慈寿. 中国古代工业史［M］. 上海：学林出版社，1988.

[20] 申时行. 明会典［M］. 北京：中华书局，1989.

[21] COGHLAN H. Notes on Prehistory and Early Iron in the Old World［J］. The South African Archaeological Bulletin，1957，12(45)：36.

[22] MANNFRED B. Welt der Metalle［M］. Leipzig: VEB Fachbuchverlag，1977.

［23］欧阳英. 西方雕塑艺术金库［M］. 北京：中国青年出版社，1999.

［24］刘森. 中国铁钱［M］. 北京：中华书局，1996.

［25］许涤新，吴承明. 中国资本主义发展史：第一卷［M］. 北京：人民出版社，1985.

［26］陈明华. 韩国佛教艺术［M］. 台北：台湾艺术家出版社，1999.

［27］李孟存，张之中，等. 平阳史话［M］. 太原：山西人民出版社，1987.

［28］凌业勤，等. 中国古代传统铸造技术［M］. 北京：科学技术文献出版社，1987.

［29］田长浒. 中国铸造技术史：古代卷［M］. 北京：航空工业出版社，1995.

［30］潭德睿，陈美怡. 艺术铸造［M］. 上海：上海交通大学出版社，1996.

［31］樊旺林，李茂林. 唐铁牛与蒲津桥［J］. 考古与文物，1991(1)：52-55.

［32］谢焕智，高文. 梓潼七曲山大庙铁铸文昌像的断代及文化内涵［J］. 四川文物，2000(4)：30-31.

［33］淮渎庙的元代铁狮子［J］. 文物，1964(11).

［34］王敏之. 沧州铁狮子［J］. 文物，1980(4)：89-90.

［35］吴坤仪，李京华，王敏之. 沧州铁狮的铸造工艺［J］. 文物，1984(6)：81-85.

［36］沧县县志：卷十六［Z］.

［37］柯俊，吴坤仪，韩汝玢. 河南古代一批铁器的初步研究［J］. 中原文物，1993(1)：96-104，87.

［38］苗长兴，吴坤仪，李京华. 从铁器鉴定论河南古代钢铁技术的发展［J］. 中原文物，1993(4)：89-98，34.

［39］方明，董玉梅. 壮怀激越古荆州［M］. 北京：团结出版社，2003.

［40］杜甫. 杜工部草堂诗笺（卷十九：石犀行）［Z］.

［41］孙机. 中国梵钟［J］. 考古与文物.1998(5)：3-11.

［42］于弢. 中国古钟史话［M］. 北京：中国旅游出版社，1999.

［43］全锦云. 北京文物精粹大系：古钟卷［M］. 北京：北京出版社，1999.

［44］宋应星. 天工开物［Z］. 广州：广东人民出版社，1976.

［45］王可，韩汝玢，杜茀运. 元大都遗址出土铁器分析［J］. 考古，1990(7)：655-662，680.

［46］韩战明，陈建立，等. 大钟寺馆藏铁钟分析报告［M］//大钟寺古钟博物馆. 大钟寺古钟博物馆建馆二十周年纪念文集. 北京：北京出版社，2001：232-246.

［47］蒋祖缘，方志钦. 简明广东史［M］. 广州：广东人民出版社，1993.

［48］张演钦. 南海1号凝结物已清理完毕未腐烂宋代木梳出水［N］. 羊城晚报，2007-04-29(A3).

［49］罗哲文，刘文渊，韩桂艳. 中国名寺［M］. 天津：百花文艺出版社，2002.

［50］陈椿. 熬波图咏［M］. 上虞罗氏，1909.

［51］陆容．菽园杂记［M］．北京：中华书局，1985.

［52］杨玉良．北京故宫［M］．上海：上海古籍出版社，1998.

［53］单士元．故宫史话［M］．北京：新世界出版社，2004.

［54］王达人，王殿英．故宫大观［M］．重庆：重庆出版社，1987.

［55］萧正文．故宫丛谈［M］．2版．北京：中国旅游出版社，1998.

［56］汪莱茵．故宫旧闻轶话［M］．天津：天津人民出版社，1986.

［57］罗哲文．古代名塔［M］．大连：辽宁师范大学出版社，1996.

［58］朱希元．北宋“料敌”用的定县开元寺塔［J］．文物，1984(3)：83–84.

［59］吴高彬．义乌双林寺铁塔［J］．文物天地，1996(4)：16–17.

［60］李克彪．铁铸佛国世界图［J］．文物天地，1995(2)：20–22.

［61］刘善沂．山东聊城北宋铁塔［J］．考古，1987(2)：124–130，193–196.

［62］徐恒彬，等．南汉铁塔及其冶炼工艺(内部资料)

［63］孙淑云．当阳铁塔铸造工艺的考察［J］．文物，1984(6)：86–90.

［64］国家文物事业管理局．中国名胜词典［M］．上海：上海辞书出版社，1981

［65］沈吉．铸铁旗杆［N］．铸造世界报，1986–05–04(第4版).

［66］徐春燕．古代铁旗杆考［J］．中原文物，2010(6)：96–101.

［67］张守俊，郭天昊，王明钦，等．河南旅游大观［M］．开封：河南大学出版社，1994.

［68］社旗县博物馆．社旗山陕会馆［M］．北京：文物出版社，1988.

［69］河北省安国市地方志编纂委员会．安国县志［M］．北京：方志出版社，1996.

［70］欧阳修，宋祁．新唐书［M］．长春：吉林人民出版社，1998.

［71］司马光．资治通鉴［M］．哈尔滨：北方文艺出版社，2019.

［72］李兆乾．佛国都城：德里［M］．上海：上海人民出版社，1982.

［73］贝尔克特．金属世界［M］．徐长根，孙龙生，译．北京：科学普及出版社，1985.

［74］宋如海．都江堰［M］．成都：天地出版社，2001.

［75］罗哲文，刘文渊，刘春英．中国名桥［M］．天津：百花文艺出版社，2006.

［76］周宝珠，陈振．简明宋史［M］．北京：人民出版社，1985.

［77］中国军事百科全书编审委员会．中国军事百科全书：第5卷［M］．北京：军事科学出版社，1997.

［78］钟少异，道尔吉，砚鸿，等．内蒙古新发现元代铜火铳及其意义［J］．文物，2004(11)：65–67，97.

［79］王兆春．中国火器史［M］．北京：军事科学出版社，1991.

［80］成东．明代后期有铭火炮概述［J］．文物，1993(4)：79–86.

［81］齐齐哈尔建华机械厂沙俄侵华史研究小组，黑龙江省博物馆历史部．康熙十五年“神威无敌大将军”铜炮和雅克萨自卫反击战［J］．文物，1975(12)：1–5，99.

[82] 马非百. 谈周炮的年代问题 [J]. 文物, 1955(7): 110-117.

[83] 陈湘源. 岳阳说古 [M]. 长沙: 岳麓书社, 1998.

[84] 宽城县文物保护管理所. 河北宽城县发现明代铁炮 [J]. 考古, 1987(11): 1010.

[85] 叶志坚. 虎门魂: 鸦片战争博物馆 [M]. 北京: 中国大百科全书出版社, 1998.

[86] 汤若望, 焦勖. 火攻挈要 [M]. 上海: 商务印书馆, 1936.

[87] 商务印书馆编审部. 辞源: 改编本 [M]. 上海: 商务印书馆, 1950.

[88] 肖贵田. 天下第一剑: 兖州镇水剑纵横谈 [M]. 济南: 山东大学出版社, 2002.

鸣　谢

本书的出版得到了以下公司的大力支持，特此鸣谢。

□广东鸿图科技股份有限公司

广东鸿图科技股份有限公司成立于2000年12月，公司总部位于中国压铸产业集群示范基地——广东省肇庆市高要区，是国家汽车零部件出口基地企业、中国压铸20强企业。2006年12月29日，公司正式在深圳证券交易所上市（股票简称：广东鸿图）。公司网址：http://yz.ght-china.com/

□台山市国峰耐磨金属科技有限公司（GCM）

台山市国峰耐磨金属科技有限公司成立于1997年，拥有一流的专业人才，专注于工程机械易损零件的研究和开发，积累了丰富经验，具有每年生产6 000吨合金钢和合金铸铁铸件的铸造和机械加工能力。公司网址：http://www.gzgcm.com/